舌尖上的山大

周长征　徐　健　编著

山东大学出版社

《舌尖上的山大》编委会

主　　编	周长征	徐　健				
顾　　问	李旭新	刘学祥	殷录民	沈　红	杨惠清	刘培平
	赵增科	罗司军	潘福振	石忠义	石廷顺	周茂林
	邓传真	肖　勇	刘士强	许　军	路长福	郝在安
	刘　岩	毛　震	张其学	翟洪奎	张　杰	
参编人员	杨晓宁	王长军	王洪振	周万众	赵甲林	耿庆浩
	周剑来	任文宁	陈希伟			
营养分析	张　琪					
摄　　影	周剑来	唐愈新				

"生活课堂"主讲人员

主食理论　耿庆浩

主食技术指导　赵甲林　王金玲

副食理论　王长军

副食技术指导　王　卓　隋赵君

序　一

俗话说:民以食为天。而食以安为先,食品安全关系着每个人的健康和生命,能否保证食品安全,对师生来说是“天大的事”。高校食堂是师生校园生活的重要场所之一,食品质量直接影响到学校的稳定发展和师生的身心健康。

山东大学饮食管理服务中心全体员工依靠他们的勤劳和智慧,给全校师生“做”出了一份满意的答卷,用行动打开了高校饮食安全、饭菜质量的谜局,用事实打破了长期以来制约我校发展的一个瓶颈。到山大餐厅用餐,不必考虑食品安全问题,处处窗明几净、桌椅整齐,所有食材进货渠道阳光绿色、检测到位、环保安全;不用担心吃不好的问题,面品、菜品琳琅满目,应有尽有,各种小吃,地方风味,南方的、北方的,香的、辣的、酸的、甜的,中餐、西餐,民族的、大众的一应俱全;更不需害怕价格问题,食堂充分考虑师生的各种需求,从免费汤到一元菜,从四角钱一个的馒头到小份米饭,论斤论两、按个按份,按需所取。特别是考虑家庭经济困难学生和女生的需求,一元钱可以选择两个菜品,既经济又实惠。大家都说,在山大吃好很简单,也很方便,浪费很困难。

山大餐厅在得到全校师生称赞的同时,也得到了媒体的大力支持。《齐鲁晚报》用“爱她就带她去吃山大食堂”的标题进行了报道。一时间“舌尖上的山大”走红网络,成为山大校园的新词语。山大饮食员工更是信心倍增,总结经验,不断改进、创新、提高,把“舌尖上的山大”做成山大的一张名片。他们还开办了“生活课堂”,走上了山大讲台,为山大师生讲授食品安全知识,进行美食教育。

“舌尖上的山大”说的是吃的问题,实际上是个管理问题,是个观念意识问题,是个创新和发展的问题。在创建世界一流大学、创建世界一流学科的进程中,这种创新尤为重要。我们期望在不久的将来会出现更多“学科上的山大”“学术上的山大”“管理上的山大”“校园上的山大”和“世界一流的山大”。

山东大学党委书记

2016 年 7 月

序 二

“爱她，就带她去吃山大食堂!”这是山大学子的微信感言，也是山大学子对山大食堂的客观评价和真情流露。这句话向读者、向山大人、向社会传达了学子们对山大食堂暖暖的爱、深深的情。

山大食堂究竟有怎样的魅力，让山大学子如此偏爱、情有独钟？怀着好奇，我翻阅了《舌尖上的山大》这部书稿。这里有团结拼搏、务实创新、专业高效的管理团队；这里有科学规范、奖罚分明、细致可行的规章制度；这里有爱岗敬业、埋头苦干、乐于奉献的员工队伍；这里有宽敞明亮、整洁卫生、气氛温馨的就餐环境；这里有品种繁多、营养丰富、物美价廉的美味佳肴；这里有和蔼可亲、忠于职守、笑脸相迎的亲情服务；这里有“学校发展的要求和师生员工的需求，就是我们的追求”的工作目标；这里还有一支传播生活技能的教学团队……太多的故事，太多的感慨，太多的感动，更多的还是佩服与敬重。

我从事餐饮教学和管理工作四十余年，深知干餐饮难，干食堂更难，干高校食堂难上加难。面对师生的意见和不满，经常用于自我安慰的话就是：“众口难调，一人难称百人心。”我们知道，像山大这样的高校，老师和学生来自世界各地，四面八方，他们的生活习俗不同，饮食习惯各异，消费观念有别，消费水平不一。特别是现代的大学生，见多识广，猎奇求新，时尚多变，极易挑剔。但山大食堂却做到了随心所欲，老少咸宜，内外兼顾，人人称赞，读着书稿便产生了去山大食堂的冲动。在食堂人员的引领下，我漫步于食堂的每个楼层，仿佛徜徉于风味美食博览会，那攒动的人头，涌动的人流，飘香的饭菜，温馨的气氛，多元的价格，丰富的品种，热情的服务，满意的笑容，朵颐的吃态，简直让我羡慕至极。基本保障食品一年四季不变价，一元四角吃饱饭，运用各种烹调方法烹饪的食品，应有尽有，应接不暇，美不胜收。此时此刻，我耳边又浮现了学生们的感言：“我终于见到了它——八个白胖的小笼包静静地窝在蒸笼里，不疾不徐地冒着热气，一碗清爽的小米粥和一碟小凉菜已经配好，不吵不闹地衬托着旁边的主食。当得知这些一共只需五块钱时，不由得沉醉在这美好的人间。”现在我明白了，为什么学生们会发出“爱她，就带她去吃山大食堂”的感叹了！学子们所说的爱，就是山大中心食堂全体员工用智慧和汗水谱写的真情大爱。

本书还有一个不能不说的亮点，就是作者把山大食堂多年的管理经验和成熟的经营品种作了详细的介绍，从制度建设、人文关怀、食堂文化到饭菜质量、品种设计、制作方法、成本核算、营养搭配、安全卫生等方面一一解读，可谓内容丰富，图文并茂。既有知识性又有趣味性和可读性，可称得上是一本内容丰富的大学食堂管理指南和烹饪美食教科书 。

好诱人的山大食堂啊！爱她，就带她去吃山大食堂吧！

是为序。

杨勇

2016 年 7 月

（杨勇：中国烹饪协会理事，山东省烹饪协会副会长，济南公共营养师协会会长，济南快餐协会会长，济南市高技能人才评审委员会专家委员，教授）

目　录

山东大学饮食管理服务中心

一、概述

山东大学饮食管理服务中心（以下简称“中心”）成立于2005年，隶属学校后勤保障部，是公益性服务实体。按照学生食堂“公益性、非营利”的原则，实行中心—餐饮管理部—食堂三级管理。中心设有物流部、监控部、事业部、财务部、人力资源部等职能部门和七个餐饮管理部、一个生活超市管理部、一个培训中心管理部。现有员工1200余人，担负着学校和校外托管单位6万师生职工的餐饮服务任务。

多年来，中心紧紧围绕学校的长远规划和改革与发展的整体战略，坚持“以人为本，依法办伙，科学办伙，民主办伙”的发展理念，不断追求管理创新、服务创新、发展创新，努力创建了与学校发展要求和师生生活需求相适应的“一体（学生基本大伙）两翼（学生辅助伙食和学生生活服务拓展）”的发展构架，逐步形成了独具特色的学生伙食工作保障机制。抓管理、重服务，率先导入了ISO9000质量管理体系，各校区食堂均成为济南市食品卫生量化A级单位和食品安全示范单位。近年来，中心先后获得“中国高等学校伙食工作先进单位”“山东省高校伙食工作先进单位”“山东省高校学生食堂管理示范单位”“山东省食品安全诚信承诺单位”“全国食品放心工程综合检查标兵单位”“全国高校百佳食堂”等称号；2015年，山东大学中心校区和趵突泉校区食堂获得省级“清洁厨房”称号，为学校的教学、科研、生活提供了安全有力的后勤餐饮保障。

经过多年的努力探索和创新，中心建立了完善的学生食堂有效控制管理机制、可靠平衡的供需机制、合理浮动的价格机制、公平有序的竞争机制和多位一体的监管机制，进一步构架起符合学校学生食堂工作实际的新型学生伙食保障服务体系。同时，实现了从校内市场向校外市场的战略扩张，充分发挥管理要求严、技术力量精、服务意识强的山大精神，履行承诺、恪守合同，以先进的理念、良好的运行机制，获得了合作单位的一致好评，提升了山大饮食的社会形象，为创建山大饮食的品牌打下了良好的基础。

二、重要部门职责

中心的每一位管理者和生产者都担负着山东大学食品安全管理的重要责任。各岗位责任明确，食品安全责任到人，以保证食品生产的安全。

重要部门的职责如下：

物流部负责所有餐饮产品生产和销售部门的食品原料采购工作。

监控部负责所有食品原料的抽样安全检测以及各部门生产过程中的操作规程和食品安全检查。

事业部负责质量体系运行的管理和餐饮产品质量的监控。

财务部负责严格执行学校财务制度，监督管理各食堂一卡通的消费服务和售票食堂的现金回笼。

人力资源部负责中心人力资源的规划与招聘、录用与辞退、考勤与工资、档案与培训的管理和中心规章制度的制定，并监督各部门落实执行。

餐饮管理部负责餐饮产品的加工与销售，为师生提供优质的服务。

各部门职责明确，相互配合，同心协力，以确保山大师生“舌尖上的安全”。

党委书记李守信（左二）、校长张荣（右三）、校办主任王君松（左一）、饮食中心主任徐健（右一）陪同教育部副部长朱之文（左三）、山东省常务副省长孙伟（右二）到齐园餐厅视察工作

舌尖上的山大

第一篇

齐园餐厅——管理篇

被誉为史上最严的《食品安全法》于2015年10月1日正式实施了。习近平总书记在2015年5月29日中共中央政治局就健全公共安全体系进行第23次集体学习时指出：食品安全，首先是“产”出来的，也是“管”出来的，要形成覆盖从田间到餐桌全过程的监管制度，建立更为严格的食品安全监管责任制和责任追究制度，使权力和责任紧密挂钩，用最严谨的标准、最严格的监管、最严厉的处罚、最严肃的问责，确保广大人民群众“舌尖上的安全”。齐园餐厅各岗位职责明确，全体员工恪尽职守，始终把师生的饮食安全作为工作的重中之重。可以说，齐园餐厅的“舌尖上的安全”是齐园餐厅全体员工“做”出来的。

齐园餐厅的新型管理模式

齐园餐厅隶属第一餐饮管理部，位于山东大学中心校区，靠近宿舍区和教学区，地理位置优越，布局合理。设有三个学生食堂、两个教工餐厅和一个辅助保障部，建筑面积2.8万平方米，由五个不同层次不同口味的供餐层面组成。餐厅实行“五个统一”的新型管理模式，独立核算，共有员工310余名，为山大19个院所的15000余名师生职工提供餐饮服务。

齐园餐厅是一个功能齐全的综合餐饮服务体，囊括了各种风味小吃，各地特色菜品、主食，西餐糕点等几百个餐饮品种。近年来，以不断满足师生需求为目标，创新性地解决供需矛盾问题，在供餐结构调整创新成果的基础上，通过引进高水平人才、研发新品种、丰富内涵等多种方式，带动校区餐饮整体有了巨大突破，学生自发给予“舌尖上的山大”“爱她，就带她来山大食堂”之美誉。先后被评为“济南市食品卫生量化A级单位”“食品安全示范单位”和省级“清洁厨房”，并荣获了中国高等学校餐饮服务行业“百佳食堂”称号。

齐园餐厅作为中心的重要生产加工部门也随之设立了与之相对应的单位和管理人员，在取得国家职能部门所颁发的《卫生许可证》的前提下，遵循中心制定的“公益性、非营利”的原则，以“学校发展的要求和师生生活的需求，就是我们的追求”为目标，负责生产师生员工的生活必需品——餐饮食品，以保证广大师生“舌尖上的安全”。

齐园餐厅这个年轻的集体通过近十二年三个阶段的不断探索创新，积累了丰富的工作经验，创建了新型管理模式，形成了切合实际工作的管理方法。

第一阶段(2004年10月至2007年9月)。2004年10月6日，四个层面同时开业的齐园餐厅，严格执行杨惠清主任制定的“四个统一”的管理模式(伙食物资存储统一管理，主副食加工统一配送，餐具清洗消毒统一配用，专业化维修保全统一服务)，以保证食品安全和满足师生需求。

第二阶段(2007年10月至2012年2月)。四年多的探索拼搏，齐园餐厅管理人员用团结战胜了困难，用方法克服了难题，四层一多餐厅(2006年9月8日开业)的加入使齐园餐厅的餐饮服务项目更加齐全。为使这个28000平方米的大食堂运转有序，我们在结构调整和人员稳定上下工夫，进一步完善管理职能，推行了“五个统一”的管理模式(人力资源的统一管理，伙食物资存储的统一管理，主副食加工和餐具洗消的统一管理，厨房烹调的统一管理，维修保全的统一管理)，确保了“保证低消费，引导高消费”的服务理念得以落实。

第三阶段(2012年3月至2015年8月)。在徐健主任“保证低消费，满足高消费和个性消费”的服务理念指引下，齐园餐厅以一层为基本保障食堂，提出“让就餐者一元四角吃饱饭”的服务口号，其他四个层面以个性化服务、地方小吃、花样面食、西餐西点等食品全面开花，形成区域性、多样性、差异性、季节性的综合服务体。在保证食品安全的前提下，满足了不同地域、不同层次、不同口味、不同需求的就餐者。

一、制定新型管理模式的指导思想、原则、目标

高校餐饮的改革和发展是一个具有重要理论意义和现实意义的专项研究课题，需要我们保持严谨求实的作风和有容乃大的胸怀，不断探索，勇于创新，借鉴社会餐饮发展的有益经验，结合高校餐饮的自身特点，努力建设独具特色的新型高校餐饮模式。

因此，制定这一新型管理模式的指导思想是以食品安全为前提，以科学发展观为指导，一切从实际出发，因地制宜。坚持“以人为本，依法办伙，科学办伙，民主办伙”的发展理念；坚持学校食堂管理以“公益性非营利，全成本核算，社会效益和经济效益双目标考核”的原则；坚持以提升服务质量为主线，以节约发展为主题，以整体化、规范化、标准化体系建设为载体；实现“学校发展的要求和师生生活的需求，就是我们的追求”的工作目标。

二、新型管理模式的体制机制

餐饮服务管理始终围绕着食品安全和服务质量而进行，并制作高质量的食品和提供高质量的服务。因此，这既需要一支高素质、懂管理、有先进理念的管理队伍，也需要一支热爱饮食服务、技术熟练、积极向上的员工队伍。齐园餐厅有8个核算单位，310余名员工。为使这个庞大的集体运转良好，做到令行禁止，更好地推行中心制定的管理制度并达成工作目标，齐园餐厅由9名管理人员组成办公会，实行周一例会制度，统一思想，讨论解决问题；由6名安全管理员组成的安检组和6名食品品尝员组成的质量监督组，积极配合中心监控部、事业部的工作，实行每周专项检查制度，从加工质量、成品质量和服务质量进行监控检查，及时纠正工作中出现的问题，促进了员工的食品安全意识；改变管理方

ISO9000质量体系认证现场

式，推行阶梯式管理，即部主任—食堂主任—安全管理员—厨师长—班组长—员工，上级为下级服务，下一级对上一级负责；明确了岗位职责，使员工树立了高度的责任心和整体观念。形成了“在检查中发现问题，在例会中研讨问题，在工作中解决问题”的管理理念。

1. 创新信息管理模式

信息是管理工作的一项重要资源，信息管理部负责齐园餐厅的信息管理工作，即人力资源信息的汇总上报，员工培训，文件资料的收集、发放、管理，内外部信息沟通处理等工作。并将各种有用的信息资源合理汇总，及时上报给相关部门，为各项任务的完成提供了有力的保证，实现人力资源信息的统一管理。

（1）新劳动合同法的实施，使齐园餐厅实现了人力资源统一管理。为顺利完成此项工作，信息管理部在员工招录方面做了大量的信息采集工作。对于审核合格，符合录用标准的人员，我们严格执行中心的录用程序，组织好新员工的健康查体和岗位技能培训工作，并将填制好的新员工信息表及劳动合同整理上报中心人事部门。

（2）为使新录用员工了解餐饮服务工作和掌握操作技能，老员工提高操作水平和服务意识。信息管理部协同各单位的食品安全管理员组织新员工进行食品安全知识的培训，并根据其工种安排操作技能培训；组织老员工定期进行卫生知识、质量管理体系文件、操作规范、消防安全知识和技能比武等内容的培训。

（3）ISO9000 质量管理体系的运行，给我们餐饮服务工作注入了活力。为切实让各单位做好质量记录的填制工作，信息管理部上传下达，按程序文件要求发放各类表格，组织食品安全管理员检查各项记录的填制情况，并做好本部门文件的发放、登记、整理和日常保存工作。

山东大学校长张荣（中）与学生亲切交流

(4)为稳定员工队伍,避免齐园餐厅各单位工资差异过大,办公会根据各单位实际情况进行有效调配,各单位管理人员再根据员工的实际表现核定绩效工资标准,再由信息管理部统一审核制表,上报中心人事部门。

(5)为加强与广大师生的沟通和交流,信息管理部通过电子显示屏及时宣传各层食堂服务信息,公开伙食物资价格和饭菜价格,介绍特色菜品,推出创新品种,发布失物招领信息等;组织发放就餐满意率调查表;通过查看电子信箱,对师生所提问题和意见及时反馈。

2. 创新仓储管理模式

仓储部以中心物流部采购的安全食品原料为前提,实行电子化管理和"大仓储,小周转"的仓储方式,分为保管组和核算组。保管组负责食品原料的申购、验收、储存、分料工作;核算组负责各单位的周转库、吧台、日报和月底核算工作。这一工作方式,明确了责任、任务,保证了能及时向各单位提供食品原料和可靠的成本核算数据,实现了中心制定的伙食物资集中存储、统一管理的目标。

仓储部工作场景及仓库内景

(1)仓储部采用物流财务软件管理,极大地提升了库房管理水平,优化了业务流程,消除人为因素产生的错误。按照软件管理要求,各单位制定次日用料计划下传核算组,核算组核对并统计出采购量;再由仓储组与主副食车间及时联系,主、副食车间再根据应采购量＝需使用量－现有数量，确定出次日的实际用量，上报中心物流部。

(2)仓储部实行的是“大仓储，小周转”的仓储方式，采用的是日申购法和长期订货法两种方式。日申购法由核算组统计，仓储组申报物流部，主要适用于蔬菜、豆制品、水产海鲜类原料；长期订货法是根据物流部确定的招标厂家的信誉和各单位对食品原料质量的评价，由仓储部提出申请，物流部确认长期订货商，签订订货协议，以固定的价格每天或每隔几天给仓储部供应规定数量的某种或几种原料，主要适用于肉、蛋、米、面、油、调料等。各层面设有日周转库，由仓储部统一管理。

(3)物流软件的使用为执行中心制定的日核算和月核算制度打下了良好的基础。核算组根据各单位的日出料情况和营业收入，及时反馈成本核算的盈亏信息，以便让各单位掌握成本核算情况，顺利完成中心制定的月间接成本指标。

3. 创新主副食加工、餐具洗消管理模式

为实现主副食集中加工、统一配送、餐具集中清洗消毒统一配用，保障部做了大量的工作，提出了不少创新思路。其中主食加工、副食原料加工，餐具洗消，实行统一配送/配用是齐园餐厅特色的创新管理。工厂化生产，规范化操作，标准化配送，形成强大的规模优势。主、副食车间把仓储部验收合格的原料，按类别进行加工，严格分工，明确了岗位职责。

(1)主食车间是保障部工作的重中之重，设有馒头房、糕点房、米饭生产线。馒头、糕点生产严格执行《主、副食成品统一量化标准》，下剂—称量—饧发—蒸(烤)制—成品—分发配送；米饭生产实行自动化流水线作业，环环相接，质量稳定。

主食加工现场

副食加工车间

(2)副食加工车间分鱼、肉、蔬菜三个加工组。严格按照加工标准，执行加工程序，保证加工质量，实现了中心制定的内部“市场化、规范化、专业化”的管理目标。各班组按照副食加工标准、操作规范和各单位提出的半成品规格要求进行加工。鱼肉类加工成块、片、丝、条、丁的形状，实行标准箱配送；蔬菜加工按一择、二洗、三切配的规范要求进行操作，上道工序为下道工序服务，使用现代化的洗菜机和切菜机等设备，搭配人工切配方式，加工完成后，按标准箱配送到各食堂。

餐具洁净间

（3）餐具洗消车间负责齐园餐厅餐具的清洗、消毒、调配任务，根据餐具洗消规定，严格执行规范的餐具洗消程序，采用先进的自动化清洗设备，使用符合食品安全的消毒液和餐洗净进行餐具洗消，以保证餐具的卫生安全，每餐可清洗几万件餐具。

餐具洗消车间

4. 创新厨房部管理模式

成立厨房部是为了有效调整供餐结构,实现资源共享。齐园餐厅是一个具有区域性、多样性、差异性、季节性和功能齐全的综合服务体。食堂按其功能和服务对象的不同又分为基本大伙食堂(负一层、一层、二层)和教工接待餐厅(三层、四层),满足了师生员工多层次、多元化、个性化的饮食需求。地下一层为全日制餐厅,以特色快餐和风味小吃为主;一层为学生基本保障餐厅,提供炖菜、炒菜、酱炸和大众主食,品种齐全;二层设有自选餐厅、营养套餐,凸显个性化服务,民族餐厅以经营清真食品为主,并设有穆斯林同学专用就餐区,既丰富了供餐品种,又满足了穆斯林同学的就餐需求;三层设有教工餐厅、多功能餐厅和宴会餐厅,多功能厅和宴会厅为会议接待、商务活动、学生聚餐、家庭聚会等提供餐饮服务;四层一多餐厅为中西餐皆有的自选式餐厅,被同学们誉为"舌尖上的山大"的发源地。

(1)基本大伙食堂。按中心主副食量化标准,根据基本大伙食堂的主副食品种、价格、盛器的统计结果,进行汇总讨论,制定了基本大伙的统一菜谱。各单位根据自身的情况,从花色品种、菜品质量(色泽、口味、温度)、服务态度和就餐环境四个方面满足师生的基本需求。在保证基本需求的前提下,厨房部的菜品研发组在特色美食和风味小吃、视觉和味觉上下工夫,以满足不同地域、不同口味群体的就餐需求。

(2)教工接待餐厅。根据短期和长期的服务计划,制定符合师生需求的菜品菜单;推行特价菜品和经济性套餐;设计盒饭的标准式样,对用餐单位进行走访。同时,加强培训,提高管理人员和服务人员素质,端正服务态度,提高服务质量。

宴会包间

5. 创新维修管理模式

坚持实行规范的服务流程。维修部提供“全天候保姆式”服务，实施对设备、设施、网络系统、消防智能自动报警系统的维护和保养，为生产和服务提供有力的保障。

面对类型、数量众多的设备，鉴于餐饮工作的特点，维修部制订周密的维护保养计划，不断改进维修方式，经过几年的经验积累，创新专业维修新模式：由初期的“调试保养为主，厂家保修为辅”，逐步过渡到“自主创新维保新模式和技术改造”上来，制订了以“全天候保姆”式维护方案为主，以“每年寒暑假两次集中大修”“每月两次普检”“时时应急处理”为辅的全面覆盖维保计划，更加有力地保障了设备、设施的正常运转。

三、新型管理模式的优势

1. 确保了食品安全

齐园餐厅的新型管理模式严格按照《中华人民共和国食品安全法》《餐饮业和集体用餐配送单位卫生规范》要求，从根本上保障食品安全。新型的管理模式好比一套自动流水线作业，都有其标准的操作规程，有利于执行相关的法律法规，相比于其他模式更能确保食品安全。

2. 降低了成本

人力资源信息统一管理便于管理人员采集、查询、维护员工信息，同时也为员工培训提供了方便；伙食物资集中存储统一管理便于人员对货物的统一管理，有利于存储空间的合理利用，也减少了人力的浪费，同时为食品的统一采购提供了方便；主副食集中加工统一配送便于采用机械化操作，降低了人力资源成本，减少了不必要的浪费，特别是水、电的使用；餐具集中清洗、消毒统一配用也采用机械化操作，清洗、消毒、烘干实行一体化流水作业，减少了人力资源的投入；厨房集中统一管理能有效调节各个楼层的资源，实现资源共享；专业化维修保养可以延长设施设备的使用寿命，节约成本。

3. 提高了效率

齐园餐厅的新型管理模式优化了资源配置，形成了规模效益，极大地提高了工作效率。以米饭加工为例，过去人工蒸制，受时间、设备的限制，数量少而且质量也不能保证。采用智能半自动化控制操作后，每小时可加工米饭 750 千克，大幅度提高了产量，通过智能半自动化控制操作标准，也更好地保证了米饭的质量。

实践是检验真理的唯一标准。随着时间的推移和全体管理人员在实践工作中的不断探索，结合实际工作情况，持续改进，新型管理模式显示出了极大的优势。齐园餐厅全体人员形成了强大的向心力，心往一处想，劲往一处使，通过大家的共同努力，作为省级量化分级 A 级餐饮单位的齐园餐厅无论是经济效益，还是社会效益都取得较好的成绩：2006 年被中国高校伙食专业委员会授予“百佳食堂”荣誉称号；2007 年顺利完成 ISO9000 质量管理体系贯标认证的工作；2014 年被广大师生誉为“舌尖上的山大”；《齐鲁晚报》用《爱他（她），就带他（她）去吃山大食堂》的新闻报道赞美了它；“去一多，还是去地下，一层的小笼包也不错，每天如是……爱他（她），就带他（她）来吃山大食堂”也写进了山大 113 岁的生日祝福里；2015 年 9 月 14 日，《齐鲁晚报》又以《哇噻，你确定这是山大食堂吗？》为题进行了报道;2016 年 2 月 29 日,教育部副部长朱之文、山东省常务副省长孙伟在校党委书记李守信、校长张荣的陪同下视察了齐园餐厅后厨,并亲切与就餐的学生交流后,给予了充分肯定。

新型管理模式的目的在于优化资源配置,最大限度地保证食品安全,提高服务质量,满足师生需求。而合理、有效的资源配置对于提高齐园餐厅的管理水平,实现服务目标,促进齐园餐厅的发展,具有重要作用。新型管理模式的灵魂和精髓是从根本上创造一种新的更为有效的资源整合模式,以达到食品安全和齐园餐厅发展所要求的标准。新型管理模式不仅明确了每个单位的职责范围,而且使各单位更团结,互帮互助,进而促进齐园餐厅的长期发展。

第二章

齐园餐厅的管理制度

俗话说:“没有规矩,不成方圆。”齐园餐厅的规矩也就是规章制度,是应该遵守的,是用来规范员工行为的规则和条文,它能保证良好的秩序,是齐园餐厅各项工作正常运转的重要基础。制度的重要性有以下三个方面:第一,指导性和约束性。制度对齐园餐厅相关人员做些什么工作、如何开展工作都有一定的提示和指导。第二,鞭策性和激励性。制度张贴或悬挂在工作现场,时刻鞭策和激励着人员勤奋工作、遵守纪律。第三,规范性和程序性。制度对实现工作程序的规范化,设备操作的程序化,管理方法的科学化,起着重要作用。

一、食堂管理制度

1. 自觉遵守和执行《中华人民共和国食品安全法》,接受食品药品监督机构的监督。

2. 营业前应先申办食品生产经营《卫生许可证》,每年到期进行年审换证。

3. 员工须持有有效《健康证》和《食品安全知识培训合格证》后方可上岗。

4. 员工要养成良好个人卫生习惯,做到“四勤”,遵守“五不”规定,上岗或返岗前必须洗手消毒。不得有面对食物咳嗽、打喷嚏等有碍食品安全的行为。

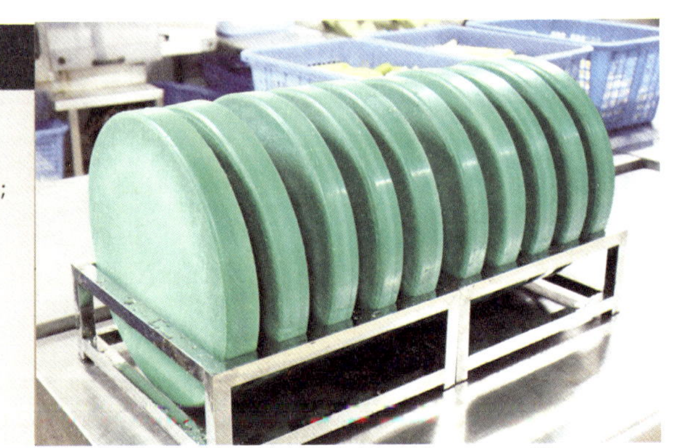

菜墩分类标示及摆放

5. 天花板、墙壁、各种管道表面无破损、无油污、无霉点、通风良好。地面平整干爽，无杂物（尤其是灶台、案台下面的地板），下水道通畅。地面、沟渠、柜内、柜面不能有老鼠、蟑螂、苍蝇及昆虫活动。及时清除垃圾，垃圾桶有盖，无破损、无溢漏，桶盖与外壁应保持清洁。班前班后搞好各自岗位的卫生工作，每周进行一次大扫除。

6. 所有原料必须无毒无害，符合国家食品卫生标准。加工前应检查是否新鲜、无异味，加工后应当无杂物、无污秽。加工完毕后清洗台面工具用具，清洁后的砧板应竖起放好，工具用具收入柜内。

7. 食品原料贮存要分类，刀、案、盛器等区分要明确，生熟要分开。

8. 公用餐具要彻底消毒，严格按照消毒规程进行，做到一洗、二刷、三冲、四消毒、五保洁。

择菜

洗菜

切菜

9. 加工蔬菜应做到一择、二洗、三切配的初加工原则。按现行食品安全要求，部分蔬菜需浸泡30分钟，以防止残留的农药引起中毒；烹调时注意原料的种类、性质、厚薄及数量，可以先焯水，再炒熟煮透。

10. 配餐应在专用备餐间内进行，备餐间内只能存放可直接入口的食品和必需的餐具、用具，不准存放任何杂物及私人物品。

11. 工作人员售饭前要洗手、消毒，使用专用工具售饭，如现场收取票券必须专人专收，做到售货、收款分开。

12. 无符合卫生要求的专用功能间不得制作熟食、凉菜或其他可直接入口食品，如凉拌菜、裱花蛋糕等。

13. 冰柜(冰箱)要有专人负责，食品摆放有序，半成品与原料分开存放，并在柜门上注明相应标识。半成品存放时注意加盖封包。冰柜内架、柜内底、柜门等应定期及时清洗保持洁净，冰柜内不得有异味。

14. 按ISO9000质量体系标准，建立健全卫生管理制度，实行专人专职负责检查、记录、存档。

15. 积极做好预防和控制食物中毒工作，一旦发生食物中毒，应立即向当地监督机构报告，并有义务保护现场、封存可疑食物，以便尽快查清原因。

二、安全检查制度

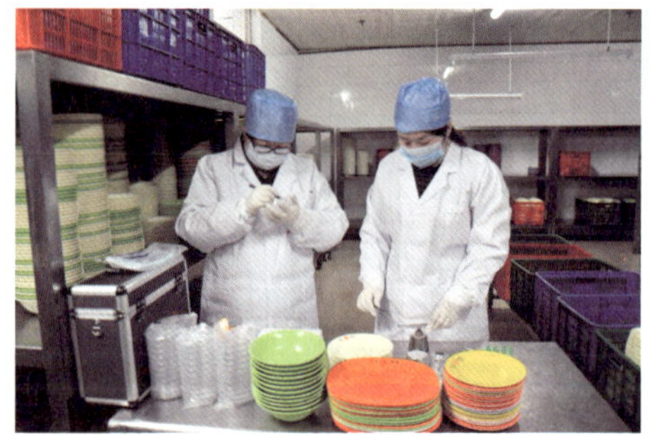

食品安全检测

1. 食堂配备专职食品安全管理员，设立食品安全检查监督小组，配合中心监控部定期或不定期对食堂进行检查；采用全面检查、抽查、问查相结合的方法。

2. 检查食品原料保管员，是否配合中心物流部把好食品原料的验货关，特别是对油、米、肉、菜等大宗原料，不准收存霉变、有毒、有害或无证不合格的食品，确保所购食品安全。

3. 检查食品原料的贮存情况。食品应进行冷藏保鲜，无须保鲜的食品原料应做到离地隔墙，分类堆放整齐，先进先出，使用前应检查有无变质变味。

4. 检查食品加工操作流程。每周至少一次对各操作间进行全面现场检查，同时检查各岗位的安全操作，对发现问题及时反馈，并提出限期改进意见，做好检查记录。

5. 检查冰箱是否达到温度控制标准。严格按功能和用途的分类标识使用。

6. 检查员工是否符合个人卫生要求，按规定穿戴清洁的工作服、工作帽、工作牌。

7. 检查食品配送和餐具洗消是否符合安全标准要求。做好的食品和洁净的餐具，通过专用电梯，密闭容器进行配送。

8. 检查食品留样、添加剂的使用、专间使用是否符合制度要求。查出问题，立即整改。

9. 检查中发现的同一类问题经二次提出仍未改进的，出处理意见并按有关规定处理。

三、培训管理制度

1. 食堂工作人员（新入、钟点工和实习生）上岗前进行食品安全法律法规和食品安全知识培训，经考试合格后方可上岗。

2. 每年组织食堂工作人员参加两次以上食品安全知识、消防安全知识和设备操作技能的培训，提高安全和防范意识。

3. 建立食堂工作人员培训档案，及时将员工的培训内容、培训方式和考核成绩进行记录。

4. 食堂食品安全管理人员制订年度和月度培训计划和培训方式，经批准后加以实施。

四、健康检查制度

1. 食堂工作人员每年必须进行一次健康检查，不得超期使用健康证明。

2. 新参加工作的工作人员、小时工、实习学生必须取得健康证明后上岗，杜绝先上岗后查体的事情发生。

3. 凡患有痢疾、伤寒、病毒性肝炎等消化道传染病，以及其他患有活动性肺结核、化脓性或者渗出性皮肤病等有碍食品安全疾病的，不得参加食堂服务工作。

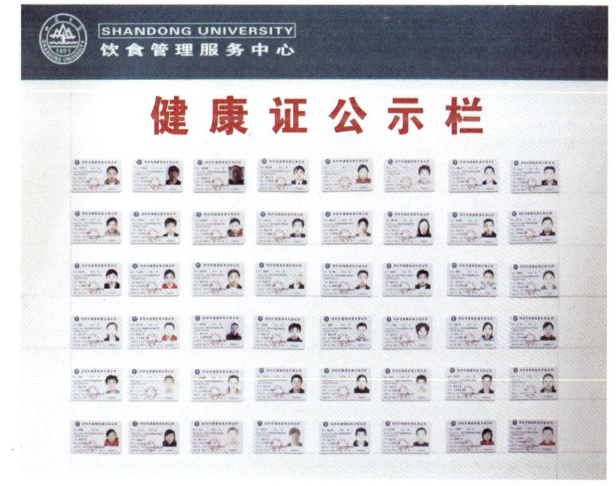

健康证公示

4. 对工作人员健康状况进行日常监督管理，执行晨检制度。发现有发热、腹泻、皮肤伤口或感染、咽部炎症等有碍食品安全病症的人员，应立即离开工作岗位。

5. 工作人员的健康证明应由单位建册管理，建立健全工作人员健康档案。

五、个人卫生制度

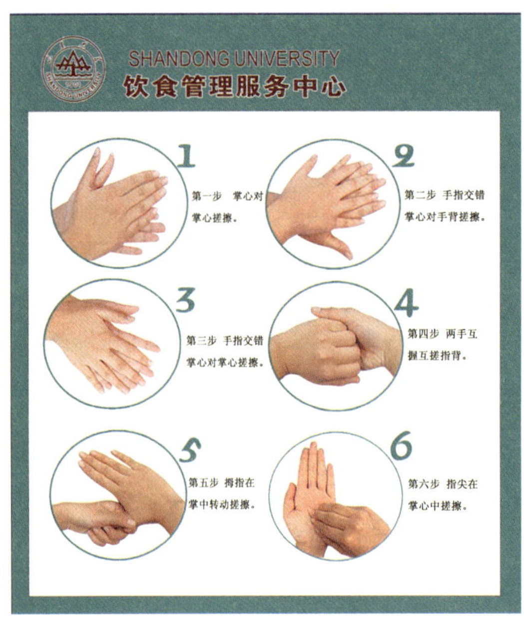

六步洗手法

1. 必须取得食品《安全知识培训合格证》和《健康证》后方可参加工作。

2. 必须严格遵守“四勤”要求：勤洗手剪指甲；勤洗澡理发；勤洗衣服被褥；勤换工作服。

3. 上班时做到“五不”要求：不留长指甲，不戴手饰，不涂指甲油，不留长发和胡须，不带手机。

4. 不准穿工作服上厕所，如厕后坚持洗手消毒。

5. 工作时严禁吸烟，不要随地吐痰。

6. 进入备餐间必须戴发帽，戴口罩

7. 不准用手接触直接入口食品，不准用工作服擦汗、擦餐具。

8. 抹布要专用，经常清洗、消毒。

9. 自觉遵守《食品安全法》的有关规定。

六、仓库管理制度

1. 食品储存有专门的食品原料库房，贮存食品原料的场所、设备应当保持清洁，仓库应当通风良好。

2. 建立入库、出库食品登记制度。

3. 定型包装食品，必须有中文标识，凡食品包装标识不清楚或无标识的，不得进入食品仓库。

4. 仓库保管员有权拒收一切不符合食品卫生要求的食品，并应在食品进库后实行分类存放，存放要求如下：

(1)食品与非食品不能混放。

(2)洗洁用品、药品、强烈气味的物品及其他有毒有害物质不能与食品同仓存放。

(3)定型包装食品与散装食品分架存放。

(4)肉类及其制品、蔬菜瓜果，除马上加工使用外，一律进常温、低温库。肉类及其制品应有容器盛放，室温应控制在－18 ℃以下；蔬菜瓜果的存放温度应控制在0～13 ℃，鲜蛋应存放在0～1 ℃环境内。应每三天进行一次冷库除霜，并保持地面清洁。

(5)库存食品要分类、分架、隔墙、离地存放(离地20～30 cm，离墙30 cm)，货架之间有间距，中间留有通道。要有标签，做到先进先出，并定期检查、处理变质或超过保质期限的食品。食品添加剂应设置专区，并在专人管理上锁的标识“食品添加剂”的专柜内存放。

(6)搞好仓库内、外环境卫生，与食品仓库无关人员一律不准进入。

5. 要符合防腐、防鼠、防蝇、防尘、防虫的“五防”要求，设施要齐全。

库存食品离墙 30cm

七、餐具洗消制度

1. 餐具清洗须有专门的洗消设备，水池必须专池专用。

2. 餐具洗消必须由专人负责，餐具数量必须足够周转。

3. 餐具洗消应做到：一洗、二刷、三冲、四消毒、五保洁。

4. 消毒后的餐具外观应无水干爽、无污垢、无油渍、无食物残渣、无异味，并应做到抽检合格。

5. 消毒后的餐具必须贮存在餐具专用保洁柜内备用。

6. 餐具保洁柜，须用消毒水每天清洁并保持封闭，垃圾桶应远离保洁柜。

7. 排放食物残渣的下水道必须每天下班后冲洗清理、保持通畅。

8. 洗涤、消毒餐、饮具所使用的洗涤剂、消毒剂必须符合食品用洗涤剂、消毒剂的国家卫生标准和有关规定。

9. 消毒柜出现损坏或其他故障导致无法使用时应及时向有关负责人反映，予以及时更换、修复。

10. 严格落实消毒措施。不得将消毒柜作为应付卫生检查的工具，不得因进餐高峰期时餐具用量大而减少必要的消毒环节。

八、备餐间管理制度

1. 工作人员进入备餐间前，要着装整洁，洗手消毒后，戴上口罩，必要岗位戴上一次性手套才能提供服务。

2. 工作人员服务时不能对着饭菜咳嗽、打喷嚏，不能用手抠鼻子、耳朵。

3. 每天配餐前后必须将紫外线灯开启30分钟，对备餐间进行空气消毒。

4. 备餐间内的一切食品容器、用具、餐具必须每餐洗净、消毒；对放入备餐间内的消毒餐具要进行验收，不符合卫生要求的，应退回重新洗消。

5. 备餐间要每餐清洁，保持室内干净卫生，杂物及非直接入口食品不得进入备餐间。

备餐间

6. 成品饭菜不能直接放在地上，要放在操作台上。

7. 剩余食品必须专柜冷藏存放，隔夜或隔餐食品必须充分加热后方可出售，不出售感官异常或变质食品。

8. 未经允许，工作人员不能随意换岗，非备餐间工作人员不能在配餐时随意出入备餐间。

9. 操作完毕后关闭食品出售窗口。

九、添加剂使用制度

1. 食品添加剂的使用必须按照《食品安全法》，执行食品添加剂的“五专”“两公开”制度。“五专”是专店购买、专账记录、专区存放、专器计量、专人负责；“两公开”是公开承诺餐饮安全主体责任、公开所使用的食品添加剂名单。

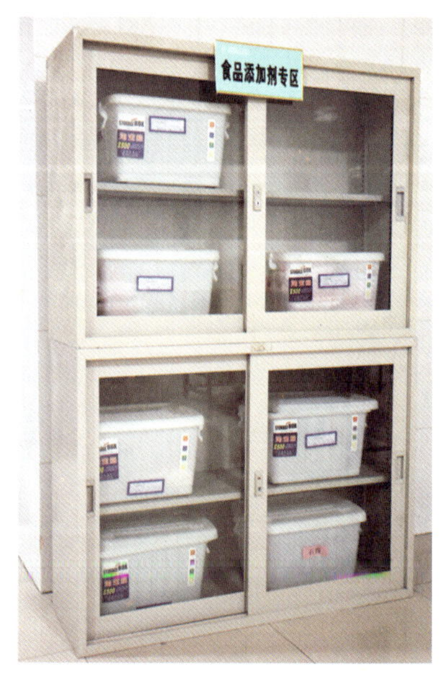

添加剂贮存柜

2. 使用的食品添加剂必须是中心规定的范围，必须有包装标识和产品说明书。标识内容包括品名、产地、厂名、卫生许可证号、规格、配方或者主要成分、生产日期、批号或者代号、保质期限、使用范围与使用标准、使用方法等，并在标识上明确标示“食品添加剂”字样。

3. 存放食品添加剂必须专人负责，必须做到专柜、定位存放，不得与非食用产品或有毒有害物品混放。

4. 配备有食品添加剂专用称量工具，严格按照使用标准使用。

5. 每次使用食品添加剂须有专人记录，做好台账并予以保存两年。

十、专间管理制度

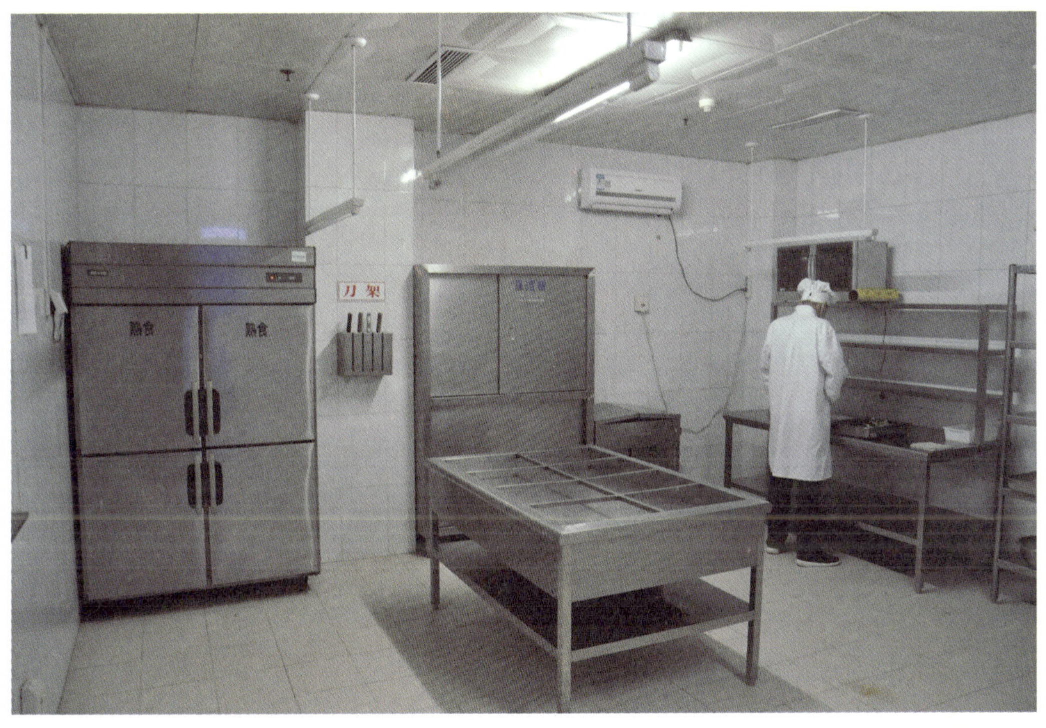

凉菜间

1. 冷荤凉菜间应做到“五专”要求，即专人负责、专室制作、专用工具、专用消毒设备和专用冷藏设备。

2. 专间不得擅自进入非操作人员；不得带入未清洗消毒的瓜果、蔬菜、个人生活用品及杂物；不得放置煤气灶等污染性设施和设置明沟；室内温度不得超过 25℃。

3. 专间工作人员严格注意个人卫生，严格执行规范操作，在预进间二次更衣，穿戴洁净的衣、帽、口罩。

4. 每天应进行紫外线空气消毒 30 分钟。消毒时，室内应干燥、无灰尘、无水雾，门窗密闭，工作人员必须离开，以防灼伤。

5. 专间的各种刀具、砧板、切片机械等工用具、容器必须专用，定位存放，做到用前消毒，用后洗净。

6. 认真检查食品质量，发现提供的食品可疑或者感官性状异常，应立即做出撤换等相应处理。

7. 盛放直接食饮品的容器必须经过严格消毒保洁。

8. 各种凉菜现配现用，尽量当餐用完。专用冰箱内，半成品和成品应用保鲜膜或餐盒等密封保存，标签注明生产日期，注意在保存时效内使用。

9. 保持专间清洁，每天严格做好有关工用具和空气消毒工作，并做好记录。

十一、明码标价制度

1. 食堂窗口要明码标价，需称量的窗口，配备称量设备。
2. 标价签要与食品对应，一菜一价，做到一目了然。
3. 标价签要用标准纸张打印，填写时字迹工整、品名齐全，不得漏改标价。
4. 标价签按规定摆放整齐、得体。
5. 自选区以餐盘颜色标价时，盛装的菜品要与餐盘相对应。
6. 菜品宣传要名副其实，不得夸大其词。

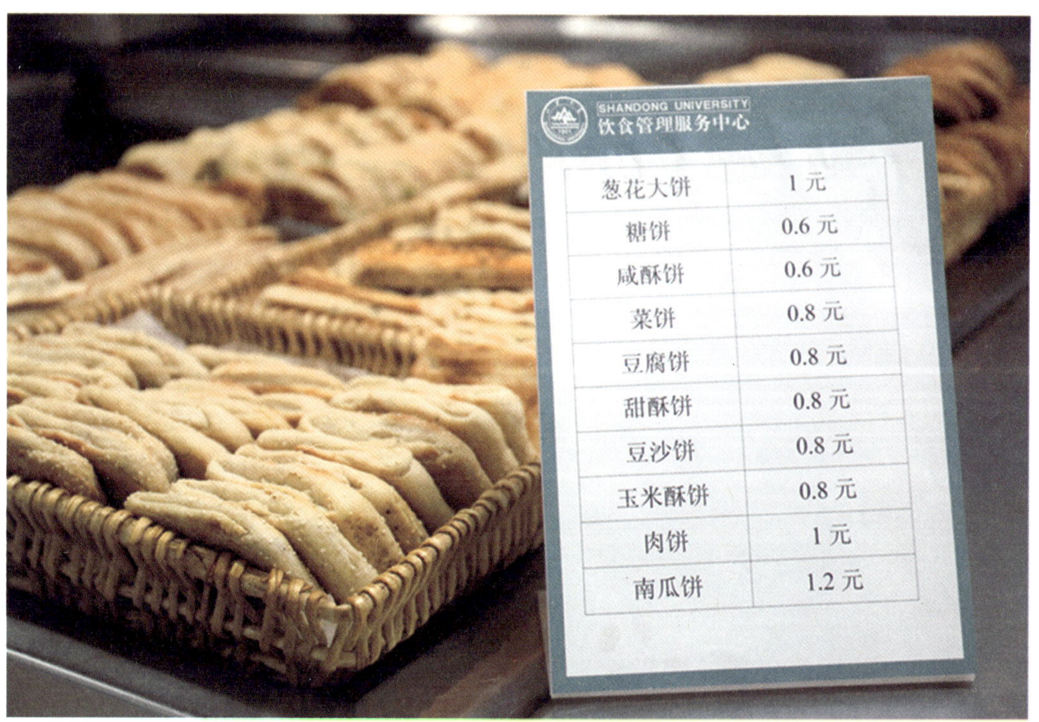

食品明码标价

十二、留样管理制度

1. 留样食品应使用专用器具，留样冷藏柜由专人管理、专人操作、专人记录；严禁存放与所留样品无关的食品或物品。

2. 购置与留样食品数量相对应的冷藏设施及留样工具，留样容器要大小适宜，便于盛放与清洗消毒。冷藏设备要贴有明显的“食品留样专用”标识。

3. 留样食品范围为每日经食堂加工后的所有主副食品，不得缺样。

食品留样现场

4. 留样主副食品冷却后,必须用保鲜膜密封好,放入专用器皿中加盖,并在外面贴上标签,标明编号、留样时间、餐别、餐名、留样量、消毒时间、销毁时间、留样人等,并按早、中、晚三餐的顺序分类保存。

5. 每种主副食食品留样量不少于 100 g,并分别盛放在已清洗消毒的专用留样容器内。冷藏温度为 0~10 ℃,留样时间在 48 小时以上。

6. 留样的主副食品取样后,必须立即放入完好的食品罩内,避免污染。

7. 建立完整的留样记录,由留样员负责保管。留样记录至少应保存 12 个月,以备查验。

8. 发生食物中毒或疑似食物中毒事件后,根据其情况需要,食药部门将依法对留样食品进行卫生学检验。

十三、餐用具洗消和设备维修保养制度

1. 餐用具消毒由食堂派专人负责,操作时必须穿戴整洁的工作衣帽。

2. 餐用具必须严格执行“一洗、二刷、三冲、四消毒、五保洁”的程序进行洗涤消毒,使用洗涤烘干消毒设备时遵循其操作流程。

3. 餐用具清洗消毒水池必须专用,应分设洗涤池、消毒池和清洁池,并有明显标识。

4. 化学消毒剂应符合国家消毒产品卫生标准和要求,餐具消毒时含氯消毒液浓度不得低于 250 mg/L,餐具全部浸泡时间不低于 5 分钟。接触直接入口食品的用具采用热力消毒时,消毒温度应保持 100 ℃,消毒时间不少于 10 分钟。

5. 待清洗餐用具应用不渗漏的容器盛装,不得随意乱放。

6. 消毒后的餐用具应专柜保存,与未消毒餐具分开放置;保洁柜应有明显标志,并定期清洗消毒保持洁净。

7. 餐用具消毒应有记录、存档备查。

8. 应当定期维护餐用具的贮存、陈列、消毒、保洁等设备与设施;校验计量器具,及时清理清洗,必要时消毒,确保正常运转和使用。

十四、废弃物处置管理制度

1. 安排专人负责本单位废弃物产生、收运、处置台账的管理工作,并做好记录。

2. 将废弃物分类放置,严禁乱倒乱堆废弃物,做到日产日清。

3. 废弃物应当实行密闭化集中暂存,暂存容器应当具有废弃物标识,整洁完好,不得泄(渗)漏、撒落。

4. 禁止将废弃物交给未经相关部门许可的单位或个人收运、处置。

5. 详细记录废弃物的种类、数量、去向、用途等情况,并定期向食品药品监督管理及环保部门报告。

6. 发现违法违规处置废弃物的,应第一时间向当地食品药品监督管理部门或环保部门举报。

7. 食堂负责人应实时监测单位废弃物的处置管理,并对处置行为负责。

十五、食品安全管理员制度

1. 食堂食品安全管理员应具备法定的培训合格证明，并每年进行考核。

2. 食堂食品安全管理员应具备食品安全管理能力，并严格执行《食品安全法》。

3. 认真配合食品药品监督管理部门对食堂的随机抽查考核。

4. 食堂食品安全管理员应当严格执行食品进货检查验收制度，把好食品质量关，确保食品安全。

5. 食堂食品安全管理员在查验食品时应符合下列要求：

(1)有食品检验或检疫、检测合格证明。

(2)定型包装食品有中文标明的食品名称、制造者的名称和地址、生产日期或分装日期、保质期等内容。

(3)实行食品质量安全市场准入制度的食品，必须加贴食品质量安全市场准入标识。

(4)国家和省对食品有其他特殊规定的，按其规定执行。

6. 食堂食品安全管理员对购进的食品应当按产品生产批次向食品生产者或供货商索要符合法定条件的检验机构出具的检验报告或者由供货商签字或者盖章的检验报告复印件。

十六、食品安全突发事件应急处置方案

为保障广大师生餐饮安全、身体健康，对食品安全事故作出及时有效处理，根据《中华人民共和国食品安全法》的有关要求，制定本方案。

(一)领导小组及职责

为加强对突发食品安全事件应急工作的领导，成立突发事件应急处理领导小组，领导小组的主要任务是协调处理紧急安全事故；负责对突发事件的统一领导和指挥工作；研究制定相关突发事件应急处理措施；定期分析安全形势。

1. 食品安全事故处置领导小组

组长：×××

成员：×××　×××　×××

2. 组长职责

(1)负责食品安全报告的登记、上报信息反馈。

(2)现场调查。

(3)原因分析。

(4)采取控制措施。

(5)作出处置决定。

(6)撰写调查报告。

(二)食品安全信息收集和报告

1. 信息收集

(1)食堂管理人员应经常浏览国家、省、市的食品安全信息网及卫生、质检、药监等相

关网站。及时收集有关食品安全信息。

(2)收集师生反馈的本单位食品安全信息。

2. 报告程序

(1)接到有关食品安全信息后,立即按要求仔细询问有关情况并进行登记,属于一般质量投诉的填写《客户质量投诉调查处理记录》;属于食品安全事故的填写《食品安全事故处置记录》,提出初步控制意见,立即报告单位负责人。

(2)领导小组组织相关人员立即赶赴现场,调查核实。

3. 报告时限

在发生重大食品安全事故时,应于1小时内报告相关部门;根据事故处理的进程或者上级的要求随时作出阶段报告。

(三)调查与控制

1. 在接到食品安全事故或者疑似食物中毒事故报告后,有关人员应当及时到达现场进行调查处理,采取下列措施:

(1)协助卫生机构对中毒人员救治。

(2)本单位立即停止食品生产经营活动,对可疑中毒食品及其有关工具、设备和现场采取临时控制措施。

(3)积极配合卫生、食品监管部门调查小组进行现场调查。

2. 对造成食品安全事故的食品或者有证据证明可能导致食品安全事故的食品采取下列临时控制措施:

(1)封存造成食品安全的食品或者可能导致食品安全的原料。

(2)封存被污染的食品工用具。取得食品监督部门同意后及时清洁消毒。为控制食物中毒事故扩散,按照《食品召回制度》收回已售出的造成食品安全的食品。经检验,属于被污染的食品,在食品监管部门监督下销毁。

(四)总结及预防

1. 总结分析造成食品安全事故的原因,汲取教训,认真反省,按事故原因分析不清不放过,事故责任者和从业者没有受到教育不放过,没有采取切实可行的防范措施不放过的"三不放过"原则进行整改,并提出预防措施,防止事故的再次发生。

2. 加强培训,重点是食品安全和食品卫生知识等,加强清洁消毒,避免加工过程交叉污染。

3. 严格检验,做到不合格食品原料不加工、不合格产品不出售。

齐园餐厅的组织机构与岗位职责

严谨而又高效的组织机构，是齐园餐厅正常运转的重要保证。而齐园餐厅的岗位职责则是员工在履行岗位工作中必须遵守的“基本法”，对规范员工行为，优化组织结构、强化管理措施，降低管理风险，提高运行效率有着积极的作用。

一、齐园餐厅的组织机构

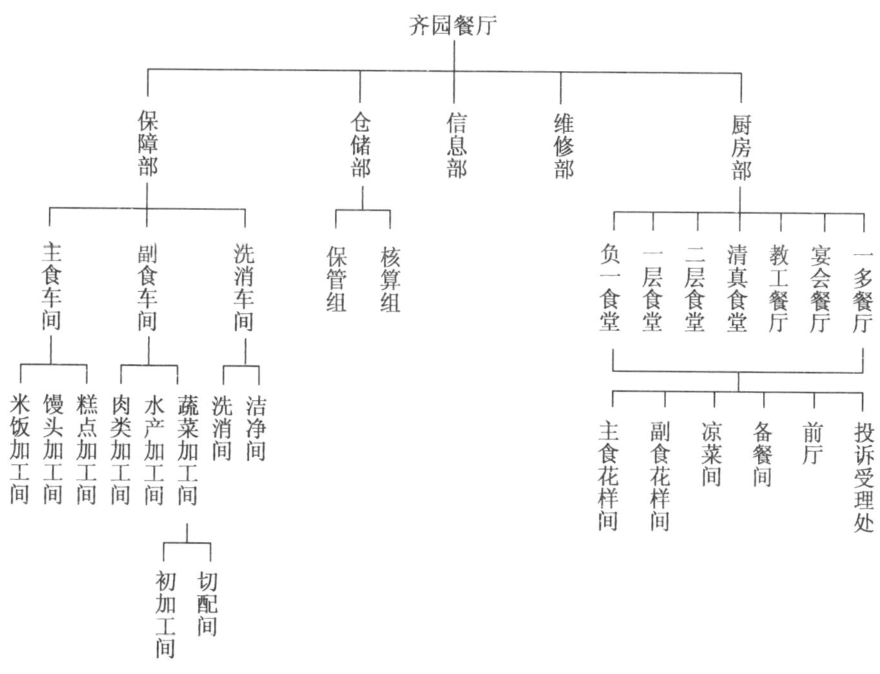

二、齐园餐厅的岗位职责

（一）餐饮部主任的岗位职责

1. 在中心主任的直接领导下，全面负责餐饮部的日常工作。

2. 贯彻执行《食品安全法》，宣传学校的规章制度和中心各项规定，坚持原则，实事求是。

3. 负责制订餐饮部半年工作计划和全年工作计划；并督促各食堂落实完成。

4. 定期组织管理人员进行政治、思想、法纪的教育工作，安排好员工的业务技术和安全知识培训的考核工作。

5. 负责各食堂的食品加工和服务管理，人员和技术力量的调配工作，并协调与中心各职能部门、食堂与食堂之间的工作关系。

6. 负责督促 ISO9000 质量体系和中心统一量化标准的落实。

7. 主持每周例会，讨论问题，解决难题，研究制定供餐改进方案。

8. 负责组织与学校有关部门的各种交流沟通活动。

9. 经常向上级领导汇报工作进展情况，认真完成上级交给的其他工作任务。

（二）信息主管的岗位职责

1. 在餐饮部主任的领导下，负责本餐饮部员工入职、离职手续的管理工作，并严格执行《中华人民共和国劳动合同法》，积极宣传中心政策。

2. 做好钟点工、实习生入职、离职的材料整理工作，报部门领导审批后，上报中心人事部门。

3. 月末将各食堂员工、钟点工、实习生的考勤情况整理成电子表格，经部门领导审核后，上报中心人事部门。

4. 熟知中心有关规章制度，做好员工的工伤、生育保险等的报销材料，上报中心人事部门。

5. 配合中心各职能部门，做好本部门员工的培训工作，并做好相关的记录。

6. 负责本部门质量运行的相关文件和记录表格的管理工作，以及处理师生投诉建议的回复工作。

（三）食堂主任的岗位职责

1. 在餐饮部主任的领导下，负责本食堂的全面工作，服从上级领导，执行上级决策，宣传上级政策。

2. 组织食堂工作人员严格执行学校和饮食中心的各项规章制度。

3. 合理安排食堂工作人员，做到按需设岗、按劳分配、公正合理。

4. 负责制订半年计划、全年计划和餐饮产品质量标准，并组织实施。

5. 监督食品安全管理员和厨师长的各项工作。

6. 参加师生见面会活动，经常听取师生对食堂工作的意见和建议，根据需求采取措施加以改进。

7. 做好产品的研发和推广工作，并组织食堂员工积极开展岗位练兵和优质服务竞赛活动。

8. 严格执行《食品安全法》，落实《学校食堂和学生集体用餐管理规定》，防止食原性疾病的发生。

（四）食品安全管理员的岗位职责

1. 在食堂主任的领导下，严格执行《食品安全法》。

2. 配合食品药品监督管理部门和中心监控部对本单位餐饮食品安全进行监督检查。

3. 定期组织本食堂员工进行食品安全有关法规和食品安全知识的培训。

4. 督促检查本食堂严格执行食品安全管理制度和岗位责任的落实情况。

5. 负责组织本食堂工作人员的年度健康检查工作；并对食堂员工进行健康管理，督促患有有碍食品安全疾病的人员调离相关岗位。

6. 检查餐饮生产和服务环节中的食品安全状况并记录，对检查中发现的不符合要求的行为及时制止并提出处理意见。

7. 建立健全食堂食品安全管理档案，保存各种检查记录；对存在事故隐患的设施、设备，提出整改意见。

8. 所在食堂发生疑似食物中毒和食品污染事故时，协助食堂及时报告卫生及食品药品监督管理部门，采取措施防止事态扩大，配合监管部门调查处理。

9. 做到每日向食堂主任汇报。

（五）厨师长的岗位职责

1. 在食堂主任的领导下，组织本食堂的主副食食品生产加工。

2. 熟知并遵守《从业人员卫生管理规范》，掌握《餐饮部工作手册》。

3. 按高、中、低菜品供应比例，负责制订每日菜谱，报食堂主任批准后实施。

4. 负责编制员工工作时间安排表，并进行合理调配。

5. 负责监督各班组按《中心主副食成品统一量化标准》的要求制作食品。

6. 及时了解采购价格，做好食品的成本核算，确定售出价格。

7. 组织各班组按时按点做好主副食品的备餐工作。

8. 按季节变化不断调整食品结构，满足需求。

9. 工作结束后，督促各班组做好清理工作。

（六）保管员的岗位职责

1. 严格按《中心物资检验标准》对食品原料进行验收。

2. 负责供货商凭证的审核与相关票据的保管工作。

3. 严格执行《仓库管理制度》，对食品原料建立入库、出库登记手续，要字迹清楚，数字准确，格式规范。

4. 认真做好食品原料分区、分架、分层存放，并与货架标签内容相符；做好“五防”和安全防范工作。

5. 认真执行学校财务规定，作好月末盘点和结账工作。

6. 做到勤进勤出，先进先出，定期检查清仓，杜绝食品过期和变质。

7. 做到每周对仓库的卫生进行彻底清扫，保持仓库内卫生整洁。

（七）留样员的岗位职责

1. 严格遵循《食品留样管理制度》。

2. 及时做好每餐的食品留样和留样清理（超过48小时）工作，并填写《食品留样记录表》。

3. 留样专用冰箱不得摆放与留样无关的食品，并做到定期清洁。

4. 做好留样冰箱的温度记录工作。

5.《食品留样记录表》至少应保存 12 个月，以备查验。

（八）投诉受理员的岗位职责

1. 负责食品质量和服务质量的投诉受理工作，并填写好《投诉记录表》。

2. 负责师生丢失物品的登记和认领工作，并填写好《遗留物品登记表》。

3. 服务师生时要做到主动热情，态度和蔼。

4. 定期整理、归纳投诉材料，及时报送食堂主任。

（九）粗加工人员的岗位职责

1. 熟知并遵守中心制定的《从业人员卫生管理规范》。

2. 按食堂原料需求，遵照《副食原料粗加工切配标准》完成粗加工任务。

3. 执行盛器颜色分类使用的规定，择、洗好的原料放在指定位置。

4. 熟知设备使用规范，按其要求操作，强化安全意识。

5. 粗加工工作结束后，做好粗加工间的卫生清洁工作。

（十）切配人员的岗位职责

1. 熟知并遵守中心制定的《从业人员卫生管理规范》。

2. 按厨师长提供的原料成型规格要求，遵照《副食原料粗加工切配标准》完成切配任务。

3. 执行盛器颜色分类使用的规定，切配好的原料放在指定位置。

4. 熟知设备使用规范，按其要求操作，强化安全意识。

5. 切配工作结束后，做好切配间的卫生清洁工作。

（十一）烹调人员的岗位职责

1. 熟知并遵守中心制定的《从业人员卫生管理规范》和《副食加工制作规范》。

2. 根据厨师长制订的菜谱，按照中心制定的《主副食成品统一量化标准》完成烹调任务。

3. 严格执行生熟原料、半成品、成品分开和盛器分类使用的规定。

4. 盛器、用具按照《食堂消毒方法》消毒合格后方可使用。

5. 隔餐、隔夜出售的食品回锅热透（中心温度 70 ℃以上）方可出售。

6. 熟知设备使用规范，按其要求操作，强化安全意识。

7. 烹调制作工作结束后，做好烹调间的卫生清洁工作。

（十二）主食制作人员的岗位职责

1. 熟知并遵守中心制定的《从业人员卫生管理规范》和《主食加工制作规范》。

2. 根据厨师长制订的加工任务，按照中心制定的《主副食成品统一量化标准》完成主食制作。

3. 严格按规定使用食品添加剂。

4. 严格执行生熟原料、半成品、成品分开和盛器分类使用的规定。

5. 盛器、用具按照《食堂消毒方法》消毒合格后方可使用。

6. 熟知设备使用规范，按其要求操作，强化安全意识。

7. 主食制作工作结束后，做好主食间的卫生清洁工作。

（十三）馒头制作人员的岗位职责

1. 熟知并遵守中心制定的《从业人员卫生管理规范》和《主食加工制作规范》。

2. 了解面粉的属性，根据季节变化掌握水量、水温和碱量的使用范围。

3. 熟知设备使用规范，按其要求操作，强化安全意识。

4. 根据各层订量，按照中心制定的《主副食成品统一量化标准》和生产流程加工制作，严把成品质量关，并配送到位。

5. 工作结束后，做好卫生清洁工作。

（十四）米饭制作人员的岗位职责

1. 熟知并遵守中心制定的《从业人员卫生管理规范》和《主食加工制作规范》。

2. 了解大米的属性，严把原料质量关，根据大米质地的不同，掌握水量的使用范围。

3. 熟知米饭生产线的使用规范，按其要求操作，强化安全意识。

4. 根据各层订量，按生产流程加工制作，严把成品质量关，并配送到位。

5. 工作结束后，做好卫生清洁工作。

（十五）糕点制作人员的岗位职责

1. 熟知并遵守中心制定的《从业人员卫生管理规范》和《主食加工制作规范》。

2. 熟知设备使用规范，按其要求操作，强化安全意识。

3. 按糕点品种规定的操作程序和质量标准，制作各种糕点，确保食品质量。

4. 严格按规定使用食品添加剂。

5. 负责用具整理，原料保管，随时保证设备和工作岗位卫生整洁。

6. 认真钻研业务，不断提高糕点制作的技术水平。

（十六）服务员的岗位职责

1. 熟知并遵守《从业人员卫生管理规范》。

2. 执行《食堂服务标准》，对餐厅进行清理和清洁。

3. 做好餐前准备工作。

4. 熟知设备使用规范，按其要求操作，强化安全意识。

5. 发现师生丢失物品应上交投诉受理员。

6. 工作结束后，做好卫生清洁工作。

（十七）洗消员的岗位职责

1. 熟知《从业人员卫生管理规范》，并严格执行中心制定的《餐具清洗消毒规程》。

2. 按设备使用规范操作，强化安全意识。

3. 按《餐具清洗消毒规程》做好餐具清洁、消毒和保洁工作。

4. 清洗消毒过程中注意保护好餐具，减少损耗。

5. 做好洁净餐具的存放，注意分类摆放和消毒保洁。

6. 定期对洗消设备进行清洁保养。

7. 餐具清洗工作结束后做好清理工作。

(十八)维修员的岗位职责

1. 负责食堂设备、设施以及餐用具的维修与保养。

2. 熟知各种设备的性能,不断提高维修技术水平。

3. 坚持废旧利用原则,降低成本。

4. 严格遵守上下班制度,不擅离工作岗位;如有任务,随叫随到,做到主动、热情。

5. 工作间须保持卫生整洁,工具放置有序,并保管好个人的维修工具。

6. 维修结束,申报单位认可后,填写《设备设施维修处理记录》。

7. 及时向上级领导汇报维修情况。

齐园餐厅的员工培训

员工培训是食堂发展的重要组成部分。齐园餐厅积极配合中心人力资源部，进行各层次的人员培训工作，使齐园餐厅这个310人的庞大员工队伍高效、有序、和谐、稳定的发展，并取得突出成绩。

员工培训有两个方面的作用：一方面可以满足员工个人发展需求，丰富员工的专业知识，提高员工工作能力，增强业务技能，改进工作态度，使员工素质得到提高，减少缺勤、浪费、损失与责任事故，减少员工流动，降低流失率；另一方面还可以适应食堂的发展要求，提高食堂管理水平、服务质量和经营效益，增加就餐者的满意度，减少投诉，改善食堂的公共形象。

一、员工培训的含义

培训是食堂通过对员工有计划、有组织实施专业学习和挖掘潜力的行为过程，通过教学或实践等方法促使员工在知识、技能、态度和行为等方面有所改进和提高，保证员工能按预期的标准或水平完成所承担的工作任务，它是食堂人力资源管理的重要组成部分。

二、员工培训的目标

个人发展要依托食堂，而食堂发展要依靠员工。员工培训的目标是实现员工个人发展和食堂发展的双向互动，是将员工现有知识、技能和能力提高到工作所需要的水平上来，通过培训促进员工个人与食堂的共同发展。主要目标有：

1. 对员工进行各项规章制度的培训，使员工符合食堂的行为规范。
2. 通过技术、技能培训，使员工尽早掌握工作要领、工作程序和方法，达到上岗要求。
3. 通过培训使现有员工的技能得到提高充实，具备多方面的才能。
4. 通过培训减少工作失误，提高工作质量与效率。
5. 通过培训提高员工创新能力及对新设备、新技术、新工艺、新知识的掌握能力。
6. 通过培训来培养食堂自身所需的各种技术人才和管理人才。

三、员工培训的意义

由于食堂工作量大、工作时间长，所聘用的员工大多数是初中文化层次，且年龄差异较大；面对就餐需求越来越高的固定群体，已不能适应迅速发展的高校餐饮业。为此，稳定员工队伍、提高员工素质、提高产品质量、保障安全生产就成了管理者的重要课题。员工培训是解决这一课题的重要途径，员工培训不仅可以增加员工的归属感、凝聚力和竞争力，而且还可以提高员工的整体素质、产品质量和生产安全保障能力，更能提高新品种的研发能力。培训无论是对食堂的稳定发展，还是对员工个人的发展都有重大意义。

（一）培训是提高员工文化素质的重要途径

通过对员工进行食堂相关知识和专业技能的培训，让员工了解食堂性质，具备胜任本岗位所必需的专业技能和相关知识。更重要的是让员工端正工作态度，增强工作责任心，激发工作热情，树立爱岗敬业的奉献精神，进而从根本上提高员工的文化素质，适应食堂发展的要求。

（二）培训是提高餐饮产品质量的重要手段

熟练的专业技能和服务技巧是食堂工作的最基本要求。怎样才能让员工达到这一要求呢？最好的途径就是培训，要进行多层次、多形式的培训。通过这些培训，使员工掌握原料质地、操作规范、操作要领、服务标准，从而使食堂餐饮产品质量达到标准要求，从根本上提高食堂餐饮产品的质量，增加就餐者的满意度。

（三）培训是杜绝食品安全和生产安全隐患的保证

食堂每一个目标的实现都要依靠每位员工的努力，因此，要确保食品安全和生产安全，必须做到全员培训和全面培训。培训可以使员工尽快熟悉并掌握食品制作的岗位要求、操作规范，以保证食品安全；培训可以使员工尽快掌握各种设备、设施的操作技能，使员工工作得心应手，避免责任事故的发生。只有全体员工积极参与，了解自己的岗位职责，明确工作内容、操作标准、工作程序，调动员工的工作积极性和责任心，才能为食堂带来良好的社会效益和经济效益。

（四）培训能满足员工自身发展的需求

马斯洛需求层次理论是由美国心理学家亚伯拉罕·马斯洛1943年在《人类激励理论》一文中所提出的。他将人类需求像阶梯一样从低到高按层次分为五种：生理需求、安全需求、社交需求、尊重需求和自我实现需求。五种需求可以分为两级，其中生理需求、安全需求和社交需求都属于低一级的需求，这些需求通过外部条件就可以满足；而尊重需求和自我实现需求是高级需求，是通过内部因素才能满足的，这就需要员工提高自身素质。为此，要进行员工培训，提升自我，实现员工自身发展的高层次需求。

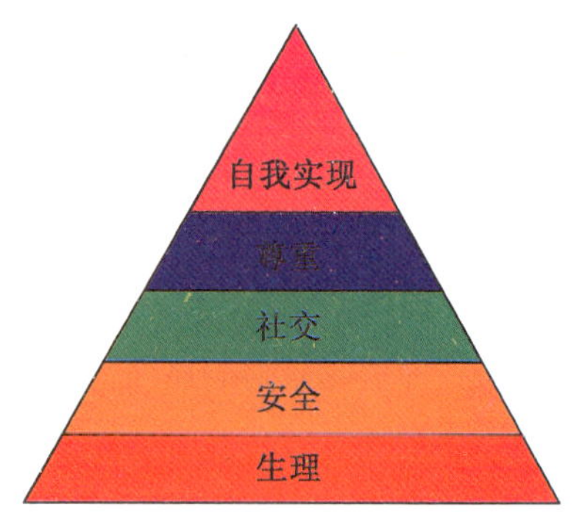

马斯洛需求层次理论

四、员工培训的原则

（一）培训对象的全员性

食堂所有员工都应纳入培训的范围，做到先培训后上岗。培训工作不仅针对新员工，还针对老员工，包括管理人员在内，只是培训的内容和形式各有差异。管理者的培训更为重要，因为食堂有什么样的管理者就有什么样的员工，管理者的观念和意识，将影响到每位员工对食堂发展的作用。因此，培训对象应包括新员工、一线员工、技术员工、服务员工、基层管理人员、中层管理人员和高层管理人员。

（二）培训内容的针对性

食堂要根据自身经营情况和员工特点开展培训工作。应坚持“需要什么培训什么，缺什么补什么”的培训原则，也就是食堂发展需要什么，员工缺什么，员工发展需要什么，这些内容都需要在培训时给予体现。因此，要坚持理论联系实际的原则，根据每个岗位的不同要求对员工开展培训工作。有针对性的培训，能达到事半功倍的效果。

（三）培训方法的灵活性

针对培训对象和培训内容，选择不同的培训方法，以取得最佳的培训效果。传统的方式主要是讲授及现场实习，即“师傅带徒弟”。现代则采用了更加灵活多样的方式，如视听法、操作示范法、专题讨论法、案例研讨法、角色扮演法等。从培训方法看可分为听、说、读、看、做五种类型。其中“做”与“说”是动态式教学方法。英国一项研究指出，就学习效果记忆率来看，“做”的效果最好，记忆率达90％，其次是“说”，记忆率达70％。由此可见，选择培训方法时，应选用让员工多说、多做的培训方法。

（四）培训时机的合理性

培训时机的选择关系到员工接受培训的积极性和主动性。当员工感到难以适应工作要求或希望个人能力有所提高时，自然会产生培训的要求，此时进行培训必然会使员工从“要我学”变为“我要学”，所以从员工主观上讲，培训的适时是非常重要的。另外，由于食堂员工的工作量大、工作时间长，而培训的内容多且广，因此食堂的员工培训最好利用寒暑假进行，尽可能少占用员工平时的休息时间。

五、员工培训的分类

员工培训的一个重要原则是根据需要进行培训。因此，应先以各个岗位的岗位职责和工作要求为基础，分析各岗位员工需要掌握的知识和技能要求；然后，再根据这些要求制定培训内容和目标，以确定培训类型。

（一）按培训对象的层次分类

1. 基层操作人员的培训

基层操作人员是一线工作者，即主副食操作人员和餐厅服务员。培训重点是提高他们的综合素质。因此，应从专业知识、业务技能和工作态度等方面进行培训。

2. 基层管理人员的培训

基层管理者主要是班组长、领班、主管等。培训重点是提高他们的执行力。因此，应从管理概念、管理技能、人际关系的处理、主副食的操作标准和规范等方面进行培训。

3. 中、高层管理者的培训

中、高层管理者是食堂管理员助理以上的管理人员。培训重点是提高管理者发现问题、分析问题和解决问题的能力以及用人能力、控制能力和协调能力，同时还应提高预算管理、成本控制和经营决策等方面的能力。因此，应从知识补充与更新、技能开发、观念转变、思维技巧等方面进行培训。

管理者培训现场

（二）按培训的不同时间阶段分类

1. 岗前培训

岗前培训也称“新员工培训”，是新员工上岗前的培训，精心细致的岗前培训将为新员工上岗后尽快熟悉工作打下良好基础。

岗前培训的主要内容有食堂基本情况、《员工手册》、岗位基础知识（食品安全、操作安全、消防安全、质量体系）、基本岗位技能、职业道德教育等。

培训的目的是确立恰当的工作期望，培养积极的工作态度，养成良好的工作习惯，树立正确的价值观和人生观。

2. 在岗培训

在岗培训也称“在职培训”，是指员工不脱离工作岗位，利用空闲或假期所接受的培训，这是食堂发展和员工成长所必需的。食堂发展依赖员工综合素质的提高，为了激励员工、稳定队伍，培训既要考虑到食堂的发展要求，又要考虑到员工个人发展需求。这不仅需要员工掌握现代知识技能，而且还需要员工有现代人的意识与适应能力，并形成共同的价值观。因此，培训不仅着眼于员工知识和技能方面的补充和提高，还要着眼于员工对食堂文化和精神方面的认同感与归属感。通过培训，使员工形成新观念和良好的工作作风，使他们掌握满足就餐者需求的知识和技能，实现食堂发展和个人发展的共同进行。在职培训一般由各级管理人员和经验丰富、技术熟练的老员工担任指导老师，也可聘请知名的专业老师进行培训。

3. 持续培训

持续培训是对在岗人员的后续培训，包括再培训、交替培训和转岗培训。再培训是指上岗后的员工通过进一步学习，把已掌握的知识和技能再提高一步，以适应食堂发展变化的需求。交替培训是培养员工掌握多种操作技能，使员工成为多面手，以便管理者在特殊需要时进行合理的人员调配，使工作有序进行，避免因个别员工不在岗位时，无人替代而影响工作。这种培训有利于提高员工与其他部门或岗位的员工进行合作时的工作效率。转岗培训是指将已上岗但并不能胜任本岗位的员工及时转到其他岗位，对他们重新进行其他工种的培训，使其找到合适的岗位，做到人尽其用，发挥特长。

消防培训

（三）按培训内容与性质的不同分类

1. 新员工入职培训。
2. 员工职业素质培训。
3. 食堂基础知识培训。
4. 设备设施的使用规范培训。
5. 消防安全知识培训。
6. 食堂服务知识及技巧培训。
7. 外派参观、考察、进修实习培训。

菜品展示会

六、员工培训的方法

培训是否达到预期的目的，关键在于培训方法。员工培训应选择“最合适的”而非“最好”的方法。“最合适”是指培训方法要适合培训的对象。由于员工的文化层次较低（所受的教育、个人能力、接受力、工作经历等），因此在制定培训内容时，要从实际出发，制定通俗易懂、实用性强的教材，让员工多说多做，以达到培训的预期效果。可以选择以下几种方法：

（一）讲授法

主要由培训老师讲授知识，员工通过听与记忆接受知识，培训的效果主要取决于培训老师的水平。首先，要根据员工的基本情况，制定通俗易懂的培训

济南公共营养师学会会长杨勇（中）现场指导

内容及教材，选择合适的培训教室或场地。其次，选择熟知培训内容、讲课技巧多样的培训老师，运用语言的生动性、艺术性、逻辑性，激发员工的听课兴趣，以达到培训的目的。

基层管理者培训

（二）师带徒法

师带徒是中国最古老，最传统的一种培训方式，流行于各个行业，也是食堂培养人才、解决员工新老交替的主要途径。食堂将经验丰富、技能熟练的老员工安排给新入职的员工担任师傅，让其在工作和学习过程中观察师傅的一言一行和操作要领，经短期或长期培训，使其积累经验、掌握技能，直至能够独立承担某一项工作。齐园餐厅是济南市技师学院的实习基地，一批批实习生在这里走向工作岗位，在老员工的关怀指导下将自己所学知识运用到实践中去。实习生们既锻炼了自己，又提高了技能，为成为技术型人才打下了良好的基础。

济南技师学院教学实践基地

（三）视听教学法

视听教学是20世纪50年代随着程序教学机在教学上的应用而发展起来的。它主要是使用幻灯片、影像等视觉和听觉手段解说教材，从而提高培训效率的一种方法。具有以下优点：

服务技能培训

1. 学员借助于视觉、听觉教材的生动讲解，可以加深印象、提高兴趣。
2. 具有强烈的情绪感染力，可以激发学员的学习动力，使他们积极从事学习活动。
3. 可以把学习内容在同一时间内一次性地展示出来，提高培训效率。
4. 视、听结合，有利于记忆的保持和巩固。

这种教学法比较直观，方便记忆，员工能看到许多操作过程的细节，需要时可以快放、慢放或重放学习内容。

（四）角色扮演法

角色扮演法是一种行为导向型培训方法。设定某种情景，以完成这项任务为主要目标，让员工扮演自己原来没有体验过的角色，在真实的模拟情景中，体验某种行为的具体实践，以感受所扮角色的心态和行为。角色扮演法既是要求扮演者扮演一个特定的角色来观察扮演者的多种表现，了解其心理素质和潜在能力的一种测评方法，又是通过情景模拟，对其行为表现进行评定和反馈，以此来帮助员工提高业务技能最有效的一种培训方法。

以培训员工服务质量为例，角色扮演法能迅速有效地达到目的。让员工以“假如我是就餐者的身份”，体会就餐者在消费过程中的感受，增加个人的敏感度，加强对消费心理满足的全面了解。这有助于员工熟悉工作环境，了解就餐需求，掌握服务技能，提高服务质量。

（五）行为示范法

行为示范法是培训老师提供一个演示关键操作过程的行为模型，然后让员工观摩行为标准，并进行实际操作演练的一种培训方法。其培训方法可分为以下四个步骤：第一，由培训者提供关键行为；第二，演示关键行为让参训者观摩；第三，参训者讨论并演练；第四，培训者指出参训者演练出现的问题并加以纠正。这种培训方法最适合员工的技能培训，是一个不断循环往复的过程，即观摩—演练—再观摩—再演练，直到学员行为完全达到要求为止。

（六）案例分析法

案例分析法是培训老师通过对典型案例的分析，让员工掌握相关知识的方法。案例分析法说服力强，能较好地达到培训目的。一般而言，案例都选择有针对性的、比较典型的事情，先让员工对案例进行讨论，然后老师分析案例，最后让员工讨论结果并与老师的分析结论相比较。通过这样的案例分析培训后，员工对此有深切的感受，再遇到此类事情时，便能不慌不忙、从容不迫的应对。

另外，还有适合管理人员培训的研讨会、参观考察法、读书学习法等。

七、员工培训实施步骤

员工的培训工作包括发现培训需求、确定培训目标、制订培训计划、实施培训计划、评价培训效果等五个步骤。

（一）发现培训需求

培训需求包括食堂发展的需求和员工发展需求，只有确定培训需求，才能提供有针对性的培训工作。所以培训需求是食堂管理工作的起点，管理者应通过对餐饮产品质量的评估、就餐者的反映等渠道，采用观察员工的工作状况、问卷调查、面谈、业绩考核、态度调查等方法，找到食堂工作中现存的问题。如观念意识、知识需求、沟通协调应变能力、操作能力、发展需求等，并进行分类分析，从而确定培训需求。

（二）确定培训目标

根据培训需求分析确定培训目标，应注意：

1. 培训目标要和食堂的发展相吻合。

2. 每次培训确定的目标不要太多。

3. 培训目标应具体且操作性强。

4. 培训目标应切合实际，具有可行性。

（三）制订培训计划

根据食堂员工的培训需求和确定的培训目标，制定相应的培训计划，包括长期培训计划和短期培训计划，主要内容有：

全国高校伙食专业委员会川菜烹饪培训班开班典礼及菜品展示

1. 希望达到的培训效果。
2. 确定培训方式,如脱产、半脱产、在岗特殊培训。
3. 制定培训纪律,即培训要求与规章制度。
4. 确定培训对象,如新员工、基层工作人员、技术人员、班组长、中层以上管理人员。
5. 选择培训方法,如讲授法、视听法、角色换位法、行为示范法等。
6. 确定培训时间,具体的培训计划应确定大致的时间范围,如开学前或放假后。
7. 选择培训地点,如食堂内部组织的培训或参加外部组织的培训。
8. 做好预算工作,根据培训类型、内容等,编制培训费用预算。

(四)实施培训计划

发现了培训需求,确定了培训目标,制订了培训计划,这为培训提供了依据和指导。而实施培训计划则是实现培训目标的关键。

食堂实施培训计划时,应做好:

1. 针对培训内容的不同,准备好不同的教材、场地和设备完整、清晰、言简易懂的培训教材，有助于学员对内容的把握；充分利用现代化的培训工具，采用多媒体教学，可以增加学员的感性认识；在进行制作和服务操作技能培训时，应备有相应的设备和工具，以供员工亲自操作，加深体会。

2. 针对培训对象的不同，采取不同的方式

(1)针对基层操作人员为主的培训，可采用师带徒法、视听教学法、行为示范法等培训方法。这些方法可简单地概括为四句话：第一句是讲给你听，即告诉学员如何去做；第二句是做给你看，即老师进行示范；第三句是你跟我学，要求学员模仿老师进行操作；第四句是我纠正你，即老师通过检查发现员工操作不到位的地方，及时予以纠正，使员工最终能真正掌握所培训的内容。

(2)针对管理人员为主的培训，可以采取讲授、研讨、案例分析、参观考察、读书学习等方法，这些方法不仅能提高管理人员的自身素质和管理水平，而且还能提高食堂的运作效率。

(五)评估培训效果

评估是针对培训的最终结果进行的。

1. 根据培训目标确定对培训效果进行评估的内容，如思想观念有无转变、业务知识有无增长、操作技能有无提高、工作态度有无改善等。

2. 收集有关培训效果的信息，如培训时的笔试、口试、操作技能考试等各种考核成绩，问卷或口头调查情况，对员工平时工作的观察以及管理者对员工的考评等。

3. 对照评估内容和培训目标，根据所收集的各种培训信息，客观地评价食堂的培训效果，并总结经验提出不足，作为下次培训需求的参考，以提高培训质量。

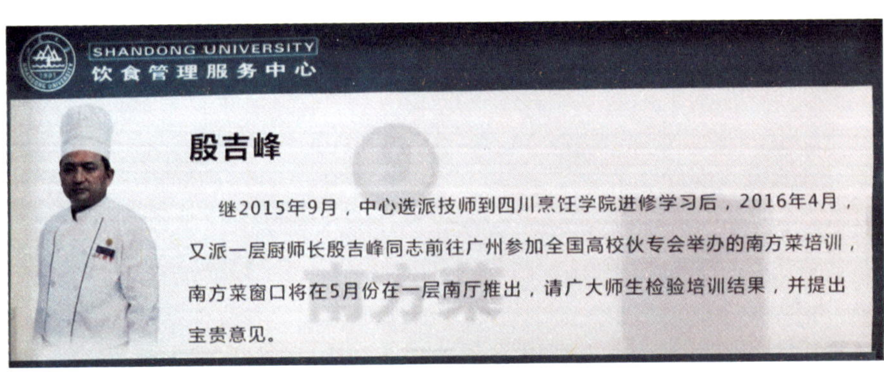

南方菜推广窗口

为满足就餐者日益增长的饮食需求，满足不同区域、不同口味的就餐者的要求，饮食中心领导审时度势，制订了短期和长期培训计划，与济南技师学院签订了培训计划。特别是2015年和2016年，先后派技师到四川烹饪学院和广州白云工商技师学院参加全国高校伙食专业委员会举办的川菜和粤菜的进修培训，并先后在一层、二层开设川菜、粤菜窗口，得到了广大师生的认可和赞扬。

齐园餐厅的产品质量

餐饮产品的质量是就餐者对实物和服务的适应性和心理满足的程度，它是就餐者对餐饮产品消费过程的一种整体感受。餐饮产品质量不仅代表着食堂的经营管理水平，而且还反映食堂的信誉和形象，它是食堂经营管理的关键和中心。

一、餐饮产品质量的内容

餐饮产品质量是由满足就餐者用餐的直接需求和间接需求构成的。而餐饮产品的直接需求由实物部分提供，即有形产品；间接需求由非实物部分提供，即无形产品。因此，完全的餐饮产品质量是由它的有形产品和无形产品构成的。

（一）有形产品

餐饮产品有形部分形成了餐饮产品质量的实用价值，它包括餐饮产品的质量、餐用具的质量、环境气氛等。

1. 餐饮产品的质量

餐饮产品质量是餐饮产品的核心，它包括食品原料规格和标准、餐饮产品的颜色和形态等。食品原料必须达到食堂所用原料的规格和标准，使用新鲜、质地好的食品原料。餐饮产品的颜色是吸引就餐者的第一感官指标，有先入为主的特点，颜色要以自然清新、适应季节变化、搭配和谐悦目、色彩鲜明、能给就餐者美感为佳。餐饮产品的形态是指餐饮产品的成型、造型，食堂餐饮产品的形态只有达到刀工精细、整齐划一，才能给人以美的感受。

2. 餐具和用具的质量

餐具和用具的质量在餐饮食品质量中起着重要作用，在现代食堂服务中，公用餐具和用具的使用已较为普遍。这就要求不仅要有优质的餐饮产品，而且要有美观大方、卫生的餐具和用具来加以衬托，以提高齐园餐厅餐饮产品的质量。

3. 环境气氛

宜人的环境气氛对增进就餐者的食欲，满足情绪上的轻松愉快至关重要。环境气氛除了与建筑、装饰风格有关外，更重要的体现在干净、卫生，空间的拥挤与否，餐厅的宽敞、明亮、通风等，这些都是直接影响餐厅环境气氛的重要因素，也是构成餐饮产品质量的重要内容。

（二）无形产品

餐饮产品的无形产品质量尽管是不能从外观上看到的，但它是就餐者对餐饮产品质量需求的重要标准。无形产品质量包括安全、营养、气味、味道、温度、特色、声誉、服务的效率和态度、方便程度等，这些都是无形产品中的重要质量指标，它同有形产品质量一样担负着重要作用。

1. 餐饮产品的卫生和营养

卫生安全和营养是餐饮产品所必备的质量条件，人们用餐的目的主要是从餐饮产品中得到营养，这必须在饮食卫生和安全的条件下进行，否则多美的餐饮食品也没有意义。因此餐饮产品的卫生和安全质量是餐饮产品最基本的质量标准，餐饮产品必须安全卫生，防止食物中毒。

2. 餐饮产品的气味和味道

气味是指餐饮产品的芬芳气味；味道是餐饮产品入口后给人留下的感受。气味和味道的质量是餐饮产品质量的因素，不仅反映餐饮产品的特点，更是餐饮产品质量的重要指标，餐饮产品必须具有新鲜的气味和使就餐者感到愉快的味道。

3. 餐饮产品的温度

餐饮产品的温度是指餐饮产品在进食时能够达到或保持的温度，同一种餐饮产品，食用时的温度不同，口感、香气、滋味等质量指标均有明显的差异，所谓“一热三鲜”就是这个道理。因此温度指标是餐饮产品质量的基本质量指标，在高校餐饮服务工作中一定要掌握好餐饮产品的出锅时间和出笼时间，以保证餐饮产品达到相适应的温度质量要求。

4. 餐饮产品的特色和声誉

餐饮产品的特色和声誉是满足就餐者猎奇感和享受感的内容。就餐者到食堂用餐常常寻求特色菜肴和特色小吃，因此，食堂要力争不断创新，根据季节的不同，研制并提供特色食品，创建食品声誉，以满足就餐者的需求。

5. 餐饮服务的效率和态度

服务效率是重要的无形产品，高效率的服务应该是紧张而有序，忙而不乱，很有条理。高校餐饮的就餐人数多而集中，这就要求工作人员以灵活的服务技巧、较高的工作效率，来减少就餐者的排队时间。服务人员的仪容仪表、礼貌用语等都能体现对就餐者的态度，工作人员的服务态度要友好，要多解释、多介绍。以“假如我是就餐者”的换位思考的心态来服务，使就餐者有宾至如归的感觉。

6. 方便程度

方便程度是指就餐者在地点和时间上的便利程度。这主要指生活区的位置、餐厅的位置、售饭窗口的布局、食品品种是否齐全、排队时间短不用久候等。

（三）餐饮产品质量的核心

餐饮产品的质量核心是可食性，高校的就餐者来自全国各地，不同地区、不同民族的就餐者对餐饮食品的口味和质量要求也不同，因此质量核心就是满足就餐者的需求。

（四）价格是餐饮产品质量的重要因素

餐饮产品质量本身不包括它的价格，可是产品价格与产品质量密不可分。所谓价格是指就餐者为了取得餐饮产品的各项功能所支付的费用。在高校餐饮管理中，餐饮产品的价格一定要以学校的稳定为前提，结合就餐者的消费水平，并让就餐者得到实惠。只有这样，食堂才能发展，才能取得好的经济效益和社会效益。

二、餐饮产品质量的特点

餐饮产品的质量像其他产品一样都有着自己的特点，这些特点表现为：

1. 餐饮产品的综合性特点

餐饮产品的质量具有实物与服务、有形与无形的共同属性，就是它的综合性特点。

2. 餐饮产品的一次性特点

餐饮产品不能反复使用，尤其是服务提供内容稍纵即逝，不能像其他产品那样，可以返工再来一次。因此餐饮产品管理必须高度重视每一次具体服务活动，使其变成优质产品，以便让就餐者每次就餐都能满意。

3. 无售后服务特点

根据餐饮产品质量的一次性特点，可以理解和认识餐饮产品的质量的好坏，完全是一次形成的，不存在售后服务。也就是说餐饮产品一旦在销售过程出现问题，食堂没有弥补过错的机会。这就意味着餐饮产品质量如果出现问题，就已经造成了对就餐者的伤害，就会失去就餐者的信赖，也就失去了市场，给食堂的声誉造成严重影响。

4. 产品之间的差异性和互补性

齐园餐厅设有不同风味、不同价格、花样品种齐全的食品，以满足不同就餐者，不同消费水平的不同需求。

5. 产品质量对员工素质的依赖性

员工的精神状态、情绪好坏、工作质量的高低本身就是就餐者对餐饮产品质量的评价内容。因此，餐饮产品质量管理关键是对员工进行素质培训，让员工明白，他们应具备的行业素质和敬业精神。

三、餐饮产品全面质量管理

从20世纪90年代初高校餐饮提取间接成本，到90年代末高校餐饮社会化、企业化，再到21世纪高校餐饮公益性、非营利组织的发展过程中，可以看出餐饮产品全面质量管理工作已经成为高校后勤管理的重中之重。只有以餐饮产品全面质量管理作保证，高校后勤的餐饮产品质量才能得到发展。

（一）餐饮产品全面质量管理的定义

餐饮产品全面质量管理是在全体餐饮员工和各个部门共同协作中，充分运用现代科学分析与管理的手段和方法，从经济的水平上，研究、设计和生产餐饮产品并配合提供优质的服务，把生产运行和全面服务等一系列活动构成一体的一种有效管理体系，以实现就餐者对产品质量最高满意度的综合活动。也就是说，一个食堂以质量为中心，以全员参与为基础，目的在于通过让就餐者满意和使员工获得收益，而达到长期成功的管理途径。

(二)餐饮质量的全面管理原则

1."就餐者至上"性

"就餐者至上"是全面质量管理的基本出发点，离开就餐者满意这个基本目标，餐饮产品也就失去了全面质量管理的意义。作为齐园餐厅，为就餐者提供餐饮产品和服务就要全心全意为就餐者着想，坚持"就餐者至上"原则。这就要求食堂全体员工事事处处从就餐者利益出发，想就餐者所想，急就餐者所急，帮就餐者所需，认真了解和听取就餐者意见，提供就餐者满意的食品和服务。

2. 全面性和全员性

餐饮产品的全面质量管理工作是一项细致的工作，它涉及餐饮生产和服务的各个部门、各个环节和各个岗位。控制好餐饮产品的质量就必须充分调动员工的积极性，动员、教育员工关心产品质量，对自己担负的生产和服务工作高度负责，以保证餐饮产品质量。

3. 服务性和预防性

所谓服务性，主要指：①初加工、切配、烹饪过程，上一道工序为下一道工序服务；②烹饪为销售服务；③销售为就餐者服务。餐饮产品生产和服务的质量要受加工和准备工作程序的影响，因此每个菜品的加工和生产程序质量都必须满足下一程序的要求，都必须为下一项服务打好基础，在产品质量上高标准、严要求，努力为就餐者服务。

齐园餐厅餐饮服务工作是以人对人、面对面为主要过程的劳务活动，其服务过程出现质量问题是事后难以弥补的，所以全面质量管理要求把管理工作的重点从"事后把关"转移到"事先预防"上来，把传统的"结果"管理变为"因素"管理，使餐饮服务质量自始至终处于可控状态，防患于未然。

4. 组织性和系统性

组织是指由若干个相互联系的系统组成，是为了一个共同目标而形成的群体，是确保人们社会活动正常协调进行、顺利达到预期目标的体系。餐饮产品质量包含了有形和无形两个部分，而保证餐饮产品质量的整个餐饮活动是由人员、管理、技艺、设备、方法、环境等方面组成，这些因素对餐饮产品质量都有影响。因此，全面质量管理就要从全员、全过程开展质量管理，建立从选料、加工、烹饪、销售、服务等质量保证系统，建立从组织人员管理到责任制度落实的质量保证体系。

5. 质量效益性

餐饮产品质量管理突出质量管理经营思想，使食堂在经营活动全过程的所有环节中，必须确定质量的主导地位，坚持"质量效益"第一，始终不渝地把质量管理作为餐饮产品质量管理中心环节，走质量效益型的发展道路，处理好质量与效益的辩证统一关系。质量是效益的核心与前提，效益寓于质量中，求效益要以质量为中心，因此质量决定效益，是推行餐饮全面质量管理的宝贵经验和第一原因。当然在强调质量的同时也不能脱离成本，要讲求质量经济性，必须保证就餐者满意所需求质量的前提下，努力降低成本，使就餐者与食堂都从中获益。

（三）餐饮产品全面质量管理工作

1. 以人为本，严格产品制作和服务

餐饮产品质量与员工、食品原料、菜肴的加工和生产工艺、烹调设备、服务设施、餐饮服务的程序和方法有着密切的关系。在这些因素中，人的因素是第一位，提高餐饮产品质量的根本途径，在于不断提高食堂全体员工的素质，充分调整和发挥员工的积极性和创造性。因此，在餐饮产品全面质量管理中，首要的是招聘、选拔优秀员工和服务人员，任用有广泛业务知识，有厨房管理能力和餐厅管理能力，工作认真负责的管理人员，制定严格的生产制作和服务提供制度。这是质量保证的前提。

2. 严格产品质量检验

餐饮产品的质量管理应严格餐饮产品的原料的采购、初加工、切配、烹调和服务等工作的检查和验收工作，把住产品的质量关。

3. 做好产品生产和服务工序的质量管理

餐饮产品质量管理必须做好餐饮产品的生产和服务工作的质量管理。保证产品每个制作工序和服务工序的质量，及时纠正工作中的错误，将不合格产品消灭在萌芽中，对已发生的不合格产品管理，要找出造成不合格产品的各种原因及责任人，采取措施，及时纠正。

4. 加强食堂组织和协调工作

餐饮产品的质量管理应组织协调食堂内各个工作小组，各个生产阶段的员工，要认真贯彻执行中心制定的餐饮产品质量标准和卫生标准。

5. 组织食堂全体员工参与质量管理

餐饮产品的全面质量管理必须得到全体员工的支持与参与。因此动员与组织全体员工积极参与餐饮产品质量管理工作非常必要。

6. 不断提高和改进食堂餐饮产品质量

不断提高和改进是指为适应就餐者不断增长对产品质量的要求，通过加强全面的质量管理，在保持原有质量水平的基础上，要有不断提高产品质量的思想。食堂工作者要有强烈的“问题意识”和“改进意识”，不断采取改进措施，开发餐饮产品新花样，改善服务内容，使食堂产品求新求变，不断提高。

（四）餐饮产品全面质量管理的基础工作

1. 质量培训工作

餐饮产品质量的保证必须以加强食堂工作人员的质量培训工作为基础。由于餐饮产品的质量与食品原料，员工对食品原料初加工、切配和烹调的技术，售饭人员的服务技巧，餐厅服务员的服务态度，餐厅的服务设施都有密切的联系。因此，食堂绝对不能忽视对员工的培训和培训管理工作，并且要理论联系实际。

培训的内容主要包括：

（1）食品原料的种类、产地、规格、质量鉴别等知识。

（2）食品原料的初加工和切配知识，食品原料的初加工要求和切配标准；菜肴的烹饪知识，中心副食量化统一标准和设备设施的操作规范。

(3)主食的烹饪知识,中心主食量化统一标准和设备设施的操作规范。

(4)餐厅服务的基本知识和中心制定的服务质量标准。

(5)餐具洗消制度和工作规程。

以上几点内容都应进行理论知识和实践操作的培训。

2. 质量责任制度

保证餐饮产品的质量必须加强对食堂餐饮产品质量责任的管理,为此,要制定食堂内各个工作岗位的质量责任制度。一旦发生餐饮产品质量问题,一定要找出质量责任人,分析餐饮产品的质量问题原因,并对责任人进行警告或处罚。另外食堂管理人员应定时对食堂内的全体员工的工作质量进行检查、评估并奖优罚劣。

各岗位人员责任如下:

(1)食堂管理人员对产品制作和服务的质量管理责任。

(2)保管人员对餐饮产品原料的验收、贮存、保管责任。

(3)主食人员对米饭、馒头、糕点的质量控制责任。

(4)初加工人员对餐饮产品原料择、洗、切的质量控制责任。

(5)烹调人员对餐饮产品烹调质量的控制责任。

(6)餐厅售饭人员和服务员的服务质量控制责任。

(7)洗消人员对餐具的安全质量控制责任。

3. 质量的信息工作

随着高校餐饮业的发展,校内供餐结构细分化,餐饮市场的新产品也在不断增加,这就要求食堂管理人员经常对食堂的餐饮产品种类、特色和质量标准进行决策和定位。校内就餐人数虽然是固定的,但各食堂之间的竞争日趋激烈。既有特色产品的竞争,又有产品价格的竞争,也存在服务方式的竞争,只有及时了解校内餐饮市场的餐饮产品质量和服务方式信息,才能正确制定本食堂餐饮产品质量政策。因此,食堂要及时准确地了解和利用有关食堂餐饮产品质量动态,就必须重视产品信息工作。

(1)餐饮产品质量信息工作的基本要求

由于高校就餐群体的就餐心理和就餐需求的不断变化,对校内餐饮市场的要求也就越来越高,方便、舒适、快捷的就餐方式,已是就餐者的基本要求,这就要求食堂管理人员必须获得及时、准确和适用的餐饮产品质量信息。

(2)重视收集食堂餐饮产品质量信息的方法

①直接观察法和资料统计法:食堂管理人员要定期到校内外同行的经营场所实地考察。考察人员作为普通就餐者到餐厅内用餐消费,以观察同行餐饮产品的质量水平,了解同行餐饮产品质量的发展。管理人员要经常观察本食堂内部的产品质量和新产品的开发,亲自掌握本食堂产品质量的动态。根据就餐者对产品质量的反馈和投诉,以及全体员工发现产品质量问题的记录,经整理及时改进和提高。

②多项沟通法和聘请法:食堂与就餐者之间加强餐饮产品质量信息交流工作。食堂与食堂之间加强餐饮产品质量信息交流,食堂与校外同行之间的餐饮产品信息交流,都是获得信息的途径。另外,食堂应定时聘请就餐者、同行及有经验的管理人员进行讲座和员

工培训，并进行现场指导，这也是食堂获得餐饮产品质量信息的重要途径。

4. 质量检查管理

餐饮产品质量是餐饮业的生命，质量检查是控制餐饮产品质量的手段。质量检查管理强调餐饮产品生产和服务中的各阶段、各环节的检查。通常餐饮产品生产需要四个阶段和六个环节。这四个阶段是：餐饮产品的原料验收、初加工、烹饪和服务。七个环节是：餐饮产品原料验收、贮存、初加工、切配、烹饪、餐具洗消和服务。餐饮产品质量检查管理就是根据餐饮产品的各生产阶段和服务阶段，确定质量检查点，并严格执行质量检查制度。

(1)确定餐饮产品的质量检查点及检查制度

①按照餐饮产品的生产和服务程序确定检查点。从食品原料验收到产品制作再到服务提供的每个环节，每一道工序都是前一道工序的检查点，每一道工序的工作人员都是前一道工序的质量检查员。

②确定每个检查点所遵循的检查制度。按照餐饮产品的生产和服务提供的七个检查点，由责任人确定相应的检查制度：第一，食品原料验收检查点，由食堂保管员配合物流部检验员根据中心制定的《食品原料验收标准》进行验收入库。第二，食品原料贮存检查点，由管理人员根据《仓库管理制度》进行检查出库。第三，原料初加工检查点，由切配人员根据中心制定的《原料的初加工质量标准》进行检查验收。第四，原料切配成型检查点，由烹调人员根据中心制定的《食品原料切配质量标准》进行检查验收。第五，餐饮成品检查点，由管理人员根据中心制定的《主副食统一量化标准》进行检查验收。第六，餐具洗消检查点，由管理人员根据中心制定的《餐具洗消质量标准》进行检查验收。第七，服务提供检查点，由管理人员根据中心制定的《服务质量标准》进行检查验收。

(2)严格餐饮产品的质量检查制度

在餐饮食品的质量检查工作中必须实施严格的检查制度，杜绝不符合标准的餐饮产品出售给就餐者。

①食品原料验收员拒绝接受任何不符合质量标准的食品原料。

②保管人员不发放，领料人员不领用任何不符合质量标准的食品原料。

③初加工人员拒绝择洗任何不符合质量标准的食品原料。

④切配人员拒绝切配任何不符合切配标准的原料。

⑤烹调人员拒绝烹制任何不符合烹饪要求的半成品原料。

⑥服务人员拒绝领用任何不符合卫生质量标准的餐具。

⑦售饭人员拒绝出售任何不符合食品质量标准的成品。

尽管食堂餐饮产品的质量管理难度较大，但只要管理人员重视，管理方法得当，制度措施到位，就一定能达到食堂制定的质量目标和就餐者所需求的质量标准。

四、万能蒸烤箱助推食品质量的提升

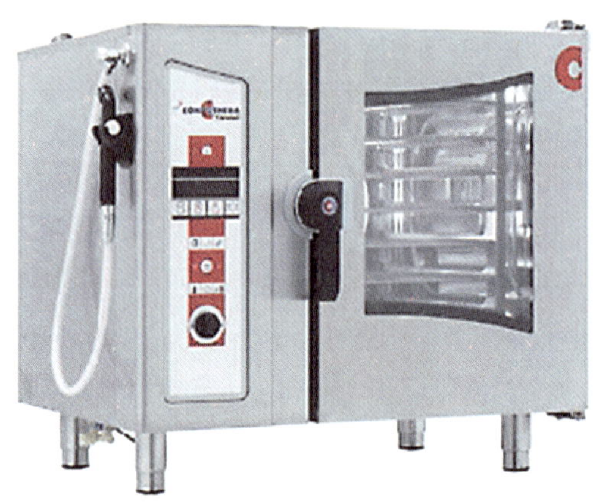

万能蒸烤箱

万能蒸烤箱是厨房必不可少的热加工烹调设备，其性能可靠、操作简便，无论是在顶级酒店，还是在社区餐厅，总有它的存在。山东大学饮食管理服务中心从自身实际出发，经过市场调查和产品分析，采购了康福登万能蒸烤箱设备，为齐园餐厅的食品开发和质量稳定创造了条件。万能蒸烤箱应用于山大食堂不仅为当代大学生提供了高品质的食品，而且保证了食品安全。

第六章 齐园餐厅的文化建设

食堂文化建设是校园文化和校风建设的重要组成部分，食堂文化建设的内容也涉及多个方面，除了食堂的软硬件建设外，还必须有全体就餐师生和相关部门的参与，才能建设和谐的食堂文化。食堂文化建设包括两个方面：首先，创建食堂内部的文化氛围，开展文化教育、宣传及娱乐活动，增强员工的凝聚力、责任感和服务理念。其次，营造“精神食粮”的就餐环境，将精神文明建设融入其中，让师生切实体会到消费的是食品，感受的是知识，享受的是文明。

一、工作氛围——后厨文化建设

齐园餐厅为营造一种振奋精神和令人愉快的工作氛围，激发员工的工作热情，振奋员工的工作精神，使员工全心全意投入工作，从精神文化、物质文化、制度文化和行为文化四个方面加大食堂后厨文化的建设，促使员工在食堂的发展过程中，使文化理念转化为员工的自觉行为，以便促进食堂的发展。

（一）加强精神文化的建设

精神文化是食堂文化建设的灵魂。要想保持食堂的持久发展，就必须加强正确的精神文化建设。

1. 强化理念文化

饮食管理服务中心确立“以人为本，依法办伙，科学办伙，民主办伙”的发展理念；以“公益性非营利”的原则；以“学校发展的要求和师生生活的需求，就是我们的追求”的工作目标，并创建《饮食简报》加大宣传力度，加大内部及外部的影响力。齐园餐厅管理者积极响应并贯彻宣传给每一位员工，让管理者和员工树立正确的价值观、团队协作、做事认真、做人诚实，确立与中心一致的工作理念和目标，激发团队热情，使整个团队充满活力。

• 团队篇

团队篇包含了独立、协作和相互信赖。所谓独立是指独立自主，各司其职，个人和单位的竞争力来自你不可替代的价值。高水平的独立才有可能带来高水平的协作。所谓协作是指局部利益服从整体利益，主动补位，以双赢的心态创造最大合力。所谓相互信赖是指尊重相互的差别，换位思考，以服务和支持的心态相互配合。

• 做人篇

做人篇包含了诚实、主动和激情创新。所谓诚实是指实事求是，尊重事物的客观规律，诚恳待人，坚持原则。所谓主动是指乐观自信，从我做起，环境因我而变，坐言起行，言必行，行必果，从内心关照就餐者。所谓激情创新是指以持续的激情，开放的心态，应对变化，积极进取，开拓创新。

• 做事篇

做事篇包含了认真、负责和追求卓越。所谓认真是指人和事因认真而完美，注重细节是专业化的表现。所谓负责是指忠于职守，坚守承诺，积累信用。所谓追求卓越是指人和事因卓越而更有价值，拓展因卓越才得以生存和壮大。

• 心情篇

心情篇向每一位员工传递一份美好祝福：黎明醒来，让心神飞扬，感谢又一个爱的日子；午间休憩，默念爱的痴迷；下班归家，心存感激；然后带着对心中所爱的祝福和唇边的颂歌入眠。

2. 注重以人为本

人是最有创造性，最有潜力，是最宝贵的财富，更是单位最宝贵的资源。因此，对人的管理要做到：第一，破除等级观念，弘扬平等精神。齐园餐厅的管理者带着爱去管理员工，管理上实行上级服务下级的管理理念，让员工充分发挥自己的潜能，实现自我的价值。第二，激励员工积极向上，实行人性化管理。齐园餐厅管理以人为本，把员工放在核心位置，用激励的方式，调动人的积极性，遵循有功则奖，有错责罚的原则，实施奖罚分明；通过管理者和员工的情感双向交流和沟通实现情感上的有效管理。人最讲感情，因此，感情投资，感情激励，有时比物质奖励更能满足人的渴望。第三，学会识人用人，加强后备人才的培养。齐园餐厅在用人上，实行能者上庸者下，注重年轻管理人员的培养，一批又一批年轻干部走上了管理岗位，给食堂带来了活力，给中心带来了效益，为学校争得荣誉。

3. 注重创新意识

食堂要发展唯一的法则，就是创新。只有具备了创新意识，才能做到领导创新、管理创新、产品创新、服务创新，从而使创新成为食堂发展的根本动力。

（二）加强物质文化的建设

物质文化包括食堂工作环境、文化设施、统一标识等，是食堂文化的外在标志，是食堂文化建设的基础，它属于食堂文化的硬件，是物质形态的看得见、摸得着的东西。第一，食堂工作环境的优劣直接影响到员工的情绪和工作效率，优化食堂环境，使食堂的墙壁会说话，为员工提供良好的学习园地，是激发员工工作和学习积极性的重要手段。第二，文化设施是食堂物质文化的重要层面，是食堂各项工作正常运作的保障。作为载体，食堂文化设施起着构建校园文化氛围，沟通信息，扩展人际关系等重要作用，并为员工提供良好的育人场所和丰富的食堂生活。第三，借鉴常组织、常整顿、常清洁、常规范、常自律的“五常法”管理模式，将盛器、容器、墩子使用规范，消防常识、电梯乘坐须知等制作统一标识，指导员工按规范工作，养成良好的工作习惯。

（三）加强制度文化的建设

食堂制度文化是以现代管理理念为指导，以完善的学校制度为基础，能够促进食堂可持续发展的一套完整的制度体系。强调制度，目的在于培养一种意识，一种按规章制度做事的意识。有了这种意识，员工才能自觉履行职责，食堂的各项工作才能正常开展。一个有效的、合理的、适合食堂发展的管理制度和标准能规范员工行为，提高员工的工作效率和餐饮产品质量。

1. 注重制度化管理

食堂制度不是某个领导口头表达的，也不是朝令夕改的，必须保证制度的有效性和可操作性，要具有科学性、客观性、规范性、稳定性。齐园餐厅的组织结构明确，各岗位职责到位，各种规章制度规范，员工每天上班前和下班前的班组会，管理者的周初、月末、期末、年末的例会也形成了一种习惯。

制度化管理

2. 注重标准化管理

导入ISO9000，对齐园餐厅规范部门职能，提高工作效率，提供优质饭菜和服务，满足师生需求；对加强制作过程的质量控制，减少并预防不合格食品，降低餐饮成本等都有重要作用。标准化管理要求食堂从基础工作入手，制定并公示各岗位的安全操作规程，将生产安全责任和食品安全责任逐一落实到每个工种、每个岗位和每个员工。

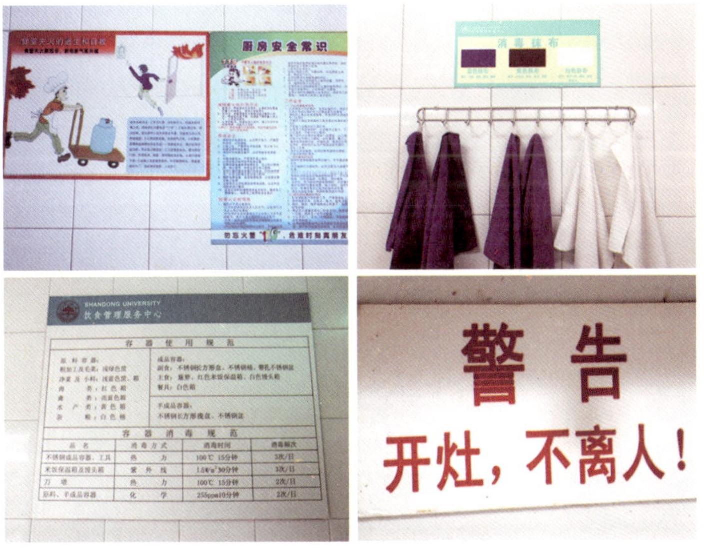

标准化管理

（四）加强行为文化的建设

行为文化是食堂工作人员在食堂工作活动中所表现出的特有的价值观念、思维方式、行为规范、形象规范、文体活动等，它是食堂文化的重要载体。在食堂文化构成的层次关系中，理念是食堂文化的核心，是指导一切的思想源泉；制度是理念的延伸，对行为产生直接的规范和约束；物质是人的感官所能直接触及到的、最具象的表现形式。但是，这三个层次都是通过行为来表现和实现的。如果行为与理念和制度相违背，理念就成了空谈，制度就成了空文，物质也就只能是空想。为此，齐园餐厅给员工树立了一种形象化的行为标准和观念标志，通过具体形象，让员工充分理解“何为工作积极”“何为工作主动”“何为敬业精神”“何为效率高”，从而提升员工的行为规范。并团结一切力量宣传“进取、担当、包容、和谐”精神为主题的文化内涵，让员工具备正确的行为文化，只有员工自己从心里认同，才会表现出优秀的行为。

二、精神食粮——餐厅文化建设

有文化内涵的高校食堂不应局限在师生吃好、吃饱、吃得健康的层面，而应超越其原有的定义，充分注入校园文化元素，让食堂上升到一个更高的文化层次。加强食堂餐厅文化建设，我们做了以下几个方面的工作：

（一）倡导文明用餐

如何营造一个文明、有序、温馨的就餐环境，不仅关系着就餐者的生活，而且直接影响着学校和师生的整体形像。文明用餐体现的是个人素质，养成的是良好的社会公德。营造一个文明有序的就餐环境是每一位就餐者的责任。

1. 要保持良好的就餐秩序，排队就餐，不大声喧哗、言语文明、举止得体，让整齐有序的排队，成为齐园餐厅里一道亮丽的风景线。

文明用餐

2. 要自觉回收餐具。饭后把餐具送到餐具回收处，既减轻了食堂工作人员的工作量，又方便了其他同学就座用餐。

3. 不随地吐痰、乱扔杂物，注意自己的形象，给自己留下美好的回忆，也为他人创造干净整洁的环境。

4. 不多占座位，不多拿筷子，不把餐具带出餐厅。

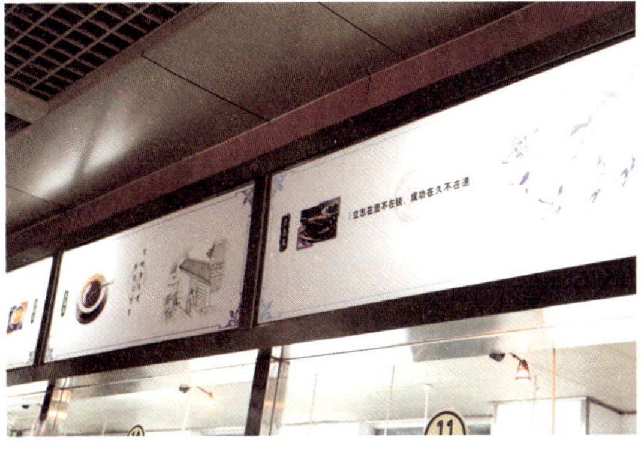

餐厅灯箱宣传标语

“播种的是习惯，收获的是品格。”为此，我们加大宣传力度，制作各种展板和宣传标语，引导就餐者养成互相谦让、文明用餐的良好习惯。主要有立志篇、勤学篇、友情篇、修养篇。

（二）倡导勤俭节约

2012 年 12 月 4 日，中共中央总书记习近平在政治局会议上发表“厉行勤俭节约，反对铺张浪费”的讲话，开启了倡导勤俭节约的新话题。

勤俭节约作为一种文明，无论是国家还是个人都应该广泛传承。

勤俭节约是一种态度，“一粥一饭，当思来之不易；半丝半缕，恒念物力维艰”，做到勤俭节约需要我们与铺张浪费作斗争。

勤俭节约是一种品质，“夫君子之行，静以修身，俭以养德，非淡泊无以明志，非宁静无以致远”，一个懂得勤俭节约的人往往与艰苦奋斗、乐于助人、独立自主等美德相随相伴。

勤俭节约宣传标语

我们应牢记古训：“历览前贤国与家，成由勤俭败由奢。”历史告诉我们勤俭节约是中华民族的传统美德，更是社会主义核心价值观的重要内容。

为此，我们制作宣传标语，让学生牢固树立“以艰苦朴素、勤俭节约为荣，以铺张浪费、奢侈挥霍为耻”的荣辱观，自觉弘扬勤俭节约的优良作风，从我做起，从一点一滴做起，倡导勤俭节约，弘扬传统美德。

（三）倡导饮食安全

俗话说“民以食为天”，而食以安为先。食品安全工作关系到师生的身心健康和学校的稳定发展，容不得半点闪失。齐园餐厅作为山东省十大安全哨点之一，在接受济南食品药品监督管理局对食品原料和成品的检测，确保食品安全万无一失的同时，认真落实食品添加剂的“五专”“两公开”制度和食品安全承诺书。

1. 食品添加剂的“五专”是：专店购买、专账记录、专区存放、专器计量、专人负责。

2. 食品添加剂的“两公开”制度是：公开承诺餐饮安全主体责任，公开所使用的食品添加剂名单。

3. 食品安全承诺书：

食品安全政策文件公示

（1）严格执行《食品安全法》，切实保障就餐者的饮食安全。

（2）依法领取《卫生许可证》，承担食品安全的主体责任。

（3）落实食品安全管理制度，配备食品安全管理员。

（4）落实从业人员的健康查体制度，保持良好的个人卫生。

（5）落实食品原料采购索证制度，坚持进货有验收、有记录。

（6）严格执行餐饮安全操作程序，做好关键环节的质量控制。

（7）严格执行《食品添加剂使用规范》，杜绝使用名单以外的添加剂。

（8）加强餐具的清洗消毒，提供安全卫生的清洁餐具。

（9）保持餐饮服务场所的清洁卫生，营造良好的就餐环境。

（10）强化食品安全防范措施，及时报告和处置食品安全事故。

（四）倡导健康饮食

随着人们对身体健康的关注，早餐注重营养、午餐强调全面、晚餐要求清淡，三餐合理饮食越来越受到人们的重视。追求以“粗细搭配，荤素搭配，营养搭配，少盐低糖”的饮食理念也逐步形成。健康饮食结合膳食宝塔的科学规律，应做到以下几点：

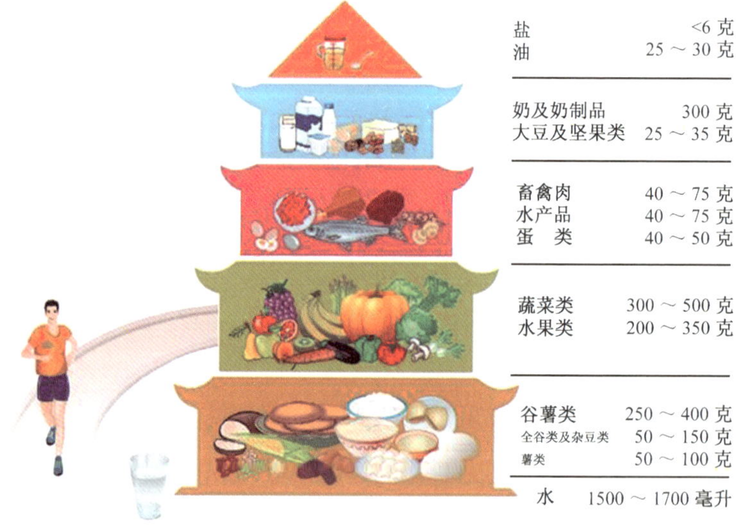

中国居民平衡膳食宝塔（2016）

1. 食物多样，谷类为主，粗细搭配，三餐分配要合理。

2. 多吃蔬菜和水果，薯类、奶类、豆类及其制品不可缺。

3. 常吃鱼、禽、蛋和瘦肉，新鲜清洁利健康。

4. 少盐、少油又低糖，淡食理念心中记。

5. 每天饮水要足量，早晨饮水最重要。

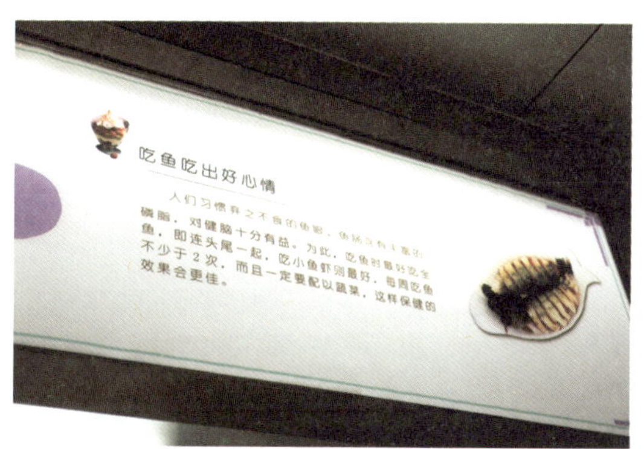

健康饮食宣传

齐园餐厅通过举办活动、张贴标语等形式加大宣传力度，向学生传达健康的饮食知识，培养健康的饮食习惯，只要坚持合理饮食，就可以享受健康生活。

食品安全宣传周

（五）倡导品牌建设

所谓品牌产品是指具有一定生产规模和特色优势，产品质量好、知名度高、市场占有率和产销率居同行业先进水平的一种产品。饮食品牌是被就餐者认可、赞誉度高、色香味形俱佳的一种食品，也可以是集多个名优食品的场所。饮食品牌应具有以下几个特点：

1. 注重餐饮质量

质量是餐饮品牌建设的基础。齐园餐厅的餐饮产品从采购、验收、贮存、加工、服务等各个环节都进行了严格的控制，不仅能满足就餐者的安全需求，而且满足就餐者的营养需求。

2. 营造文化内涵

四层“一多餐厅”是以闻一多先生的名字命名的，闻一多先生是著名诗人、学者、民主战士，曾是国立山东大学文学院院长。一多餐厅创建时，展涛校长用“一多”命名，给山大师生和食堂员工寄予了很高期望，也赋予了深厚的文化内涵。

3. 强化服务质量

齐园餐厅从服务环境、服务礼仪、服务行为、服务技能等方面进行全面规范，确保了服务质量。并让员工牢固树立“师生至上”的核心服务理念，大力推行礼貌、热情、文明服务，从细微处提升服务质量，从视觉上满足就餐者的心理需求。

4. 经济实惠，口碑传播

良好的就餐环境，安全的餐饮产品，稳定的食品价格，得到了师生的认可，也得到了媒体的宣传，更得到了广大学子的网络传播。

齐园餐厅根据大学生的就餐心理和服务需求，对营养需求、安全需求、实惠需求、求新需求、快捷需求、参与需求、美感需求等方面进行研究，不断推出新的食品和供餐方式，以满足就餐者视觉和味觉的变化，努力创建饮食品牌。

特色食品宣传月

面点新品火爆销售现场

好的品牌是一种形象，不管在任何情况下它都会影响到就餐者的选择。好的品牌能够给就餐者留下深刻的印象，让就餐者念念不忘。例如，齐园小笼包和鸡蛋饼；好的品牌可以带来经济效益和社会效益；又如齐园一多餐厅与负一层食堂，社会上很多人都会慕名而来。好的品牌可以作为师生炫耀的资本。有一位家长曾经这样对我说，每当他的孩子在朋友圈炫耀山大食堂时，都会招来其他人的羡慕。

舌尖上的山大

第二篇

齐园餐厅——特色与风味

山东大学是教育部直属的综合性全国重点大学，是国家“211 工程”“985 工程”重点建设院校。其师生来自全国各地，风俗习惯各有不同，在饮食上也就形成了各自的特色与风味。既有“南米北面”之分，又有“南甜北咸东酸西辣”之别。为满足需求，齐园餐厅形成了特色突出、四季有别、风味多样、讲究美感、注重情趣的供餐结构，因此有了“爱她就带她去吃山大食堂”的新闻标题报道，有了师生们口中“舌尖上的山大”的赞誉。“舌尖上的山大”已成为山东大学的一张名片。

特色美食

齐园餐厅是饮食管理服务中心提供餐饮产品最大的综合服务体，它获得了许多荣誉，也得到了很多赞扬，为山大的发展和师生的健康做出了应有的贡献。

这里有一年四季不变价的主副食品，有传递早餐正能量的鸡蛋饼，有一元四角能吃饱的山大品牌，有被称为“舌尖上的山大”的一多餐厅……餐厅里太多的食品得到了师生的肯定。齐园把得到师生赞誉的食品称为“特色美食”。

1. 齐园不变价食品

饮食管理服务中心坚持“公益性、非营利”的原则，以“学校发展的要求师生的需求，就是我们的追求”为工作目标。齐园餐厅坚决贯彻执行，并在一层基本保障食堂推出“一年四季不变价食品”，并不间断供应，以保证学生的基本需求。

(1)白煮鸡蛋 0.5 元/个。

(2)茶鸡蛋 0.6 元/个。

(3)油条 3 元/斤。

(4)小米稀饭 0.3 元/碗。

(5)馒头每个 0.4 元/125 克。

(6)米饭 1.25 元/斤。

2. 齐园免费汤

(1)春夏季节供应——绿豆汤。

绿豆汤是中国民间传统的解暑佳品。

绿豆的营养成分比较丰富,是经济价值和营养价值较高的一种豆类。

免费绿豆汤

免费玉米粥

(2)秋冬季节供应——玉米粥。

玉米粥是北方人的早餐惯用佳品。

玉米的营养价值比较高,尤其是脂肪含量比大米高四倍。在寒冷的北方,食用玉米粥既御寒又有营养价值。特别是在数九寒天,早上起来喝一碗热腾腾的玉米粥,非常暖和。

3. 齐园“一元菜”

(1)美食介绍:2012 年 9 月饮食管理服务中心决定推出“一元菜”,给师生提供物美价廉的服务。齐园餐厅积极响应,用新鲜蔬菜烹调“一元菜”,每餐供应十余个品种,以保证师生职工的基本需求。

齐园“一元菜”

(2)产品特点:品种多样,清淡爽口。

(3)营养分析及食用建议:蔬菜中含有丰富的无机盐和维生素,是膳食中β-胡萝卜素、维生素 C、维生素 B_2、铁、钙等营养素的主要来源;蔬菜中的许多成分具有很强的抗氧化能力,对保持人体健康有重要作用;蔬菜中的一些色素、有机酸、芳香物质等还能赋予蔬菜良好的感官性状,对促进食欲、促进消化与吸收有重要意义。

(4)师生赞誉。

一元四角能吃饱饭吗?

当前社会,一元钱人民币可以做些什么?或许大家能想起来的事情已为数不多。但是，在我们学校，在山东大学中心校区齐园餐厅的一楼，只花一元钱就可以买到两种色、香、味俱佳的当季清炒蔬菜，再搭配一些自己喜欢的面食，就可以轻松地解决一顿午饭或晚饭。说起来有人可能会问，一元钱买两份蔬菜能填饱肚子吗？我想说如果不是饭量很大的人，菜量是足够了。

一元四角能吃饱一顿饭，这听上去不可思议，但是在山大食堂却是一个不争的事实。“一元菜”窗口下摆放着多种清炒蔬菜，同学们可以自行挑选其中两种，再搭配四毛钱一个的馒头或几两米饭，绝对物美价廉、物超所值。菜肴不论种类、菜量，还是口味与色泽，皆属一流（山大微信公众号曾以“一元菜吃出国际大餐”的说法对其进行过赞誉）。

在讲究健康、清淡饮食的当下，少吃一点油腻，多吃一点蔬菜成为一种时尚。特别是对于我们这些爱美的女生来说，在山大能够吃上一顿清新可口、原汁原味，既可以填饱肚子，又可以保持身材的蔬菜大餐也是极好的。

听食堂的管理人员说，山大食堂本着以人为本、为师生服务的宗旨，不计成本，推出“一元菜”窗口服务，既满足了追求时尚饮食的同学的愿望，同时也顾及了家庭困难同学的经济状况，这充分体现了山东大学各级领导对莘莘学子的一份关爱之情。我为能在这样一个温馨的环境下读书而感到骄傲和自豪。当然，也同样招来了其他学校同学们的羡慕嫉妒恨噢！

食堂以实际行动诠释了山大教书育人的办学理念。感谢学校，是你教会了我们如何成长；感谢食堂，是你保证了我们身体的健康；感谢“一元菜”，是你满足了我们特殊的需求。

期待着山大“一元菜”窗口越来越好。

（作者：何晓倩　历史文化学院 2015 级研究生）

4. 齐园鸡蛋饼

齐园鸡蛋饼

(1)美食介绍：当问起山大食堂给你留下最深的印象是什么时，无论是毕业离校工作的学子，还是在校求知的同学，他们都会说——山大鸡蛋饼。山大鸡蛋饼是八号食堂赵甲林主任1996年研制的特色食品，面饼与蛋融为一体，使得烙饼的软糯和煎蛋的韧劲相得益彰。鸡蛋饼是山大食堂的招牌产品，被誉为“山大早餐正能量”。

(2)产品特点：山大鸡蛋饼具有面香、蛋香、咸香、焦香为一体的复合口味。

(3)营养分析及食用建议

鸡蛋营养价值很高，含有丰富的蛋白质、脂肪、维生素和铁、钙、钾等人体所需要的矿物质，其蛋白质为优质蛋白，几乎能被人体全部吸收和利用。鸡蛋的脂肪几乎全部集中在蛋黄中，蛋黄中还含有丰富的DHA和卵磷脂、卵黄素。

此款主食品种中的面粉含有丰富的糖类(旧称碳水化合物)，可以提供热能，使鸡蛋中的蛋白质可以充分发挥其构成和修补人体组织的功能，特别适合早餐食用。

(4)师生赞誉。

山大早餐正能量

鸡蛋饼是山大食堂的招牌产品，也是深受山大学生喜爱的早餐之一。本人懒虫一个，每周去食堂吃早饭的次数并不多，但是只要在食堂吃，十有八九是要买鸡蛋饼的：“同学来点什么？”“一个鸡蛋饼。”“后面同学？”“一个鸡蛋饼一根烤肠。”环顾左右，诸位盘中大多配粥、豆浆、烤肠、麻团、小菜等，但鸡蛋饼总是绝对的主角。我曾好几次原本打算吃面包或馅饼，但在打饭队伍中站了30秒之后，还是放弃了自己的追求，端了个鸡蛋饼出来。鸡蛋饼的魅力之大，甚至引来了校园老饕的偷拍——只见刚出锅的鸡蛋饼颤颤巍巍地摞成好几大叠，仿佛还热气氤氲。老饕大为感动，将照片上传到人人网，并附言曰“山大早餐正能量”，一时传为美谈。

虽然多次为放弃了原有的早餐目标，但我从未感到后悔，因为它确实好吃。此饼是发面饼，大约中号碗的碗口大小，每个上面都摊有一个鸡蛋；鸡蛋和面饼结合得相当紧密，形成了独具特色的复合口味：面香、蛋香、焦香、咸香融为一体，烙饼的软糯和煎蛋的韧劲相得益彰。很多家常发面烙饼为了突出酵面的蓬松，往往制作得过于厚重，咬起来费力；山大鸡蛋饼却松软多孔与轻柔不散兼得，吃起来轻松且有弹性。抛开市场占有率不谈，仅凭这独到的风味与火候，鸡蛋饼就足以与著名的肉夹馍、荷叶饭、清真盖面等一票山大食堂美食相抗衡。

鸡蛋饼不仅好吃，而且携带方便、价格实惠、营养均衡、易于搭配。君不见，工作日的早上七点三刻之后，多少睡眼惺忪的sduer都是一手提着鸡蛋饼、一手捧着豆浆，匆匆赶往公教楼、理综楼和知新楼，有的同学甚至直接用鸡蛋饼夹一根烤肠就打包带走了。而1.2元一个的鸡蛋饼，外加1.5元一杯的豆浆，已能满足大部分师生整个上午的基本能量需求了。有时我总忘掉鸡蛋饼中的煎蛋，买了鸡蛋饼后又去买了个鸡蛋，反而蛋白质过剩。特别是在工作日早晨，鸡蛋饼组合总是能以多种食材有节奏的搭配，提醒食客尽快进入积极、迅速、紧张的节奏：咬一口蛋饼喝一口粥，再就一筷子清爽小菜，勾起食欲的同时，肠胃也暖融融的；似乎鸡蛋饼总是在餐盘里喊：“吃完了赶紧去工作啊！多么富有挑战性的一天！”从这个意义上说，鸡蛋饼简直就是工作日的符号，“山大早餐正能量”绝非浪得虚名。

上面的话有点戏谑，其实鸡蛋饼的广受欢迎应该是很深沉的。老舍曾经说过："'山东'二字满可以用作朴俭静肃的象征，所以山大——虽然学生不都是山东人——不但是个北方大学，而且是北方大学中最带'山东'精神的一个。……这个精神使我们朴素，使我们能吃苦，使我们静默。"鸡蛋饼作为经典的北方早餐，确能作为"朴俭静肃"的代表而为广大师生所铭记：实惠地道、易饱耐饥、生活气息浓郁，尽管貌不惊人，但仍不忘耍个俏皮风味勾住食客的心弦。

人总是会矫情的，但鸡蛋饼不矫情，漫天的梧桐也不矫情，园子里走过的背着书包提着水瓶去上自习的 sduer 也不矫情——这时他或她已化为风景，而不是充满主体性的"人"，所以不矫情——为鸡蛋饼写点儿什么，目的其实与四楼餐厅的"漂泊鱿鱼饭"差不多：在山大五年多，作为 sduer 的烙印就像是鸡蛋饼为我提供的每一份能量，早就浸润到骨子里而不自知了。

（作者：刘伟　文学与新闻传播学院 2013 级本科生）

5. 齐园小笼包

(1)美食介绍：山大小笼包沿袭了济南名吃"草包包子"的口感和风味。一提起"草包包子"，会勾起许多老济南人浓浓的乡情，因为"草包包子铺"是济南土生土长的名优小吃品牌，有着近百年的历史。"草包包子"的创始人张文汉童年曾在泺口"继镇园"饭庄学艺，他为人憨厚，不善言笑，终日只知道闷头烧火、择菜、干杂活，因生性木讷，街坊送了个外号——"草包"。一层餐厅工作人员精心研制的小笼包风味独特，选料讲究，具有北方咸香的特点，再加之独特的服务方式，让师生们消费得经济实惠。

齐园小笼包

(2)产品特点：皮薄且白，不变形，不塌架，口感松软，香而不腻。

(3)营养分析及食用建议：猪肉含有丰富的优质蛋白质和必需的脂肪酸，能助长肌肉和身体发育，并提供铁元素和促进铁吸收的半胱氨酸。

此款主食选择的馅心原料是五花肉，肥瘦间隔，肌间脂肪含量高，因而味道鲜香，能量也就偏高，是午餐主食的良好选择。

（4）师生赞誉。

难忘的味道

又逢毕业季，你是否还记得那年食堂一楼的小笼包？

毕业的你是否还记得，在食堂一楼这个貌不惊人却又卧虎藏龙的地方，每天都会听到这样的声音——

清晨："阿姨，一个鸡蛋饼加肠，打包带走。"

中午："阿姨，来一笼素馅/肉馅小笼包，在这吃！"

不知不觉间，小笼包已经成了必不可少的校园特色主食之一，它朴实无华的外表和诚意满满的内心让无数山大学子倾心不已，以至于让那时候还远在兴隆山的我跋山涉水地慕名而来，直奔齐园食堂，希望能一睹它的风采。当然，不只是风采，更重要的是美味。

终于，我见到了它——八个白胖可人的小笼包静静地窝在蒸屉里，不疾不徐地冒着热气，一碗清爽的小米粥和一碟可口的凉菜已经配好，不吵不闹地衬托着旁边的主食。当得知这些一共只需要五块钱时，我不由得沉醉在这美好的人间。听食堂大师傅说，小笼包是经八号食堂主食花样二组的刻苦努力，在对济南特色小吃"草包包子"进行继承与发展的基础上，根据山大学子的口味需求，推出的一款特色小吃。

小笼包荤素不同，口味搭配也不同。它的包子皮是发面的，柔软而多孔，蓬松又有弹性。肉馅的鲜美细腻，咬一口齿颊留香；素馅的清新爽口，令人百吃不腻。如果搭配食醋食用，更能让人胃口大开，食指大动，恨不得多吃几笼屉。在食材的使用上，小笼包精选五花肉和新鲜的时令蔬菜，并根据季节的变化，调整配菜配汤。现在的配汤就是"红枣小米荷叶粥"，它是由优质小米、红枣熬煮数小时而成，清新爽口，香甜宜人。小米粥散发着荷叶淡淡的清香，加上似有若无的红枣的甜味，用来配小笼包，再合适不过了！

（作者：孙倩　文学与新闻传播学院 2013 级本科生）

6. 齐园把子肉

（1）美食介绍：济南把子肉是极具地方特色的中华名优小吃之一。济南的把子肉不放盐，强调酱油的重要性，选用的猪肉是肥瘦相间带皮五花，切成片状长条，每片用细绳捆绑过油，再放入酱油熬制的老汤中炖制。把子肉和米饭配食，肥而不腻，咸淡可口，一口饭一口肉，米、肉巧妙搭配，香味扑鼻，诱人入口。

齐园把子肉

一层餐厅工作人员精心研制的具有山大特色的济南把子肉别具风味，其酱汤已有近十五年的历史，广大师生给予了很高的评价。

（2）产品特点：肥而不腻，口感上佳。

（3）营养分析及食用建议：猪肉营养丰富，每 100 克瘦猪肉中含有蛋白质 20.3 克，脂肪 6.2 克，并含有丰富的 B 族维生素，但每 100 克肥猪肉中含蛋白质 2.4 克，而脂肪含量高达 90.4 克。把子肉选择的原料中含有一定量的肥肉，口味鲜香，脂肪含量较高，建议适量选择，最好在午餐时食用。

(4)师生赞誉。

诱人的把子肉

把子肉确实好吃，这是我在 2015 年 12 月 12 日亲自品尝后的感觉。

作为一个标准的南方学生，来到济南后对济南的名优小吃一直比较关注，特别是把子肉。济南随处可见关于把子肉的招牌，不管是小摊还是连锁快餐店。每每看到，总有去吃的冲动，但一直因为看看那些油腻腻的肥肉而作罢。前段时间和山东的同学交流，他们告诉我山东的把子肉太咸。我把所听到的这个说法发给餐饮部的周主任，于是他滔滔不绝地给我讲了把子肉制作方法和感官标准。

他虽然说得天花乱坠，但我还是心存疑虑。我说："我不喜欢吃肥肉的，太腻。"他却告诉我那会留下遗憾的，济南把子肉的精彩便是有肥肉的存在才能产生出肥而不腻的上佳口感。我曾经几次到中心校区与周主任联系，他每次都邀请我去品尝把子肉，却因为种种原因一直没有去。

12 月 12 日，"美食美客"生活课堂开课了，我作为组织者参加了主、副食的学习。11 点时我联系了周主任，他说他也在课堂里，并邀请我中午一起吃把子肉。

我欣然接受了。

当周主任亲自把一盘把子肉和一碗浇过肉汤的米饭摆在我面前时，肉香混合着米香引诱着我的味蕾打开，我夹起一块浓油酱赤的把子肉放到米饭里，一口饭一口肉地吃起来。把子肉中的瘦肉味香醇厚，肥肉异常酥烂，入口轻抿即化，肥而不腻，连同米饭下肚，真有风卷残云、酣畅淋离之感。这真是一次让人难以忘却的味觉体验。

（作者：滕陈旖旎　物理学院 2015 级本科生）

7. 齐园酥锅

(1)美食介绍：酥锅是山东名菜，老少皆宜。酥锅味道酥烂醇香，回味无穷，早时多在春节期间食用，既上得大雅之堂，又下得百姓餐桌。传说，此菜乃清朝初年颜神镇一位叫苏小妹的妇女创始，故称"苏锅"。后因此菜肴用醋较多，以肉鱼骨刺酥烂为主要特征，故改名为"酥锅"。此菜制作快捷方便，好做易学，颇受青睐。

齐园酥锅

(2)产品特点：菜香、肉烂、质酥，具有酸、咸、甜的味道。

(3)营养分析及食用建议：酥锅配料丰富，营养价值高，采用传统的制作工艺，经过长时间焖制而成，不但味道鲜美，而且还能给人们提供全面的营养。

猪肉：富含蛋白质、脂肪、钙、

磷、铁。

猪蹄：富含胶原蛋白、蛋白质、脂肪。

鲫鱼：DHA 是人的大脑必不可少的不饱和脂肪酸，而大脑本身又不能产生 DHA。人类通过吃鱼等水产品获得 DHA，增强大脑功能。在所有水产品中，鲫鱼中的 DHA 含量最高。

海带：海带含碘丰富，还含有大量钙质。经常吃海带能大大增进人体对钙的吸收。

白菜：含锌量高，也含有一定量的钙、磷、铁、胡萝卜素、维生素 B_1、维生素 B_2、维生素 C 等。

藕：藕中含有高达 40% 的糖类，还有蛋白质、钙、磷、铁、维生素 C、胡萝卜素等营养素。

(4)师生赞誉。

地道的酥锅菜

我知道我们餐厅有川菜、南方菜，也有地道的津味……干净明亮的窗口，挂在师傅们脸上暖暖的微笑，仿佛天南海北的同学们都能在这座热闹喧哗的五层大楼里找到家乡的味道，寻到一种令人欣喜的归宿感。餐厅的大厨们总能做出地道的美食，有时让人怀疑自己身处何处——这分明是家乡的味道……我不是一个嘴特别馋的人(当然我也有点馋，哈哈……)，相比身边的南方妹子来说，也称不上是一个十足的吃货，之所以对某一种特殊的味道念念不忘，大多是因为触景生情或者这份味道晕染了人生中一些重要的或者难忘的时刻，这些美好的或者重要的东西让我每次咀嚼眼前的食物时，总有种特殊的冲动。

我是土生土长的淄博人，上大学才来到济南。说实话，相比那些南方人的精致吃食，我的家乡没有太多让人垂涎三尺或者入口即让人欲罢不能的美味佳肴。但是唯独有一样，我要提一提。

它就是——酥锅，博山人最爱吃的名菜，“山东不可不品尝的 100 种美食”之一。

浓郁的色彩里透着北方人的粗犷和剽悍，毫不吝啬的食材搭配，处处透露着原山人的热情与好客。一口小小的锅里盛满了无数美妙的幻想，小馋猫一样的小孩子、盼望来年生活美满的妇人以及希望自己在朋友面前体体面面的丈夫……想来“丰年留客足鸡豚”，便该是相似之意境吧。

从小到大，就常听家里的大人说，“张店人有钱，博山人会吃”(张店和博山都是淄博市的辖区)。酥锅就源自淄博博山，关于它的传说很有意思。第一种说法：酥锅是清朝年间一位叫苏小妹的妇女亲手所创，具体细节无从考究。第二种是说，相传在清朝乾隆年间，有一个家住原山(淄博境内)秋谷的苏姓秀才，过春节的时候请朋友到家里吃饭，为了不失面子，苏秀才提前一天就把请客用的鸡鸭鱼肉买回家，嘱咐媳妇要用心做些好菜。但秀才的媳妇窘于厨艺有限，万般为难，却又不想让丈夫丢面，只好点头应允。到了晚上，她一个人紧缩着眉头，在灶间转来转去，突然灵机一动：不是让客人吃鸡鸭鱼肉吗？把这些东西放到一个锅里炖，不就什么味都有了？想到这里，秀才媳妇茅塞顿开，洗肉剖鱼，剥葱切姜，又缀之以白菜、豆腐、海带等素菜，加上醋、酱油等调料，折腾到半夜，把食材做熟。第二天客人品尝后纷纷称赞，并称之为“苏锅”。后因此菜以肉鱼骨刺酥烂为主要特征，遂改名为"酥锅",并且从博山流传到其他地方,广受欢迎。

在食堂看见酥锅是有些挺意外的。没想到餐厅囊括了这么多好吃的!恩,就是喜欢酥锅!鸡、鱼、猪、鸭,谁能想到这本不同的食物能放在一起,竟然也还能做出一锅晶莹剔透让你回味悠长的酥锅来!食材的搭配本就充满奇思妙想,更何况汇聚人间美味的酥锅呢?酥锅肉质松香鲜嫩,入口即化,老少皆宜,荤食素食相互搭配,你自然不会感觉到腻。制成一锅,若是冬天,便能存得好些天,吃的时候,便拉开锅,盛上一碗,若是怕凉,就放锅里微微热上一热,省时省力真方便。

"师傅,来一份酥锅。"

(作者:高琳　国际教育学院2014级本科生)

8. 齐园素食

齐园素食

(1)美食介绍:素食是素食主义者的食品。素食主义者是指基于宗教的因素和保护动物、健康、减肥等原因只吃蔬菜而不吃荤菜的人。为满足这个群体的就餐需要,齐园餐厅经与他们多次沟通后,按其特殊要求,在三层教工厅推出了素食窗口。

(2)产品特点:色泽诱人,清新爽口。

(3)营养分析及食用建议:对于经常食用素食的人来说,要拥有健康的饮食,特别需要注意以下几点:每天至少食用五种以上的水果和蔬菜;每餐中淀粉类食物的比例要占到三分之一,例如面食、米饭、玉米、小米等谷物及绿豆、红小豆等杂豆类;食用一些含有蛋白质的食物,例如乳制品、鸡蛋或者豆制品,尽量做到饮食多样化,避免营养缺乏症的发生;尽量采用烤制、烘焙、水煮、蒸制或微波等方法烹调食物,减少油煎、油炸的方式;最后是减少糖、盐及调味酱汁的食用量。

(4)师生赞誉。

感恩山大——山大美食之素食

俗话说:民以食为天。现在大家越来越关注饮食健康,素食已成为一种风尚,它不仅健康,而且清心、美容,还能减少对动物的伤害,培养人的慈心等等,中国的佛教徒、素食主

义者以及喜欢多吃素的人已然成为一个大的群体。济南的有些素食餐馆甚至排队吃饭。像我们吃素的人很希望食堂也开设一个“素食窗口”。

新学期开始了，山大中心校区的食堂三楼新开设了一个素食专窗。有一师兄感叹道：“终于有吃饭的地方了！”我们很多吃素的同学去品尝了一下，真的很好吃，味道可口，色香味俱全，丝毫不亚于其他的菜。比如炒土豆丝，贴心；梅菜豆角，吃了还想吃；清炒山药，有种特殊香味等等很多品种，我们吃在嘴里，甜在心里。

在可口的饭菜背后，我们了解到，学校以及食堂的领导们了解到学生的需求，爱护之心油然而发，忙前忙后，多方协调，订素食菜谱，精心购买食材，多次试验、调配味道，不仅保证食品安全，而且可口宜人。其认真态度、真诚之心令我们很感动。山大中心校区的食堂被学生们赞为“舌尖上的山大”，撑起这块金字招牌的是一颗颗爱心、真诚心以及辛勤的汗水。

今天我进食堂时，忽然看到大门上边的电子屏幕上写着“师生的需求，就是我们的追求”，他们真的做到了。想到他们每天忙碌的身影，很早起床，精心准备这么多人的饭菜，默默地奉献，我们真的很感恩！感恩在校长信箱背后默默奉献的校长和老师，感恩中心校区餐饮管理部周主任和食堂杨主任，感恩食堂的厨师和工作人员们，感恩山大！

（作者：邓立博　哲学与社会发展学院2014级硕士研究生）

9. 齐园川菜

齐园川菜

（1）美食介绍：作为面向全国招生的山东大学，川菜窗口是必不可少的。川菜作为中国八大菜系之一，深受大众欢迎。其取材广泛，调味多变，菜式多样，口味清鲜，醇浓并重，以善用麻辣调味著称。“红味”，讲究麻、辣、香，“白味”咸鲜中也带点微辣的特点。2015 年 9 月，山大饮食管理服务中心选派技师到四川烹饪学院进修学习，10 月，川菜窗口在二楼南厅推出，代表菜品有鱼香肉丝、宫保鸡丁、麻婆豆腐、回锅肉、东坡肘子等。

（2）产品特点：一菜一格，百菜百味。

（3）营养分析及食用建议：食用川菜应尽量做到膳食合理搭配。像辣子鸡、毛血旺等辣椒较多的川菜，不妨搭配吃一些白萝卜。因为萝卜属于凉性，既能解辣，还能顺气。水煮鱼等含油较多的川菜，最好同时点一盘凉拌豆腐或凉拌黑木耳，清火又刮油。“苦”味食物更是油腻、麻辣的天敌，首推苦瓜，不管是凉拌、素炒还是煲汤，都能达到去油清火的目的。

另外，吃完麻辣的川菜后，喝一碗玉米面粥，通过摄入粗粮来增加粗纤维，可以促进消化。吃完川菜后的直接后果是嗓子疼、上火，所以餐后，喝点菊花茶也可以化解一下。

（3）师生赞誉。

家乡的味道

其实也不是没有经过食堂之前的川菜窗口，只是每次怀着希望而去又会摇头离开。

这是我十九年中第二年独自离家，“定居”在距家乡 1600 多公里的济水之南。每次接近年关或是十五月圆时，总还是会有思乡的情愫。周末或是考试周时，看着本省的同学相继回到家中，心中都很艳羡。

味蕾已经对一个城市的食物形成记忆。蛋烘糕被煎得香脆，水煮肉片被一层辣椒花椒覆盖，糖油果子金黄的外皮用芝麻点缀，一口咬下松脆的军屯锅盔……我乐意去尝试新鲜的口感、截然不同的饮食文化，但记忆深处的那股麻辣爽口的味道还是在舌尖挥之不去，最深刻的还是家乡的味道啊。

于是，当看到食堂郑重推出新川菜窗口后，抱着“再试一试”的念头，点了一盘芋头烧牛肉。

烧芋头，我印象中最深的做法还是“芋儿烧鸡”。奶奶家附近的小巷有一家“绝城芋儿烧鸡”，每天饭点总会排上老长的队。街南街北各有一间店铺被它占据，路北的稍微大些，路南的略微小巧。店面内坐满了人，每个桌上都会有一锅芋儿鸡。在热气氤氲中，外面不管风吹雨打，店里总有坐着嗑着瓜子聊着天的等候者，店老板声嘶力竭地喊号声隔老远就会蹿入你的耳朵，而这条不长不短不宽不窄的小巷在“绝城芋儿鸡”前显得分外拥堵。周围的店铺开开闭闭，来来去去，只有它坚守了几十年。

终于有一天，在我的央求下，妈妈端了一锅芋儿鸡回来。软糯的芋儿轻轻一夹就会留下筷子细长的印记，在口中混合着鸡肉的鲜美，花椒、辣椒、姜片等调味料的麻辣，格外爽口下饭。对这道菜我心中已有了自己的计较：有筷印、赶口下饭、软糯入味，好像是自己的“十一字方针”，总将它作为一个判断标准。

“我们专门派了厨师到四川学习做菜。原料也是选用四川的。”食堂主任见面会上周主任的话还在耳边。有些许怀疑地看着盘子中的一碗白饭，一双筷子，一盘芋头烧牛肉。

夹起芋头,放入嘴中,加上一口白米饭……完美!和自己的“十一字方针”一字不差地吻合!除了一如既往的不辣,其余在舌尖旋转的口感让一年多没吃烧芋儿的我一下子想起了记忆中的味道。小块小块的芋头在盘中和牛肉堆放着,白白的芋头染上了牛肉棕褐的汁水,旁边还有些许花椒和辣椒点缀,吃到最后我都想将汤汁全部拌饭吃。对面的小伙伴是一个不太能吃辣的山东“土著”,很惊讶地看着我将这碟菜吃得一干二净。“不辣么?”“不辣。”“真有这么好吃?”“真的。就是我最喜欢吃的那种味道,你快尝尝尝尝……”

于是除了惯常爱吃的鸭血粉丝、炒饭、盖浇饭之外,食堂二楼的川菜也成了我的心头好。点一盘川菜、一碗白饭,大快朵颐之后满足地一声长叹,口齿间留下的都是香料的清香和汤汁浓郁的滋味,萦绕在心里的都是家乡的味道。

(作者:王怡舟　文学与新闻传播学院2014级本科生)

10. 齐园五仁月饼

齐园五仁月饼

(1)美食介绍:月饼是久负盛名的传统特色小吃,其品种繁多,风味各异,是深受中国各地人们喜爱的食品。其形状如十五的月亮,所以它象征着团圆和睦,是中秋佳节的必食之品。

五仁月饼是各式月饼中最为著名的,因馅中有杏仁、核桃仁、花生仁、芝麻仁和松子仁而得名。山大五仁月饼皮甘甜,馅酥散;口感香甜,细嚼之有多种果仁香味。这种月饼,呈鼓形,边稍鼓出,花纹和字迹清晰,形状端正,不破皮,不露馅;表面金黄色,色泽均匀,具有油脂光泽,底面棕红色。

(2)产品特点:配料考究、皮薄馅多、味美可口、不易破碎、便于携带等。

(3)营养分析及食用建议:月饼的主要成分还是淀粉,馅心内糖分和油脂含量较高,松软的外皮混有大量的动物油,有的种类的月饼馅里加有肉块、蛋黄等。从营养学来看,因为月饼油脂含量高,热量很高,它主要以风味、口味取胜,特别是糖尿病、胰腺炎、慢性胆囊炎患者要控制摄入量。像坚果月饼、鲜花月饼、水果月饼相对于火腿月饼和蛋黄月饼来说要好一些。例如五仁月饼,内馅都是一些植物性原料硬果和种子,含不饱和脂肪酸高,以油酸、亚油酸居多,其中的维生素 E 含量也不少。

(4)师生赞誉。

山大五仁月饼

记得五年前,传统口味的山大五仁月饼研制成功时,我请一位退休的前辈前来品尝。这位前辈品尝后说:“我终于吃到了我们山大食堂自己生产的、口味好且带有包装的月饼,我要买几盒送给亲戚朋友。”闻听此言,我很感动。这只是我们在本职工作中的一个创新,竟然得到前辈的如此认可。

2015 年八月十五前一个月,一位好友打电话找我预定山大五仁月饼。说是去年有幸得到两盒山大五仁月饼,其中一盒送给了北京的朋友,朋友说非常好吃,今年要多买几盒。我听后很自豪,我们的产品竟然走向了北京。

临近八月十五,有一位同事拜托我买几盒山大五仁月饼,说他上大学的女儿要把山大五仁月饼邮寄到美国去,送给在那里求学的同学。我甚是吃惊,我们的产品居然又要走出国门了。

服务台的工人员告诉我:很多同学来到服务台前,看到有山东大学标识的山大月饼时都很惊喜,纷纷拍照发到朋友圈,并买了邮寄给父母。

山大五仁月饼自创产之日起即得到认可,口碑很好,引起热议。

它自然纯正,吃了口留余香,让人回味无穷!

(作者:周长征　山东大学饮食管理服务中心副主任)

11. 齐园手工水饺

(1)美食介绍:饺子是深受中国人喜爱的传统特色食品,是中国北方的年节食品。民间有“好吃不过饺子”的俗语,更有“冬吃饺子夏吃面”的传统习俗。饺子起源于东汉时期,为医圣张仲景首创。它的历史经历了漫长的渐进过程,明末张自烈说:“水饺饵,即段成式食品,汤中牢丸,或谓之粉角,北人读角如矫,因呼饺饵,讹为饺儿。”

齐园手工水饺

饺子因其用馅不同,名称也五花八门,其成熟方式也多种多样,方法有煎饺、炸饺、蒸饺、水饺等。

(2)产品特点:皮薄馅多,容易消化,老少皆宜。无论是其形状,还是其各种各样的馅都寓意深刻,祝愿美好。比如:芹菜馅——勤财饺。勤，即勤奋、勤劳，谓之“勤财”，是对源源不断的物质财富的祈福；更是对勤劳、务实的祝福。韭菜馅——久财饺。久，即时间长、久远，谓之“久财”，是祈福长久的物质财富，更是对天长地久的祈福，但愿人长久——健康、和睦、快乐、幸福。白菜馅——百财饺，百，量词，即百种、百样之意，谓之“百财”，是对百样之财的祈福。

(3)营养分析及食用建议：水饺用各种肉类、蛋、鱼、虾和时令新鲜蔬菜做馅心，一般都剁得很精细。大白菜、芹菜、茴香、韭菜等蔬菜的维生素、矿物质和膳食纤维含量也很丰富。猪肉或牛、羊肉可补充优质蛋白，在馅中加入的葱、姜等调味蔬菜还有杀菌作用。面粉做的皮，含有的主要成分是糖类、蛋白质、膳食纤维、B族维生素和微量元素。

(4)师生赞誉。

爱她就带她来中心食堂三楼吃水饺吧

马上就要辞旧迎新又一年啦！饺子不仅是冬至时必吃的食品，也是春节过年餐桌上必备的佳品。饺子总能让我们感觉到家的温暖，那冒着的热气是一丝一缕的情意，包裹着妈妈不以言表的爱意，缓缓渗入你我的心田。

我发现在食堂三楼最西边的窗口就有手工水饺，这个水饺窗口从新校建立一直伴随着一批又一批的山大学子，约有十年之久了。从最开始的四种馅发展到现在的九种馅，每一种都是经历过残酷“角逐”的胜出者呢！看着在热水里翻腾的个个圆胖的大水饺，我忍不住想要更多地了解它。

于是我来到了后厨。跟你们说哦，虽然水饺中午才有，但是后厨的阿姨们早上八点就开始着手准备，每天的食材都是最新鲜的！

还有，包饺子的面皮是高筋面粉和成，口感筋道，下水不易开馅。

进到后厨的一瞬间，我突然觉得时光穿梭了一般，仿佛回到了一家人一起包水饺的时刻。一个阿姨压面，一个阿姨擀皮，三个阿姨包饺子，技法娴熟，速度惊人，不一会儿就从他们手下立起来一排一排的大肚饺，个个皮薄馅多，看上去好生惹人爱！

再看到饺子从锅底升到锅面，个个腆着大肚子，胖乎乎、白生生的，实在忍不住下嘴咬一口，满口虾仁的鲜美和黄瓜的清香袭来，简直触到了味蕾的极致，这个就是虾仁馅水饺噢！

温馨提示：窗口前面有免费提供的醋、辣椒、蒜泥，不管是南方还是北方的小伙伴，都可以根据自己的喜好来调味。食堂的阿姨们真是好贴心！

鲅鱼水饺是用鲅鱼和五花肉掺杂作馅，口感滑腻，没有一丝腥味，可见阿姨们在选材上的用心(据我所知，在市场上鲅鱼不仅买的人少，好多人对这种鱼的辨识度不高，放时间久了就不新鲜，而且上货价格也比较高)。这时如果闭上眼睛，就会有种在沙滩边漫步，阵阵清凉海风扑面之感，美妙极了！再喝一大口饺子汤，整个人从里到外都暖洋洋的！

这么棒的水饺，口味不同价格也不同哦，心动了么？那就行动起来吧！爱她就带她来中心食堂三楼吃水饺吧！来一盘水饺，这个冬天就不再感到寒冷！

(作者：秦莹　生命科学学院2014级本科生)

12. 齐园手工馒头

(1)美食介绍：馒头也叫“馍”，是北方人的传统主食。山大手工馒头，是采用传统的制作方法，即使用老面肥发面的方法制作而成。

(2)产品特点：老面发酵，颜色自然，好吃筋道。

(3)营养分析及食用建议：馒头是以面粉经发酵制成，主要营养元素是糖类，是人们补充能量的基础食物。淀粉在唾液淀粉酶的作用下部分转化成麦芽糖，麦芽糖有甜味，这就是细嚼馒头有甜味的原因。馒头中的蛋白质含量虽然不多，但是在日常主食中占的比重比较大，故其仍是我们每日膳食中蛋白质的重要来源。

馒头有利于保护胃肠道，一般人皆可食用，如果胃酸过多、胀肚、消化不良而致腹泻的人吃点烤馒头，会感到舒服并减轻症状。

齐园手工馒头

(4)师生赞誉。

山大馒头

前几天在中心校区讲课，下课时已近中午，便叫着一个有时辰未见的老师一起去齐园餐厅用午餐，顺便聊聊天。老师用餐的三楼自助，对我这个不太讲究吃的人来讲已感觉非常丰富，饭食和菜品花样很多，并且开餐之时餐桌每次总是收拾得非常干净，加之明窗亮几，光线充足，有朋友、同事课后共餐何尝不是一种享受和惬意？然而这里最吸引我的还是齐园做的馒头。和街上卖的松散无味的馒头比起来，感觉学校干的才是良心工程，不仅筋道，而且还能嚼到粮食的本味，似乎每次吃齐园的馒头更像是在品尝和咀嚼其层次，街上卖的馒头掰开多数呈蜂窝状，而齐园的馒头掰开或更形象地说应该是撕开，似层层漩涡，观之即有食欲，嚼之甚香。

后来和一位在山大齐园的老哥聊起来，又引来我的一通对齐园馒头和山大齐园饮食的赞赏，这位老哥听来甚是高兴，便很认真地向我说起来山大做馒头的经论：

馒头按原料有细粮、粗粮之分，按颜色分为白、黑、黄馒头，按口感有松软和筋道之别。山大手工馒头是采用传统手工工艺生产的，制作方法是：准备面肥一块，用温水将面肥泡软，加面粉，揉成面团，开始发酵；面团经5小时发酵，内部出现蜂窝状。案板上放适量碱面，将发好的面团倒在案板上，用力把面团和碱面揉匀，搓成长条，用手揪成大小均匀的小面团，再用手揉面制成馒头，放入笼屉，饧15分钟，再蒸30分钟即成。看似简单的制作方法，其实很复杂，关键技术是“用碱”。碱加多了，色泽发黄发黑，味道涩苦；碱加少了，发硬发死，酸味重；碱量适当，色味才纯正。

做馒头的实践和吃馒头的实践是检验真理的唯一标准，山大手工馒头可称得上是山大饮食的名牌产品，它给我们提供了视觉和味觉的双重享受，并且展现了山大饮食工作人员的技术，更体现了山大餐饮工作人员对教工和学生的责任心以及对餐饮工作的诚实。看似如常，实则不易！每天伺候成千上百的人吃饭这是一项时时需要细心而且耐心的复杂工程。所以，我每次一定吃得悠然和干净，心里才踏实，上课才有劲。

“学校发展要求和师生需求，就是我们的追求。”齐园餐厅的员工经常这样说。这岂不是我们所有人的追求？

（作者：王鹏　艺术学院副教授）

风味食品

风味食品是地方小吃的代名词，也是每个地区的文化特色之一，更是中国饮食文化中极具特色的组成部分。齐园餐厅从营养需求、安全需求、实惠需求、求新需求、快捷需求、参与需求、美感需求等方面不断创新，汇集各地名优小吃，以满足师生不同地域、不同层次、不同口味就餐需求。

一、负一食堂风味美食

负一食堂为全日制食堂，营业时间为 7：30—22：00。

1. 云吞面

云吞面

(1)美食介绍：云吞面又称"馄饨面"，是广东省的风味小吃。云吞面起源于广州，20 世纪 50 年代在香港蓬勃兴起，至今依然深得人心。据说，此食品在唐宋时即已传入广东。据《群居解颐》一书记载："岭南地暖……又其俗入冬好食馄饨，往往稍暄，食须用扇。"

(2)制作方法：将煮熟的面条和馄饨按标准放入盛有调好味的高汤的碗中即成。

(3)产品特点：云吞口感润滑，面入口有弹性，让人回味无穷。

(4)营养分析：云吞面含有丰富的糖类、蛋白质、钙、铁、磷、钾、镁等矿物质，还含有硫胺素、核黄素、维生素 A 等微量营养素。

2. 蒸饺

(1)美食介绍：蒸饺是中国传统食品之一。相传是中国东汉南阳医圣张仲景发明的。负一食堂工作人员精心研制的蒸饺品种繁多，风味独特，美味可口，得到了广大师生的一致认可。

(2)制作方法：用开水和成面团醒发待用，面团下剂擀成薄皮，包入调制好的荤馅或素

蒸饺

馅收口，放入笼屉，上开水锅蒸制即可。

（3）产品特点：皮光柔，馅松软，味鲜香，口感松软，香而不腻。

（4）营养分析：蒸饺主要是用面粉做饺子皮，蒸制后，皮薄如蝉翼，入口清香，回味无穷。蒸饺清淡少油，蒸制的方式，可以充分保留面粉中的营养成分，最大限度地减少原料中的营养成分的流失，非常适宜减肥和“三高”人群食用。面粉的营养成分主要是糖类、蛋白质和钙、磷、铁、核黄素等，各种蔬菜制作的馅心也是营养丰富，食用价值高。

3. 煎饼馃子

（1）美食介绍：煎饼馃子是天津著名的风味小吃，在天津已经有了一百多年的历史了。提起煎饼馃子，不能不提山东的煎饼，正是由于山东的煎饼，才有了这样一种有浓厚天津特色的美味。煎饼馃子据说最初是由一位山东马姓回民首创，开始只是一张山东大煎饼卷上油条和一棵大葱而已。

煎饼馃子

（2）制作方法：以绿豆粉或面粉为主料，调成糊状，摊成煎饼，在煎饼上再摊上鸡蛋，形似荷叶，薄软如纸，然后卷上柔软的油条或酥脆的果箅，抹上面酱、腐乳，撒上葱花、芝麻、孜然等小料，从中间折起即可食用。

（3）产品特点：有的葱香味浓，柔软适口；有的口感酥脆、咸香味美。

（4）营养分析：煎饼采用麦、豆类、玉米等多种谷物制作，含有谷物本身的各种营养成分，食用方便，是人体补充能量的基础食物，常吃煎饼还可以促进肠胃蠕动，促进食物消化吸收，有益于肠胃健康。再卷入各种蔬菜、鸡蛋、肉、葱花、芝麻等配料和面酱、腐乳等调料，营养丰富，可补充人体蛋白质、维生素和无机盐，深受人们喜爱。

4. 土家酱香饼

（1）美食介绍：土家酱香饼又称“恩施酱香饼”，是湖北恩施长阳土家族一种特有的风味小吃。在远古时，每逢丰收、过节才能吃得上。据当地人说，此饼是清朝康熙年间，一位法号为德福的武当山僧人，用多年自制的斋菜及多种药材和香料秘制而成。

土家酱香饼

(2)制作方法:用温水和成面团,面团下剂擀成饼状。将面饼两面烙好后刷上秘制的面酱即可。

(3)产品特点:以香、甜、辣、脆为主要特点,香中有香,甜中带绵,辣而不燥,外脆里软。

(4)营养分析:土家酱香饼的主要营养成分是糖类、蛋白质、脂肪等,由于在制作过程中会加入一定量的面酱和调料,所以吃的时候要细嚼慢咽。

5. 竹筒饭

(1)美食介绍:竹筒饭又称“香竹饭”,是傣族具有深厚文化底蕴的绿色食品和生态食品,多见于中国南方及台湾地区。

竹筒饭

(2)制作方法:因地域的不同,其制作方法或焖或蒸或烤,各不相同。成品融米香、竹香于一体,是色、香、味俱佳,最具民族特色的风味食品。

(3)产品特点:香软可口,口感柔韧。配上精美的小菜,味道极佳,非常诱人。

(4)营养分析:竹筒饭的主要成分是糖类、蛋白质、膳食纤维、B族维生素和钙、磷、铁等无机盐,营养丰富,是人体补充能量的良好食物来源。

6. 扬州炒饭

(1)美食介绍:扬州炒饭又称“扬州蛋炒饭”,是苏菜中的经典小吃。据说,隋炀帝巡视江都(今扬州)时将源自隋朝越国公杨素爱吃的“碎金饭”(蛋炒饭)传入,后经历代厨师创新发展,融合淮扬菜肴“选料严谨,制作精细,加工讲究,注重配色,原汁原味”的特色,成为淮扬有名的风味主食之一。

(2)制作方法:选用上等白籼米蒸熟,配以炒好的鸡蛋和精选蔬菜辅料炒制,使之口感、口味更加

扬州炒饭

的独特。

(3)产品特点：饭菜合一，蛋黄米白，如碎金闪烁，光润油亮，鲜美爽口。

(4)营养分析：籼米中的主要成分是糖类，米饭中的蛋白质主要是米精蛋白，人体容易消化吸收，大米可提供丰富B族维生素。配料中的鸡蛋含有丰富的蛋白质、脂肪、维生素和铁、钙、钾等人体所需要的矿物质，同时富含DHA和卵磷脂、卵黄素。

7. 瓦罐煨汤

(1)美食介绍：瓦罐煨汤是流行于南方民间的一种风味小吃，它既传统，又合乎现代人口味。瓦罐的妙处在于土质陶器，秉阴阳之性，含五行之功效，久煨之下原料鲜味及营养成分充分溶解于汤中，其味鲜美香醇，食后令人久而难忘。

瓦罐煨汤

(2)制作方法：它采用一种特制的大瓦缸，缸底可以烧火，缸内置有铁架，厨师将装有汤的小瓦罐一层层地码入缸内的铁架上，然后点燃木炭，借用木炭火产生的高温将瓦罐内的汤煨熟。

(3)产品特点：汤品原汁原味，软烂鲜香。

(4)营养分析：瓦罐煨汤是采用慢火水煮的方式，可以使食品原料中的蛋白质充分水解为氨基酸及其他含氮浸出物，味道醇厚，汤汁鲜美，食之有返璞归真的感觉。

8. 临沂糁

(1)美食介绍：糁是山东风味小吃，早晨喝糁是临沂地区传统习俗。因其香辣可口、肥而不腻、开食健胃，而为众人所喜爱。

临沂糁

(2)制作方法：糁的制作对火候、时间、搅拌、工具等都有严格的要求。一般是头一天选料，夜里制汤，次日早晨才成糁。原料主要以肉、麦米、葱、姜、五香粉、盐、面粉等为主，有的加进十多种中草药。食用时，用长把勺盛入碗内，淋上香油，汤面上撒一把韭黄或蒜苗碎。

(3)产品特点：反复煮熬，不腥不膻，鲜美可口，色味俱佳，浓香诱人。

(4)营养分析：糁汤是吃肉不见肉，原汤原味，浓香诱人。由于此汤以多种肉类为主，又加以数种配料，热量高，味道全，冬季特别受人欢迎。糁汤热喝，浓香扑鼻，气味诱人，尤其早上喝，感觉更为浓厚；中午喝，能够开胃、增强食欲。一碗热糁汤配以烧饼、油条等食用，是最美味的口腹享受。

笼仔饭

9. 笼仔饭

(1)美食介绍：笼仔饭是广东传统名优小吃，与荷叶饭相似。负一食堂的笼仔饭受粤菜传统名吃荷叶笼仔饭的启发，选用不锈钢圆盘盛装米饭和菜肴蒸制而成。

(2)制作方法：将盛装熟米饭的不锈钢圆盘置于笼屉中，再盖上熟肉制品和清口的蔬菜菜肴，短时间蒸制即可。

(3)产品特点：荤素搭配，色泽鲜艳，香辣可口，营养美味。

(4)营养分析：笼仔饭里面由于加入了各种原料，各种营养成分非常丰富：糖类、米精蛋白、氨基酸、矿物质、膳食纤维、B族维生素(特别是维生素 B_1)，还有一定量的钙、磷和铁等无机盐，是口味独特的午餐食物的良好选择。

10. 石锅米线

(1)美食介绍:云南米线是云南著名的风味小吃,也是当地人最喜爱的食物。米线是选用优质大米经过发酵、磨浆、澄滤、蒸粉、挤压、煮制等工序而成的线状食物,它细长、洁白、柔韧。著名的有过桥米线、鳝鱼米线、石锅米线等吃法。

石锅米线

(2)制作方法:将米线和蔬菜放汤锅内煮透,倒入盛高汤的石锅而成。

(3)产品特点:汤热、味鲜、爽口。

(4)营养分析:质量好的米线含有丰富的糖类、维生素、矿物质等营养物质,具有熟透迅速、均匀,耐煮不烂,爽口滑嫩,煮后汤水不浊,易于消化的特点。但由于米线在泡制过程中营养容易流失,因此米线需搭配各种蔬菜、肉、蛋和调料来增加营养,同时加入适当的调料,让米线更加美味。

11. 胶东打卤面

(1)美食介绍:胶东打卤面是最受欢迎的地方风味小吃,其浇头有很多种,多以海鲜为主,其中芸豆蛤蜊打卤面最具青岛特色。

胶东打卤面

(2)制作方法:面条煮熟倒入碗中,浇上打好的卤子即成。

(3)产品特点:面条和卤子水乳交融,口感更香。

(4)营养分析:面条的主要营养成分有糖

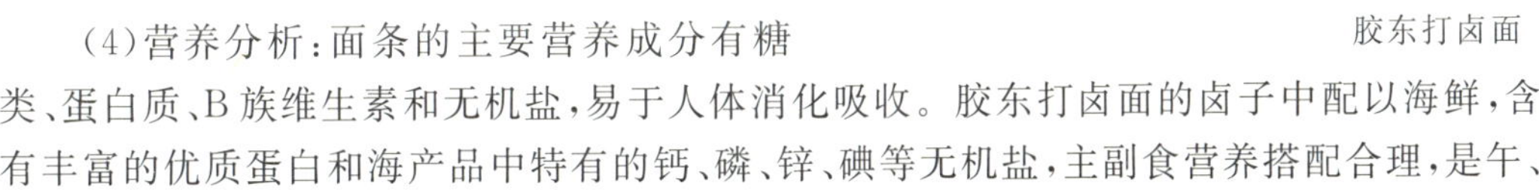
类、蛋白质、B族维生素和无机盐,易于人体消化吸收。胶东打卤面的卤子中配以海鲜,含有丰富的优质蛋白和海产品中特有的钙、磷、锌、碘等无机盐,主副食营养搭配合理,是午、晚餐的绝佳食品。

12. 八宝粥

(1)美食介绍:八宝粥又称“腊八粥”,是在腊八节食用的用多种原料熬制的粥。中国南宋文人周密撰《武林旧事》说:“用胡桃、松子、乳蕈、柿、栗之类作粥,谓之腊八粥。”

八宝粥

(2)制作方法:负一食堂研制出由大米、枣、花生、豇豆、枸杞、黑米、莲子、麦仁八种原材料熬成的养生八宝粥,香甜可口,营养健康。

(3)产品特点:成品色泽鲜艳,质软香甜,清香诱人。

(4)营养分析：八宝粥是营养丰富的食品。《中国居民膳食指南》中的第一条就是：食物多样，谷类为主。八宝粥的选材和制作非常符合这一条，它的原料组成决定了其美味和营养。八宝粥的原料中既有谷类、豆类，又有坚果、干果，所含糖类、蛋白质、维生素和多种微量元素都很丰富，最重要的是谷类、豆类的混合搭配，可以发挥食物蛋白质的互补作用，有效提高混合食物中蛋白质的营养价值。

八宝粥中的坚果，比如核桃、花生，微量元素、维生素 E 含量很高；干果比如大枣、枸杞浓缩了鲜果的营养成分，含糖量高。

13. 麻辣烫

麻辣烫

(1)美食介绍：麻辣烫是重庆历史悠久的地方风味小吃。最主要特点就是其自身无可不烫，无味不有，从而深受广大消费者的喜爱。

(2)制作方法：自选放入冷藏箱内的荤素食材并经称量后，由服务人员负责煮透，根据自己的口味调制酱料即可。

(3)产品特点：烫——天下食材，调——美味生活。

(4)营养分析：麻辣烫通常有多种绿叶蔬菜，有多种豆制品原料，有海带等藻类，有蘑菇等食用菌类，还有薯类、鱼类、蛋类等等，植物性原料品种占优势。只要合理搭配，它比一般的快餐菜肴更容易达到酸碱平衡的要求，也符合食物多样化的原则。

14. 小火锅

(1)美食介绍：小火锅又称“吧台火锅”“快餐火锅”，是以小锅取代大锅，以吧台取代桌椅，一人一锅，围坐于吧台周围，既保留了火锅其乐融融的就餐氛围，也可以各取所好选择自己最爱吃的锅底，卫生方便。最早流行于日本，后传入台湾，现在内地也逐渐出现这种时尚的小火锅餐厅。

(2)制作方法：根据需要选择食材，放入小火锅中，加高汤煮透，自己调味即成。

(3)产品特点：安全卫生、口味纯正，色香诱人，想吃什么吃什么，美味又自在。

(4)营养分析：小火锅在涮菜的过程中可以去除蔬菜中的部分草酸、亚硝酸盐，虽然损失一部分维生素 C，但也减少了抗营养因素和有毒物质。食用时的调料可以做到健康低脂，因为涮菜的时候没有放油，调拌的时候也可以按照顾客的要求减少放油量，总体来说，原料含脂肪少，热量比较低。

小火锅

食用火锅，只要注意以下几点，就能在营养平衡方面达到较好的效果：首先加热时间不宜过长，新鲜蔬菜和肉丸、肠片、蛋类等的比例达到 2：1，促进酸碱平衡；其次增加食物品种，多选平日不常吃的蘑菇、海带、豆制品等食物；最后在调味方面，少放一点盐和味精，辣椒也要适量，用芝麻酱替代红油或香油，增加钙的摄入量，放些有杀菌作用的蒜汁和醋，或者吃点生大蒜，可以帮助预防肠道感染。

15. 酱肉包

(1)美食介绍：酱肉包是食堂工作人员自行研发的一种风味小吃，其关键点是面酱的选择与熟制技能。它是发酵面团与酱肉丁的有机结合，易于人体消化和吸收。

(2)制作方法：将用温水和好的发酵面团搓成条分成一个个包子剂，然后擀成面皮。再将炒熟、调好味的肉丁包入，收口后放入笼屉，蒸锅要冷水上屉开大火蒸至水开后转中火蒸 10 分钟即可。

(3)产品特点：味道咸甜，做法简单，老幼皆宜。

(4)营养分析：猪肉蛋白质为完全蛋白质，含有人体必需的各种氨基酸，易被人体充分利用，营养价值高，含量丰富，同时前

酱肉包

肘瘦肉脂肪含量少，肌肉纤维细而柔软、肉质细嫩，利于消化吸收。酱肉包是由发酵面团制作而成，营养丰富，易于人体消化和吸收，特别适合午餐食用。

二、一层食堂风味美食

一层食堂的营业时间为：早餐 6：30—8：30；午餐 10：45—12：00；晚餐 16：30—18：15。

1. 蛋包饭

(1)美食介绍：蛋包饭是日本一种比较普通且很受青睐的风味小吃。在韩国、中国台湾地区也是一种非常受欢迎的食品。

蛋包饭

(2)制作方法：将蛋液吊成蛋皮，包入炒好的米饭，根据个人口味淋上酱料，叠包成型即可。

(3)产品特点：色泽金黄、香气四溢。

(4)营养分析：鸡蛋中的蛋白含有大量的蛋白质，蛋黄中含有丰富的卵磷脂、维生素等，对人体健康十分有益；配料中的火腿有丰富的钙质和蛋白质，对身体非常有好处；豌豆和胡萝卜含有丰富的维生素，能够补充人体每日所需的营养；另外就是蛋包饭中的米饭，能够提供充足的糖类，补充热量，让我们充满力量。这道饭里面含有蛋白质、脂肪、糖类、维生素、纤维素、无机盐等多种有益于身体的营养物质，是一日三餐的最佳选择。

2. 武大郎烧饼

(1)美食介绍：武大郎烧饼又称“武大郎炊饼”，是山东省梁山县的一种传统风味小吃。源自于北宋年间，四大名著之一《水浒传》中有记载。其味道油而不腻，入口柔和，鲜香可口，回味悠长，深受人们喜爱。

齐园一层食堂的武大郎烧饼是借鉴台湾地区武大郎烧饼的特色口味制作的，有胡椒味、孜然味、叉烧味等品种。

武大郎烧饼

（2）制作方法：用温水和面，放入酵母，发面后把面放在案板上擀长方形，抹上一层油酥卷起，下剂包上肉馅，擀成椭圆形，粘上白芝麻放入烤盘待用。烤箱预热上下温 240 ℃，把饧好的生胚放入烤箱，待两面金黄，拿出即可。

（3）产品特点：口齿留香、百吃不厌。

（4）营养分析：武大郎烧饼的主要营养成分是糖类、蛋白质、脂肪等。因为制作时加了油酥，所以吃起来香酥可口。由于烧饼在制作过程中会加入大量的植物油或动物油，一次食用不宜过多，吃的时候要注意细嚼慢咽。

3. 南瓜馒头

（1）美食介绍：山大南瓜馒头是中国高校首届烹饪技术大赛获奖作品，是用加了南瓜的发酵面团制作的主食。其色泽金黄，味香松软，易于消化，是主食中的佳品。

南瓜馒头

（2）制作方法：南瓜去皮去瓤切块，蒸熟捣烂，加面粉揉匀（加适量酵母），发酵至 2 倍大，将发好的面团揉匀，搓成长条，下成馒头大小的剂子，然后把剂子揉成馒头形状即可，饧发 20 分钟，凉水上锅，中火，开锅后蒸 20 分钟即可。

（3）产品特点：金色诱人，香甜劲道。

（4）营养分析：南瓜中含有蛋白质、糖类、膳食纤维、多种维生素和矿物质，不但营养丰富，而且热量低。南瓜中含有的果胶可以清除体内的有毒物质，其中的胡萝卜素是体内维生素 A 的良好食物来源。

4. 太阳饼

（1）美食介绍：太阳饼又称“酥饼”，是源于台湾地区的著名风味小吃。太阳饼的形状近似圆形，没有固定的大小。

（2）制作方法：太阳饼的饼皮属于油酥面皮，由馅心和水油皮组成。取一小块水油皮，包住一小块馅，按扁后擀成牛舌形，再由外向内卷成圆筒，按扁，叠成三层，最后擀成圆形包馅成形，刷上鸡蛋液，撒上芝麻，入烤箱烤约 10 分钟即成。

（3）产品特点：外皮酥松，老少皆宜。

（4）营养分析：太阳饼含糖类、蛋白质、膳食纤维等营养物质，可以提供人体能量，其中的膳食纤维可以促进肠壁的蠕动，帮助消化。太阳饼由油酥面团制作而成，含有一定量的脂肪，热量较高，食用时注意适量选择。

太阳饼

5. 荷叶饭

（1）美食介绍：荷叶饭又称“荷包饭”，为广东地方风味小吃，历史悠久。明末清初，屈大均《广东新语》记曰：“东莞以香粳杂鱼肉诸味，包荷叶蒸之，表里香透，名曰荷包饭。”一层食堂东厅的荷叶饭无论从菜品研发，还是出售方式都别具一格。此产品如此热销，大大超出了研发人员的意料，我们感到非常欣慰。

荷叶饭

(2)制作方法:以荷叶包裹米饭和肉菜蒸制而成。

(3)产品特点:荷香扑鼻,饭菜鲜滑柔软、色泽鲜明。

(4)营养分析:鲜荷叶饭不只是美味那么简单,它还蕴含了十分丰富的营养物质。就拿当中的米饭来说吧,米饭含丰富的B族维生素及淀粉,是人体糖类的主要来源,也是能量的主要来源。而其他配料,像虾仁、腊肠、香菇、胡萝卜都有着不可小看的营养价值。虾仁是高蛋白、低脂肪的食物,香菇中的B族维生素、铁、钾等微量营养素含量高,胡萝卜中的胡萝卜素在人体内可以转化为维生素A,对缓解视觉疲劳、增强抵抗力意义重大,是营养美味的午、晚餐选择。

6. 牛肉泡馍

(1)美食介绍:牛肉泡馍是陕西省著名风味小吃。早在明代崇祯年间,西安就有了专营牛肉泡馍的"天锡楼",发展到今天,牛羊肉泡馍已成为人们百吃不厌的美食。

牛肉泡馍

(2)制作方法:用牛骨熬制的汤煮粉条、蔬菜、熟制牛肉,开锅后放入切成块的馍馍即成,也可以泡饼。

(3)产品特点:料重味重,肉烂汤浓,香气诱人。

(4)营养分析:牛肉味道鲜美、营养丰富,蛋白质含量高,含人体所需的必需氨基酸,能提高机体抗病能力。另外,牛肉中的维生素A、维生素D及磷、铁、铜、锌含量也很丰富。

7. 甜沫

甜沫

(1)美食介绍:甜沫又称"五香甜沫",是济南传统的大众粥类食品,名甜实咸。在济南的众多小吃中,甜沫是最价廉物美的招牌名优风味小吃。

相传,明末清初,战乱连年,大批难民纷纷拥入济南。有一家田姓小粥铺,经常舍粥赈济灾民,由于来粥铺喝粥的人增多,难满众求,于是便在粥内加入大量的菜叶和胡椒粉等原料。灾民见煮粥的大锅内泛着白沫,便亲切地称之为"田沫",就是田老板舍的粥。有一外地来济赶考的落难书生,也来求得此粥,食之甜美,果然名不虚传。后来书生考取功名,又专程来济，特意去喝甜沫，却无昔日感觉。究其原因，老板答“田沫”是田姓之粥的意思。书生恍然大悟，于是题写“甜沫”匾额，从此这种带咸味的粥便叫作“甜沫”了。

(2)制作方法：锅内放花生油烧到七成熟，烹姜末，一起倒进碗内待用。锅内放水，烧沸后放入精盐、八角等香料，稍煮后捞出香料不用，再放五香豆腐干、菠菜、粉条，水沸后立即倒入小米糊，边倒边搅，加盖煮约 20 分钟。开锅后，把炸好的油倒入锅内，加入熟花生米、豇豆，用勺搅匀，即成甜沫。

(3)产品特点：有诗为证：“错把田沫作沫甜，只因当初历颠连。阅尽人世沧桑味，苦辣之后总是甜。”

(4)营养分析：甜沫是以谷类中的小米面为主，配以黄豆、花生、豆腐皮、粉条和绿叶蔬菜制作而成，糖类、蛋白质、微量营养素含量都很丰富。粥类在传统营养学上占有重要地位，它与汤食一样，具有制作简便、加减灵活、适应面广、易于消化吸收的特点。不仅如此，清代黄云鹄在其《粥谱》中还谓食粥“于养老最宜：一省费，二味全，三津润，四利膈，五易消化”。陆游也极力推荐食粥，并专作一首著名的《食粥诗》，诗中写道：“世人个个学长年，不司长年在目前。我得宛丘平易法，只将食粥致神仙。”

甜沫特别适合在早晨进食，以适应人体肠胃空虚的生理特点。正如北宋文人张耒在《粥记》中所说：“每晨起，食粥一大碗，空腹胃虚，谷气便作，所补不细，又极柔腻，与脏腑相得，最为饮食之良。”

8. 刀削面

刀削面

(1)美食介绍：刀削面是山西著名的特色小吃，名在全国五大面食之列，以山西大同刀削面最为著名。一层食堂刀削面的汤料有鸡汤和西红柿鸡蛋汤两种，物美价廉，色、香、味俱全，形成了独特的大同风格，并可按不同口味加醋和辣椒油，师生们在品尝之后，都赞不绝口。三层引进机器人刀削面，增加了刀削面的观赏性和趣味性，汤料多种，深受广大师生喜爱。

(2)制作方法：将面粉和成团块状，左手举面团，右手拿弧形刀，将面一片一片地削到开水锅内，煮熟后捞出，加入熬制好的汤料食用。

(3)产品特点：外滑内韧，软而不粘，越嚼越香。

(4)营养分析：传统名吃刀削面含有丰富的糖类，能提供足够的能量，微量元素铜含量丰富，铜是人体健康不可缺少的微量营养素，对于血液、中枢神经和免疫系统，头发、皮肤和骨骼组织以及大脑、肝脏和心等内脏器官的发育和功能有重要影响。

经过煮沸的面条最为洁净，可以大大减少肠胃疾病的发生，因此面条成为中国最常见的食品之一。吃一碗温热的刀削面最有利于人体的营养吸收，口感筋道的面条所含的蛋白质更多，能补充人体所需的营养。蛋白质是维持免疫机能最重要的营养素，是构成白血球和抗体的主要成分。

9. 肉夹馍

(1)美食介绍：肉夹馍是中国西北特色风味小吃，有着“中式汉堡”的美誉。以陕西地区的“腊汁肉夹馍”(猪肉)和宁夏地区的“羊肉肉夹馍”最为著名。肉夹馍实际是腊汁肉和白吉馍两种食物的绝妙组合。

(2)制作方法：山大特色的“酱肉夹馍”，是将山大特色美食把子肉加入做好的面饼中，风味独特。

(3)产品特点：馍香肉酥，肥而不腻，回味无穷。

(4)营养分析：肉夹馍将腊汁肉、白吉馍结为一体、巧妙组合，将各自的滋味发挥到极致。猪肉为人类提供优质蛋白质和必需的脂肪酸，其中的血红素铁可以促进人体对于铁的吸收。

肉夹馍

肉夹馍在制作过程中，面粉因烘烤，其中蛋白质与维生素有一定量的损失，但由于夹馅中的肉类营养成分保存较好，其中蛋白质、维生素与面粉的损失形成互补，并含有脂肪、糖类、钙、磷、铁等营养物质。

10. 麻花

(1)美食介绍：麻花是山大食堂的风味早餐之一，是把三股条状的面拧在一起用油炸制而成，属油炸甜味食品。我国著名的麻花有天津十八街麻花、山西稷山麻花、苏杭藕粉麻花和湖北崇阳的小麻花。

(2)制作方法：面粉、白糖、酵母、鸡蛋按一定的比例和成面团，下剂搓条，把三股条状的面拧在一起成麻花形，饧发膨胀后下油锅，炸至金黄出锅即可。

麻花

(3)产品特点：绵软香甜，口感筋道。

(4)营养分析：在中华美食文化中，麻花是深受人们喜爱的传统食品，麻花的营养成分主要有糖类、脂肪、蛋白质，还含有多种维生素和微量元素，热量适中，低脂肪，既可以作为早餐食用，又可休闲品味、佐酒伴茶。麻花是油炸制作而成，属油脂类食品，食用时应注意适量选择。

11. 麻团

(1)美食介绍:麻团又称“煎堆”,是一种古老的具有汉族特色的油炸面食,也是山大食堂推出的风味早餐之一。在广东及港澳地区,有“煎堆碌碌,金银满屋”之意,是一种常见的贺年食品。

麻团

(2)制作方法:用糯米粉、面粉、白糖按比例和成面团,下剂包馅心(豆沙、花生糖等),成球状,沾满芝麻,下油锅炸至金黄出锅即可,

(3)产品特点:口感焦脆,油甜麻香。

(4)营养分析:麻团属于油炸食品,其中的豆沙馅心由红豆制作而成。红豆中含有的不饱和脂肪酸,不含胆固醇,而且含有丰富的蛋白质、B族维生素、膳食纤维、钙及锌等营养成分。豆沙中含有较多的皂角苷和丰富的膳食纤维。

由于麻团由糯米粉和面粉制作而成,所以应尽量趁热食用,否则凉下来吃会不易于消化。

三、二层食堂风味美食

二层食堂的营业时间为:早餐 6:30—8:30;午餐 10:45—12:00;晚餐 16:30—18:15。

1. 香酥芝麻饼

香酥芝麻饼

(1)美食介绍:香酥芝麻饼又称“三角饼”,为山大特色小吃。此食品是员工刘传莲同志经过长期的经验积累制作而成,形成了自己的独特风味,深受就餐者的喜爱。油饼大而薄,葱香四溢,趁热一尝,外面几层香脆松化得很,内里则柔嫩,不油腻,口味特好,是四季皆宜的风味小吃。

(2)制作方法:用植物油、葱花、盐、五香粉制成馅心,包在面团中。放在圆盘内成圆形,放入平底锅内用油煎成金黄色。出售前用刀切成三角形,故又名“三角饼”。

(3)产品特点:外酥里嫩,葱香四溢。

(4)营养分析:芝麻饼含有丰富的糖类、蛋白质、氨基酸及多种维生素矿物质,具有较高的营养价值。芝麻中油脂含量丰富,可以补充人体能量;芝麻中钙的含量也很高,经常食用对骨骼、牙齿都大有益处。

芝麻饼要趁热吃，坚韧、鲜香、酥脆可口，不仅适合一日三餐主食选用，而且可以作为出游者、老人孩子、孕妇的携带食品。

2. 牛肉灌汤包

(1)美食介绍：牛肉灌汤包是山东著名小吃，以青岛市“小红楼”牛肉灌汤包最为盛名。灌汤包有三个显著的特点：一是色泽洁白，质地细密，筋力大，韧性强；二是皮薄；三是馅中含汤。

牛肉灌汤包

(2)制作方法：用冷水和成面团，醒发待用，面团下剂擀成薄皮，包入调制好的牛肉馅，蒸熟即成。

(3)产品特点：皮薄筋道，热吃时馅成丸而多汤，鲜香俱佳，久吃不腻。

(4)营养分析：牛肉灌汤包是用牛肉和面粉为主料蒸制而成，口味咸鲜，是早餐、晚餐主食的理想选择。牛肉含有丰富的蛋白质，氨基酸组成比猪肉更接近人体需要，能提高机体抗病能力；经常食用牛肉，可以增强免疫力，促进蛋白质的新陈代谢和合成，特别是在健身过程中，有助于紧张训练后身体的恢复，起到减脂增肌的作用。

3. 巴西烤肉拌饭

(1)美食介绍：巴西烤肉是巴西的国宴菜，深受南美各国的喜爱。经过几百年的演变及历代巴西名厨的传承演化，巴西烤肉更加精益求精。

巴西烤肉拌饭

(2)制作方法：将腌制好的鸡腿肉，穿在一个长约一米的铁棍上，放在电烤炉中慢慢烧烤。将烤好的鸡腿肉切碎，配以新鲜的蔬菜丁、鸡蛋、火腿、米饭炒制而成。

(3)产品特点：色泽鲜亮，味道醇厚。

(4)营养分析：巴西烤肉拌饭以米饭为主料，搭配丰富的动植物性原料为辅料，可以为人体提供丰富的糖类、蛋白质、维生素和多种微量元素，满足人体营养需求。特别是其中的鸡肉，肉质细嫩，滋味鲜美，蛋白质含量较高，且易被人体吸收利用，有增强体力、强壮身体的作用。此外，鸡肉还含有脂肪、钙、磷、铁、镁、钾、钠及多种维生素和烟酸等成分，可增强肝脏的解毒功能，提高免疫力。

4. 石锅拌饭

(1)美食介绍：石锅拌饭又称“石碗拌饭”，它的发源地为韩国全州，是韩国以及中国东北地区朝鲜族的特色。

据说，在韩国如果情人一起上餐馆点石锅拌饭的话，男士必须得先替女友搅好拌饭，若女友无法将饭菜吃个精光，男士就得将剩下的饭吃干净，以代表对女友的钟爱。

石锅拌饭

(2)制作方法：在石锅锅内放入米饭及菜肴，再烤到锅底有一层锅巴，喷香诱人。石锅是陶做成的，可直接拿到炉具烹煮，而且保温效果好。

(3)产品特点：色泽红亮，香辣可口。

(4)营养分析：石锅拌饭有荤菜和素菜之分，营养丰富且热量不高，尤其是吃到各种蔬菜搭配的拌饭更是具有十分丰富的营养价值。米饭的主要营养成分有糖类、蛋白质、膳食纤维、B族维生素和无机盐，能够满足人体对能量的需求；肉和菜的营养也很丰富，易于消化吸收。

黄焖鸡米饭

5. 黄焖鸡米饭

(1)美食介绍：黄焖鸡米饭又称“香鸡煲”，是源自济南的鲁菜传统名吃。

(2)制作方法：经过多重工序，选用鸡腿肉，采用秘制酱料，用高压焖煮到快速收汁，以使得鸡肉鲜嫩好吃、营养可口。

(3)产品特点：色香味美，口感鲜嫩透味、不粘腻。

(4)营养分析：黄焖鸡米饭采用秘制酱料工艺技术，所需十余种香料必须选用优质药材，其配料讲究配伍相益，调和得当。鸡肉肉质细嫩，蛋白质含量高，氨基酸组成符合人体需要，并含有对人体生长发育有重要作用的磷脂，是中国人膳食结构中脂肪和磷脂的重要来源之一。

6. 手抓饭

手抓饭

(1)美食介绍：手抓饭又称“抓饭”，是回族、维吾尔族等少数民族待客的风味主食。手抓饭是逢过年过节、婚丧嫁娶的重要日子招待客人的必备食品。

(2)制作方法：选用新鲜羊肉、胡萝卜、洋葱、清油、羊油和大米等焖煮而成。

(3)产品特点：油亮生辉，味香可口。

(4)营养分析：手抓饭的主要原料是米饭，可以供给人体充足的糖类、蛋白质和B族维生

素，满足人体对于能量的要求。胡萝卜中胡萝卜素很高，可以维持人体正常视觉功能；羊肉更是高蛋白、低脂肪的食物，还含有宝贵的左旋肉碱，所以吃羊肉不会像牛肉猪肉那样容易发胖；制作过程中加上孜然，赋予抓饭特别的口味、风味。

值得注意的是，对大部分人来说，抓饭高蛋白、高热量、高盐，在满足饱口腹之欲的同时，可以适当配以新鲜的水果和蔬菜一起食用，当然补充水分更是不可缺少的了。

7. 牛肉拉面

牛肉拉面

(1)美食介绍：牛肉拉面是兰州著名的风味小吃，被中国烹饪协会评为三大中式快餐之一，誉为“中华第一面”。

(2)制作方法：五大步骤：选料、和面、饧面、溜条和拉面。拉面巧妙地运用了所含成分的物理性能，即面筋蛋白质的延伸性和弹性。

(3)产品特点：清汤牛肉面的特点是味美可口，经济实惠。

(4)营养分析：牛肉拉面的主要制作原料是牛肉和面粉，牛肉中蛋白质含量丰富，牛肉面含有丰富的糖类，能提供足够的能量，而且在煮的过程中会吸收大量的水，100 克牛肉面煮熟后会变成 400 克左右，因此能产生较强的饱腹感。

重庆小面

早餐、午餐吃一碗营养搭配合理的牛肉面是很好的主副食选择，而晚餐吃面不容易消化，所以不宜选择。

8. 重庆小面

(1)美食介绍：小面是重庆市民普遍接受的传统小吃，属于汤面类，麻辣味。重庆人对重庆小面的热爱不亚于火锅，亲密度更是有过之而无不及。

(2)制作方法：将煮熟的小面倒入碗中，加上事先调好的佐料即可。一碗小面全凭佐料提味，佐料是小面的灵魂。

(3)产品特点：面条筋道顺滑，汤料香气扑鼻，味道浓厚。

(4)营养分析：重庆小面含有丰富的糖类、蛋白质、钙、铁、磷、钾、镁等矿物质。

9. 高汤馄饨

(1)美食介绍：馄饨是源于中国北方的传统食品，现今已成为中国南北通行的食品。馄饨名号繁多，大多数地方称“馄饨”，广东则称“云吞”，湖北称“包面”，江西称“清汤”，四川称“抄手”等。不同地方的馄饨制作各异，鲜香味美，是深受人们喜爱的著名小吃。

(2)制作方法：自制或购买馄饨皮，包上调制好的肉馅，开锅煮熟，盛入带有高汤的碗中即成。

高汤馄饨

(3)产品特点:皮薄馅大,晶莹剔透,口感滑爽,入口清香。

(4)营养分析:馄饨皮是用面粉做的,属于主食,它含有糖类、蛋白质、B族维生素等,是人体热量的主要来源。馄饨馅为蔬菜和肉类,这种搭配非常合理。肉中富含优质蛋白质,蔬菜中则有维生素、纤维素、微量元素等。

有研究表明,肉类在胃肠内消化需4~5小时,而如果只吃肉不吃菜,其营养吸收率为70%;加蔬菜后不仅味道好,营养吸收率也可提高到80%左右。此外,肉属酸性食物,蔬菜属碱性食物,肉菜搭配更有利于酸碱平衡。由此看来,馅心的品种越丰富,人体利用率越高,营养价值也就越高。

吃馄饨有利于控制进食的数量,这也是其他很多食物难以达到的。为了科学进食,营养学家提倡“七八分饱”,这个“度”在吃米饭、面条时较难准确衡量,而吃馄饨就可以计数,尤其对于糖尿病患者、肥胖者及限制食量的人来说,有很大的好处。

10. 羊肉汤

(1)美食介绍:羊肉汤系中华传统经典名吃,在全国各地均有各自的特色。羊肉汤可根据自己的口味调制,辣椒油、花椒面、盐、味精等调料任意选择。

羊肉汤

(2)制作方法:将羊骨头投入大锅里熬汤,再将切成坨的新鲜羊肉与清洗干净的羊杂一起投入汤锅中煮。煮熟后捞起来沥干,切成薄片,放入滚开水里一汆,再倒入汤碗中,冲入滚烫雪白香甜的羊汤水,撒上碧绿的葱花,一碗热气腾腾、香气四溢的羊肉汤就做成了。

(3)产品特点:汤汁味美鲜香、不腥不膻、营养丰富。

(4)营养分析:羊肉是中国人食用的主要肉类之一,羊肉比猪肉的肉质要细嫩,而且比猪肉和牛肉的脂肪、胆固醇含量都要少。相对猪肉而言,羊肉蛋白质含量较多,脂肪含量较少,维生素、钙、磷、铁等,特别是钙、铁的含量显著地超过了牛肉和猪肉的含量,且胆固醇含量低。此外,羊肉肉质细嫩,容易消化吸收,多吃羊肉有助于提高身体免疫力。

食羊肉时应该注意的是,凡有牙疼、口舌生疮、发热等症状,高血压或其他感染性疾病的人应少食。另外,吃过羊肉之后,不能马上喝茶,否则会导致排便不畅或便秘。

11. 烤鸡腿

烤鸡腿

(1)美食介绍：烤鸡腿是二层食堂的代表作，其咸、甜、辣、鲜滋味诱人，外皮酥脆，肉质鲜嫩多汁。

(2)制作方法：将腌渍入味的鸡腿置于烤具内部，用明火、暗火、电微波等产生的热辐射，将其烤制成熟。

(3)产品特点：色泽红艳，肉质细嫩，味道醇厚，香而不腻。

(4)营养分析：鸡腿肉的营养丰富，每100克鸡肉中含蛋白质19.3克，脂肪9.4克，并含有人体所需的全部必需氨基酸，是优质蛋白质的良好食物来源。鸡肉中还含有钙、磷、铁、锌等微量元素和维生素A和B族维生素，可以满足人体对多种营养物质的需求，而且消化率高，很容易被人体吸收利用。

烤鸡腿特别适合在夏秋季节食用，既能补充过度消耗的营养，又能祛除暑热给人体带来的不适，有增强体力、强壮身体的作用。

四、三层食堂风味美食

三层食堂的营业时间为：午餐10∶30—12∶45；晚餐16∶30—18∶30。

1. 韩国冷面

韩国冷面

(1)美食介绍：韩国冷面又称“朝鲜冷面”，是韩国传统风味美食之一。据朝鲜后期的世食风俗记史料《东国世食记》记载：冷面发源于19世纪中叶朝鲜的平壤和咸兴地区。韩国冷面分为平壤冷面和咸兴冷面两种。平壤冷面是加汤食用的水冷面，而咸兴冷面是用辣椒酱做调料的“拌冷面”。

(2)制作方法：将朝鲜面煮熟后浸入冷水中，用牛骨汤、梨或苹果片、醋、糖等佐料调制成汤料，食用时碗内盛面，浇汤料，放牛肉片、泡菜即成。

(3)产品特点：条细质韧，汤汁凉爽，酸辣适口。

(4)营养分析：荞麦面是韩国冷面的最主要的原料，其中含有70%的糖类和7%～13%的蛋白质，其蛋白质中的氨基酸组成比较平衡，还含有一定量的亚油酸，丰富的膳食纤维，可以促进消化，促进胃肠蠕动。另外，荞麦面还含有较多的矿物质，磷、铁、镁，对于维持人体心血管系统和造血系统的正常生理功能具有重要意义。

韩国冷面所使用的食材非常丰富，新鲜的水果是一大特色，这样的搭配可以为人体提供丰富的维生素和微量元素。

2. 砂锅菜

砂锅菜

(1)美食介绍：砂锅炖菜别有风味。砂锅能均衡而持久地把外界热能传递给内部原料，相对平衡的环境温度，有利于水分子与食物的相互渗透，这种相互渗透的时间维持得越长，鲜香成分溢出的越多，煨出的汤的滋味就越鲜醇，被煨食品的质地就越酥烂。著名菜品有砂锅鸡、砂锅豆腐、砂锅鱼头、砂锅海鲜等。

(2)制作方法：将所需原料放入砂锅中，大火烧开，小火慢炖直至酥烂，然后调味出锅。

(3)产品特点：滋味鲜醇，口感酥烂，营养丰富。

(4)营养分析：砂锅菜的最大优点在于受热、散热均匀，可长时间保温，适合需要用小火煨、焖、炖的，质地较老的食物。因为砂锅易将食物中的大分子营养物质分解成小分子，能让食材充分软化、更易消化，且不会刺激肠胃。

砂锅菜的制作，更能保护食材本来的色泽。用砂锅烹调还能省油，不管是炖菜还是煲汤，不管是做白菜豆腐，还是猪、牛、羊肉，都只用放很少的油，在保证健康的同时，还获得了汤浓味鲜的口感。

3. 涮吧

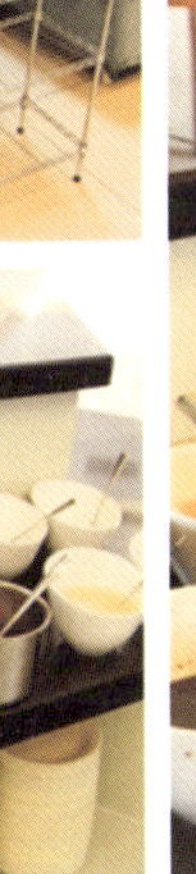

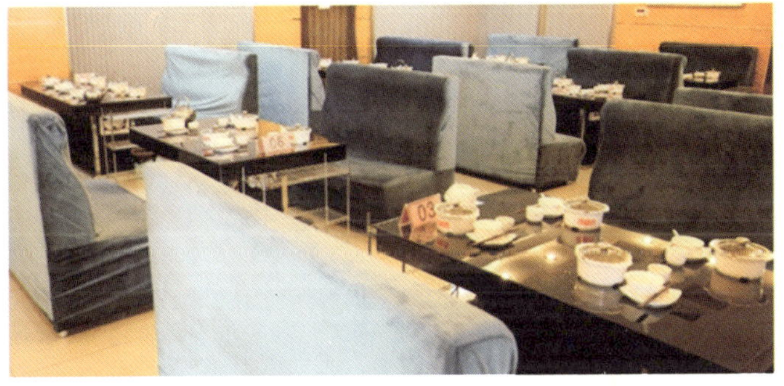

涮吧

(1)美食介绍：时尚、健康、绿色的自助小火锅给人带来“自调口味，自选食材，自主烹饪”式的 DIY 就餐体验。通常是一人一个专用的小锅，以高汤等为汤底，依个人喜好涮烫各种食材，佐以自制调料。

(2)制作方法：电磁炉将高汤锅烧开，放入选好的食材氽透或煮熟，蘸酱食用。

(3)产品特点：琳琅满目的调味品和食材供你任意选择搭配，总有一种适合你！

(4)营养分析：涮锅可供选择原料多种多样，如果做到合理搭配，则对于人体营养价值是很高的。以蔬菜为例，蔬菜中蛋白质和脂类含量很低，但含有一定量的非淀粉多糖，而膳食纤维、无机盐(钙、磷、钠、镁等)和维生素(维生素 C、胡萝卜素)、其他生物活性物质的含量很丰富。多吃蔬菜，能提高免疫力。

豆制品也是涮锅的必备食材，其中的豆腐营养价值较高，蛋白质含量约为5%～6%，超过牛奶和羊奶，豆腐中的脂肪含量仅为0.8%～1.3%，糖类含量为2.8%，豆腐在加工过程中除去了大量的膳食纤维，各种营养素的利用率都有所提高，特别是蛋白质的消化率提高至92%～96%。此外，钙、铁、锌等无机盐的消化率也有所提高。

值得注意的是，涮锅是多种食材自主选择、任意搭配，特别要注重荤素搭配的原则，以避免营养素失衡，各种鲜、香、麻、辣类佐料的选择，也要适可而止。

4. 营养套餐

(1)美食介绍：营养套餐又称“盖帽菜”，是一站式服务。就餐者可根据自己口味的不同，选择不同菜肴和主食进行营养饮食搭配。将酱、炸、炖、炒、蒸等多种烹饪方法制作的菜肴和主食集中在一个窗口，运用不同的盛器盛装搭配，供就餐者选择。

营养套餐

(2)制作方法：选用合适的盛器，将蒸熟的米饭或馒头，配选荤菜和素菜，再加上水果，色彩诱人。

(3)产品特点：根据自己的嗜好选择搭配好的食品，快捷方便。

(4)营养分析：营养套餐，即根据就餐对象的不同年龄、身体状况和营养需求搭配而成，可有不同种类的营养丰富的食物搭配，特别要注重主、副食的合理搭配及荤素搭配。其中的猪、牛、羊肉和鸡肉等畜禽肉类、鱼虾、鸡蛋及豆制品等食物可以提供的优质蛋白质；面食、米饭含有丰富的糖类，可以满足人体对于能量的需求；蔬菜、水果可以提供维生

素和无机盐，特别是红、黄、绿色蔬菜，提供的类胡萝卜素，在人体内可以转化为维生素 A，对维持人体正常视觉功能和增强粘膜组织的抗病能力意义重大，所以在每一份营养套餐的选择上，红、黄、绿色蔬菜的数量要占到三分之一。

5. 串串香

(1)美食介绍：串串香又叫"热锅麻辣烫"，是四川地区传统风味小吃，草根美食最大众化的体现，它实际上是火锅的前身或者另一种形式，麻辣烫以其独特的魅力和鲜明的特色遍布于全国众多城市。

串串香

(2)制作方法：选用串好的荤素食材，用油炸或水煮的方法，使其成熟。

(3)产品特点：自己动手，自烫自食。

(4)营养分析：串串香选材多样、食物品种全、荤素搭配、含有丰富的营养物质，而且各种原料经过水烫熟的方式，营养成分损失不大。串串香通常有多种绿色蔬菜、多种豆制品食材、海带等藻类、蘑菇等菌类，还有薯类、鱼类、蛋类、肉类等。相比较，植物类食材占大多数，只要合理搭配，比一般的快餐菜肴更容易达到酸碱平衡的要求，也符合食物多样化的原则。食用时，串串香的加热温度不高，也不会产生油烟和脂肪高温氧化等问题，跟高温烹炒相比，更加环保。

食用串串香，只要注意几点，就能达到营养平衡：

①新鲜的蔬菜和肉丸、肠片、蛋类等的比例达到 2∶1，保证食物酸碱平衡。

②增加食物品种，多选平日不常吃的蘑菇、海带、豆制品等食物。

③少放一点盐和味精，辣椒也要适量。

④用芝麻酱替代红油或香油，增加钙的摄入量。

⑤放些蒜汁和醋，或吃点生大蒜，预防肠道感染。

6. 千层饼

千层饼

（1）美食介绍：山大千层饼是中国高校第二届烹饪技术大赛获奖作品，分烤制和蒸制两种。历史上著名的千层饼有山东东平千层饼、溪口千层饼、纳西族千层饼。

（2）制作方法：用和好的膨松面团，擀成薄片，撒上椒盐或白糖（咸、甜两种口味），再叠起成型，放入烤盘或蒸盘，成熟后切成方块即可。

（3）产品特点：烤制酥脆，蒸制软香。

（4）营养分析：千层饼以优质小麦为面粉原料发酵制作而成，外焦里嫩、松软可口，充满麦香和发酵香味。发面食品含有人体所需的B族维生素，可以起到调节新陈代谢，维持皮肤和肌肉的健康，增进免疫系统和神经系统功能的作用。优质的面粉含有丰富的糖类、蛋白质、维生素和钙、铁、磷、钾、镁等矿物质。

五、四层一多餐厅风味美食

蛋挞

四层一多餐厅的营业时间为：午餐 10∶30—12∶45；晚餐 16∶30—18∶30。

1. 蛋挞

（1）美食介绍：蛋挞又称“蛋塔”。挞是指馅料外露的馅饼，蛋挞即以蛋液为馅料的馅饼。烤出的蛋挞外层为松脆可口的挞壳，内层则为香甜松软的黄色凝固蛋液。

（2）制作方法：将做好的饼皮放进制作蛋挞的饼模中，倒入由砂糖、淡奶油、鸡蛋混合而成的蛋液，然后放入烤炉烤制即可。

（3）产品特点：香甜醇厚，松软可口。

（4）营养分析：蛋挞的配方一般为牛奶、淡奶油、淀粉、鸡蛋、砂糖，这些物质中含有对人体有益的营养物质。鸡蛋含有丰富的蛋白质、脂肪、维生素和铁、钙、钾等人体所

需要的矿物质；人类膳食中最为丰富的糖类就是淀粉，可以满足人体对能量的需求；牛奶中的蛋白质主含八种人体必需氨基酸，它的消化率很高，其中的矿物质和微量元素都是溶解状态，特别是钙、磷的比例比较合适，很容易消化吸收。

蛋挞又酥又软，每个平均热量为1250焦尔左右，而普通一碗饭的热量是1170焦尔，所以吃一个葡式蛋挞已经超过一碗米饭的热量。但蛋挞和米饭有所不同，米饭热量主要来自糖类，而蛋挞则超过60%来自脂肪，虽然两者的热量差不多，你却吃进去非常多的油，而且你不会马上有饱足感，会让你一口接着一口。所以，蛋挞是高热量的食物，不宜多吃，要适量。

2. 匹萨

(1)美食介绍：匹萨又叫“比萨饼”，是一种由特殊的酱汁和馅料做成的具有意大利风味的食品，在全球颇受欢迎。

匹萨

(2)制作方法：在制作好的发酵的圆面饼上面覆盖比萨酱，奶酪以及其他丰富的配料，并由烤炉烤制而成。

(3)产品特点：制作简单，口味多样。

(4)营养分析：匹萨选用的面饼，主要含有糖类、蛋白质、膳食纤维、B族维生素和无机盐，覆盖原料中的奶酪是一种发酵的乳制品，含有丰富的蛋白质、钙、脂肪、磷和维生素等营养成分，配以新鲜的蔬菜和水果，可以补充人体丰富的维生素和无机盐。

3. 泡芙

(1)美食介绍：泡芙是一种源自意大利的特色甜品，是将奶油、巧克力或者冰淇淋灌入蓬松的奶油面皮中而成的甜点。

(2)制作方法：将黄油、水、盐、砂糖、面粉搅拌均匀后用裱花袋挤在烤盘上烤制成面包外壳，然后将奶油、巧克力或冰淇淋通过注射灌进面包内即成。在泡芙上，可以洒上一层糖粉，还可放干果仁或淋巧克力酱。

泡芙

(3)产品特点：外热内冷，外酥内滑，口感极佳。

(4)营养分析：泡芙制作原料中的黄油，是用牛奶加工出来的，是把新鲜牛奶加以搅拌之后，上层的浓稠状物体滤去部分水分之后的产物。黄油营养丰富，脂肪含量比牛奶增加了近20倍，维生素、矿物质、脂肪酸和胆固醇含量都很丰富，维生素A和维生素D含量也很高，主要用作调味品，但因含脂量很高，热量也就偏高，所以不要过量食用。

4. 泰式咖喱鸡饭

泰式咖喱鸡饭

(1)美食介绍：泰式咖喱鸡块是一多餐厅经典热菜。以土豆、胡萝卜、鸡块为制作主料，选用泰式红、黄咖哩，烹饪技巧以烧为主，口味属于咖喱味。深受师生的喜爱，是一多餐厅长盛不衰的经典菜。

(2)制作方法：将切好的鸡块过油，然后与事先熬好的咖喱酱一起烧制。

(3)产品特点：口味咸鲜，略带甜辣，咖喱味浓厚。

(4)营养分析：鸡肉肉质细嫩、口味鲜香、营养丰富，含有优质蛋白质，氨基酸组成接近人体，吸收率高；鸡肉脂肪含量低于鸭、鹅中的脂肪含量，而且维生素A和维生素D也是畜类的1～6倍，鸡肉中血红素铁含量也极为丰富，易于人体吸收利用。

5. 意大利面

(1)美食介绍：意大利面，也叫“意粉”，是中国人饮食习惯容易接受的西餐面食。意大利面条有很多种类，除了直身粉外，还有空心型、弯管型、螺丝型、蝴蝶型、贝壳型等，每种都有自己的名称，是意大利的特色主食。

(2)制作方法：将意大利面煮熟捞出，浇上事先熬制好的酱汁即可。

(3)产品特点：口感筋道，种类丰富。

(4)营养分析：意大利面的主要营养成分为糖类，其次为蛋白质、B族维生素、膳食纤

维和无机盐，这样的主食中蛋白质含量不是很多，但因其在人类的膳食中占的比重很大，仍为人类每日膳食中蛋白质的重要来源。

意大利面

由于意大利面的原料中的精白面粉经多次的研磨加工，使B族维生素和膳食纤维大量受损，所以在食用时建议与其他粗糙的谷类搭配食用，也可以配以新鲜的水果和蔬菜。

6. 菠萝饭

(1)美食介绍：菠萝饭又叫“凤梨饭”，是以米饭、菠萝等食材制成的一道风味美食。一多餐厅的菠萝饭根据泰式风味进行改良，加入椰浆、黄油等西餐调料，深受师生们的喜爱。

(2)制作方法：将菠萝一分为二后挖出菠萝肉制作为盛器，然后将菠萝肉、米饭、鸡蛋、椰浆、黄油等炒制为炒饭，盛装即可。

菠萝饭

(3)产品特点:菠萝味足、奶香浓郁。

(4)营养分析:菠萝中含有较多的芳香物质和有机酸,制作的菠萝饭可以赋予食物清新的香气,使菠萝的香气与米饭的软糯相得益彰。

生的菠萝中含有菠萝蛋白酶,这种酶在吃的时候同样会将口腔黏膜上的蛋白质分解,让人口中有麻涩的不舒适感,但加热之后这种酶便失去活性,吃起来就没有任何不适的感觉了。另外,菠萝膳食纤维中水不溶性膳食纤维含量较多,会带来粗糙的口感,食用后也会增加肠胃的负担,可通过加热使膳食纤维得到软化,从而减轻对肠胃的刺激和机械损伤,这样对胃肠功能欠佳甚至胃肠疾病者更加适合一些。

掏空果肉后的菠萝外壳本身就是一个很好的容器,简单方便、干净环保,一定会让盘中美食分外别致,这样的创意可以愉悦身心,不失为美食的一大境界!

7. 虾饺

(1)美食介绍:虾饺是广东省著名的汉族风味小吃,属于粤菜,相传 20 世纪初起源于广州市郊伍村的一间家庭式小茶楼,因其皮质较厚、鲜虾味美,很快流传开来。后经点心师的改革,将原料由面粉改成澄粉,效果更佳。

(2)制作方法:先将澄粉制作成虾饺皮,再将鲜虾制作为虾饺馅,包制成虾饺后上笼屉蒸熟即可。

(3)产品特点:胚皮口感柔韧,馅心鲜美可口。

(4)营养分析:新鲜的虾饺晶莹剔透、味道鲜美,是一日三餐主食的最佳选择;鲜虾是甲壳类动物,是高蛋白、低脂肪、低能量的食物,适合多种烹调方法,其中的钙、磷、铁及维生素含量都很丰富,而钙和磷是构成人体骨骼和牙齿的重要成分,经常食用虾饺可以补充人体多种营养成分,有益于身体健康。

虾饺

8. 焗饭

焗饭

(1)美食介绍：焗饭，顾名思义是被芝士覆盖着的一种食物，是芝士、米饭与菜的完美结合，深受同学们的喜爱。焗饭、意大利面和比萨并称为“西餐三大经典系列”。一多餐厅的焗饭种类繁多、口味多样，让人百吃不厌。

(2)制作方法：将煮熟的米饭放入盛器内垫底，上面铺上事先加工过的食品原料，撒上马苏里拉芝士碎后放入烤箱烤至芝士融化即可。

(3)产品特点：品种繁多，芝香浓郁。

(4)营养分析：以大米为代表的粮谷类食物在人类膳食结构中占有很重要的地位，是人体蛋白质、热能以及一些无机盐和B族维生素的重要来源，搭配芝士和多种时令蔬菜制作而成的焗饭，是膳食结构中饭菜合一、均衡营养的良好选择。

芝士营养价值很高，含有丰富的蛋白质、脂肪和钙、磷及多种维生素，其发酵制作过程中，乳糖分解为乳酸及其他混合物，使芝士具有独特的风味，因此制作的焗饭也就更加美味鲜香、营养丰富，有益于人体消化吸收。

舌尖上的山大

第三篇

齐园餐厅——生活课堂

美食是人类文明的产物，是人类身心的向往。对美食的追求，可以说是人类的一种本能，这种本能从本质上看，是生命的需要，是趋利避害、生存繁衍的需要。山大海外学子张权同学对山大美食的认可和赞扬，正是这种本能的体现，她诱发了我们创意山大“美食美客”生活课堂和“添翼工程”山大美食课教学，教授广大学子一门生活技能成了我们工作的一部分。这是山大饮食管理创新发展的结果，更是山大饮食人的骄傲。因为，山大食堂不仅能提供美食，而且山大食堂的管理人员和技术人员还站在了山大的讲台上……

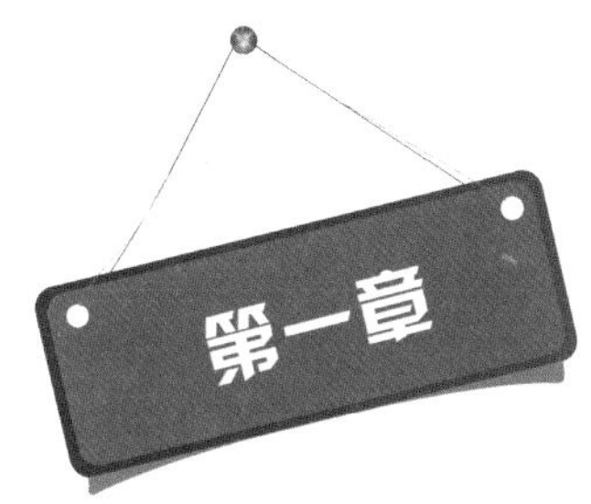

"生活课堂"的缘起

说起"生活课堂",就不得不提起2012年9月那封来自校长信箱的海外信件:

尊敬的校长:

您好!我是山东大学中心校区2012届本科毕业生,今年9月份已经来到美国开始我的研究生学习生活。我谨代表个人及每一位在美国留学的山大人对山大学生餐厅表示由衷的感谢!

来到美国以后,一方面,感受新鲜的美国学习和生活环境;另一方面更加怀念在山东大学度过的四年,尤其是山大的餐厅。来到美国学习,每天担心最多的却是吃饭问题,平时课程繁忙,大部分时间都是在学校的学生餐厅吃美式快餐,想要吃一顿地地道道的家乡饭必须买齐各种原料、调料自己下厨,既耽误时间又很难做出怀念的味道。因此,远在海外的我格外想念山东大学学生餐厅的饭,尤其是我们常去的一层餐厅,早晨的鸡蛋饼,美味的刀削面,香气扑鼻的把子肉配上米饭,还有最常吃的地三鲜。本科四年间,我几乎每一顿饭都是在学生餐厅吃的,因为学校餐厅的饭菜品种多样,物美价廉,非常适合学生的口味。感谢四年来山东大学学生餐厅带给我的美好回忆。希望学生餐厅的发展越来越好!

非常感谢您百忙之中能抽出空来阅读此信!再次对山东大学学生餐厅表示感谢!

此致

敬礼!

山大海外学生　张权

2012年9月

看完这封来自大洋彼岸的信件后,笔者非常感动,我们的餐饮服务工作竟得到如此肯定和赞许!如何让莘莘学子在出国求知的同时,又能料理好自己的生活呢?教给同学们一技之长,让同学们了解烹饪知识、掌握烹饪技法的想法油然而生。

一、与学生会权益中心创办“美食美客”教学

2012 年 10 月，我开始组织有关人员编写主食、副食、西餐讲义和课件，在校团委和山东公务职业培训学校的大力支持下，在 2012 届山东大学学生会权益部部长杨瑞、于汉唐同学一年的沟通、交流、策划下，在 2013 届山东大学学生会权益部部长刘文秀、钟智愚、刘家妮同学的组织下，山东大学第一届“美食美客”——烹饪教学终于在 2013 年 11 月 9 日开课了。

在开幕式上，饮食管理服务中心的徐健主任以“厨房是最现实实验室”为主题进行了演讲。他说：“烹饪是一门综合技能，能够体现人的策划、统筹规划和领导能力，希望同学们能够系统地学习掌握几种烹饪技法，给今后的生活带来快乐，给家庭和朋友之间带来幸福，为今后高品质生活打下基础。”他进一步指出，此次活动不但能够让同学们得到锻炼，掌握生活技能，而且更重要的是让同学们走进食堂，了解食堂的工作情况，架起了食堂与学生沟通的桥梁。

“生活课堂”的教学已举办了三年，教学地点也由起初的食堂讲授走进了山大教室，实现了理论教学和实践操作指导相结合的教学方式，得到了学生们的一致好评。

“生活课堂”授课现场

二、与学工部资助中心联合举办“山大美食课”教学

借助山大“生活课堂”的平台，饮食中心又与学工部联合举办了“山大美食课”。2016 年 4 月 24 日，“添翼工程”首届“山大美食课”开课啦！本科教学部的赵炳新部长参加了开

启仪式并致辞。

根据《关于举办第八届山东省大学生科技节的通知》精神，济南公共营养师协会以“关注营养健康，展示技艺才能，推动大学生就业创业”为宗旨，将举办第五届齐鲁(国际)大学生营养健康菜创意大赛，该大赛是第八届山东省大学生科技节竞赛活动之一，也是齐鲁大学生创新创业行动之一，旨在倡导科学营养的饮食理念和健康生活方式，以展现大学生的技能才艺，培养大学生独立自主的生活能力。通过“山大美食课”培训的学生经过选拔，将组队代表山东大学出席第五届齐鲁(国际)大学生营养健康菜创意大赛。

校党委副书记仝兴华(中)、唐仲英基金会执行总裁徐小春(右三)在学工部部长王浩(右二)、饮食中心主任徐建(右一)陪同下亲临技能操作现场

为此，饮食管理服务中心和学生资助中心经过一个多月的精心策划，广泛发动宣传，组织大学生投票选出了中餐主食、中餐副食、西餐主食和西餐副食的经典美食品种，由饮食中心根据大学生的需求进行培训。培训分为烹调理论讲解和动手实践两部分，让同学们不仅可以了解中西方美食背后的不同文化底蕴和营养健康的生活理念，而且还能亲手制作自己喜爱的美食，激发大学生热爱生活的情趣及创造灵感。

参加培训的2014级管理学院的徐富超同学是这样说的：“山大美食课既是一门文化课，又是一门技能课。通过老师的讲解与指导，不仅能让同学们了解美食文化知识，更能感悟美食背后的文化底蕴；美食课不仅让同学们走进后厨目睹了师傅们精湛的技艺，体会了食堂工作人员的辛苦劳动，而且提高了同学们的相互协作能力、自我动手能力和生活自理能力；美食课将使同学们学得一技之长，为今后服务家庭和服务社会奠定坚实的基础。”

值得欣喜的是，此次教学活动，校党委仝兴华副书记和唐仲英基金会执行总裁徐小春在学工部王浩部长、饮食中心徐建主任的陪同下亲临了技能操作的现场，饮食中心的职工和全体学员无不备受鼓舞。

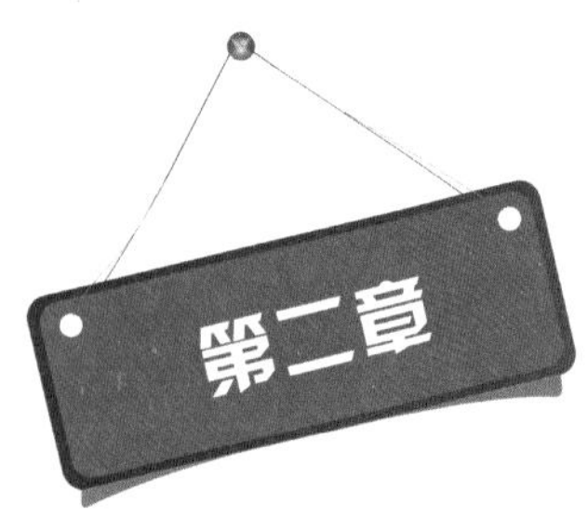

主　食

主食是指传统意义上以米、面为主的粮食性(谷类)食物,是人体所需能量的主要来源。

一、主食原料

主食原料分为三类:一类是面团用料,如米(米粉)、麦(面粉)和其他杂粮。一类是制馅原料,如各种肉类、水产、海味、蛋类和各种蔬菜、豆制品及果仁、蜜饯等。另一类是调味原料和辅助调料,如油、糖、盐、碱、乳品以及法律规定范围内的添加剂。

(一)面团原料常识

1. 稻谷与稻米

(1)稻谷的结构分为稻壳、稻粒。

(2)稻米的种类和特点

①按米粒含淀粉的性质分为籼米、粳米和糯米。

②特点:

品名	别称	特点	用途
籼米	机米	粒形细而长,硬度中等,黏性小而涨性大,颜色灰白,半透明居多	因色差无黏性,只能做米饭和稀饭,成粉后,可做水晶糕点。粉团质硬松,能发酵使用
粳米	上白粳 下白粳	粒形短圆而丰满,硬度高,黏性大于籼米,而涨性小于籼米,色泽蜡白半透明	多用于制作米饭,成粉可做年糕、斗糕等。用米粉调制的粉团不能发酵使用
糯米	江米	硬度低、黏性大、涨性小,色泽乳白不透明	可做八宝饭、粽子,用米粉与其他米粉掺和使用,可做元宵、年糕。用米粉调制的粉团不能发酵使用

③稻米的化学成分:蛋白质、淀粉、脂肪、灰粉、维生素。

④稻米的品质鉴定:

a. 稻米的粒形。优质的稻米，米粒充实饱满、均匀整齐，碎米、糙米和爆腰米的含量小，没有未熟粒、虫蚀粒、病斑粒、霉粒和其他杂质。

b. 稻米的腹白和心白。腹白是指米粒的腹部有白色粉质部位。心白是指米粒的中心有花状白色粉质部分。含腹白和心白多的米，蛋白质含量少，吸水能力降低，出饭率小，食味欠佳，粒质疏松脆弱，易破裂。碎米多，不耐贮藏。因此，这类稻米的品质较差。

c. 稻米的新鲜度。新鲜的稻米食味好，有光泽，味清香，熟后柔韧有黏性，滋味适口。陈化的稻米含水量降低，米质硬而脆，色泽暗，柔韧性变弱，黏度降低，吸水膨胀率大，出饭率增高，易生杂质，香味和饭味变差。

2. 小麦与面粉

(1)小麦的分类

①按颜色可分为白麦和红麦。

②按粒质特性可分为硬质麦和软质麦。硬质麦涨力大，适宜制作发酵食品，如面包和馒头；软质面涨力小，较适宜制作松脆食品，如各类饼干等。

③按种植期可分为春天播种、冬霜前收获的春小麦和秋天播种、来年初夏收获的秋小麦。

(2)面粉的分类和特点

①面粉按加工精度、色泽、含麸量的高低分为三种：特制粉、标准粉、普通粉。

品种	颜色	麸量	水分	面筋质	加工精度	特点	用途
特制粉	白	少	≤14.5%	≥26%	细	弹性大，延伸性、可塑性强	面包、馒头、宴会点心
标准粉	稍黄	稍高	≤14%	≥24%	较细	弹性较大，营养也较全	适合做烙饼、烧饼等大众食品
普通粉	黄	高	≤13.5%	≥22%	较粗	弹性小，可塑性差，营养全	适合做大众化食品

②按含面筋质的多少，可分为高筋面、中筋面和低筋面。

③按用途可分为一般面粉和专用面粉。

3. 杂粮

(1)玉米：又称“苞谷”“棒子”，产于四川、河北、吉林、山东等地，是我国主要的杂粮之一，为高产作物。按照颜色可分为黄色玉米、白色玉米和杂色玉米三类。玉米既可磨粉，又可制米(玉米渣)，没有等级之分，只有粗细之别。粉可做粥、窝头、发糕、菜团等；米可煮粥、焖饭。

(2)小米：又称“黄米”“粟米”，主要种植于黄河流域以及北部地区。主要品种有金米、龙山米、桃花米、沁州米。小米可以煮粥、蒸饭或磨粉制作饼、蒸糕，也可和其他粮食类混合食用。

(3)黑米：又称“紫米”“墨米”“血糯”等，属稻类中的一类特质米，分籼型、粳型两类。

主要品种有广西东兰的墨米、云南西双版纳的紫米、江苏常熟的血糯、山西阳县的黑米。黑米的营养成分较高,每千克约含 11.43 克蛋白质、3.84 克脂肪和较多的氨基酸。

(4)荞麦:古称“乌麦”“花荞”,籽粒呈三角形,主要分布于中国西北、东北、华北、西南一带的高寒地区。主要分为四种:甜荞、苦荞、翅荞、米荞。荞麦用途广泛,籽粒磨粉可做面条、面片、饼子和糕点等。所含蛋白质和淀粉易被人体消化吸收。

(5)甘薯:又称“番薯”“山芋”“红薯”“地瓜”“红苕”,原产于南美洲,16 世纪末叶引入中国福建、广东沿海地区。现在除青藏高寒地区外,全国各地均有种植。皮色有白、淡黄、黄、黄褐、红、淡红、紫红等,肉色有白、黄、杏黄、橘红、紫红等。特点是含有大量淀粉,质地软糯,味道香甜。它既可做主食与其他粉掺和做点心,又能做菜,适宜蒸、煮、扒、烤、也可炸、炒、煎、烹。同时甘薯还可晒干贮藏。

(6)其他杂粮:如黄豆、绿豆、小豆、姜豆等。

(二)制馅原料常识

1. 咸味馅原料

(1)畜、禽肉(荤馅)类

①猪肉:猪肉中含有较多的肌间脂肪,肌肉的纤维细而软,制馅时应选用黏性较大,吸水性强,肥瘦适宜的夹心肉。

②牛肉:牛肉肉质坚实,颜色棕红,切面有光泽,脂肪为淡黄色至深黄色。制作馅心一般应选用鲜嫩无筋络的部位。牛肉的吸水力强,调馅时应多加水。

③羊肉:绵羊肉肉质坚实,颜色暗红,肉的纤维细软,肌间很少有夹杂的脂肪。山羊肉比绵羊肉色浅,呈较淡的暗红色,皮下脂肪稀少,质量不如绵羊肉。

④鸡肉:鸡肉的肉质纤维细嫩,含有大量谷氨酸,滋味鲜美。制馅时一般选用当年的嫩鸡脯肉。

⑤肉制品:制馅使用的肉制品一般有火腿、香肠、酱鸡、酱鸭等。

(2)水产海味类

①鱼类:用鱼肉制馅味鲜质嫩。一般选用条大肉厚刺少的鱼,如鲅鱼、偏口鱼等。

②海味类:多用于调制三鲜馅。常用的有虾、蟹、海参、干贝等。虾要选用新鲜、色清白、有弹性的鲜活原料;蟹一般选用新鲜的海蟹或河蟹,择出肉、黄制馅,味道鲜美;海参、干贝用时需先涨发后才能制馅。

(3)蔬菜类

①鲜菜类:用于制作馅心的新鲜蔬菜种类较多。一般具有以下特点:鲜嫩,含水量大。用新鲜蔬菜制馅,大都需经过择、洗、切、脱水等工序。常用的新鲜蔬菜有白菜、菠菜、荠菜、韭菜、萝卜、冬瓜、茴香苗、西葫芦、南瓜等。

②干菜类:常用于制馅的干菜类原料有木耳、蘑菇、玉兰片、黄花菜等。这些菜在制馅前均需涨发。就木耳来说,应选用肉厚、有光泽、无皮壳者。

2. 甜味馅原料

(1)豆类:如赤豆、绿豆等,煮熟捣烂后可制作豆沙馅。

(2)干果类:各种干果均有特殊风味,用以制馅,即可丰富馅心的品种,又可改善馅心的味道，常用的干果有核桃仁、莲子、栗子、芝麻、花生仁、瓜子仁、红枣等。

(3)水果、蜜饯类：新鲜的水果如桃、橘子、苹果、杏等，既可用作点心的配料，又能单独制成水果羹、水果排、水果冻等品种。蜜饯是使用高浓度的糖液或蜜汁，浸透果肉加工而成，可分为带汁和干汁的两种。

(三)调味原料和辅助调料

调味料在制作面点时，可用于调制馅，也可用于调制面团，其主要作用是使制品解除其原料中某些不良异味，并增加其色泽、香气或滋味，而达到美味适口的要求，如糖、醋、酱油、桂皮、大料等。至于辅助原料如油脂、糖、盐等，主要用于改善面团性质，使制品形成疏松多口、柔软体大的特色。

下面我们介绍几种常用的调味料和辅料：

1. 油

面点制作常用的油脂有荤、素两种。荤油类以猪油和奶油为主；素油就是植物油，有花生油、豆油、椰子油、芝麻油、棕榈油、棉籽油等。油脂既是馅心的调味用料，同时也是面团的重要辅助原料。

油脂的作用：①增加香味，提高成品的营养价值。②使面团润滑、分层或起酥发松。③其乳化性可使成品光滑、油亮、色匀，并有“抗老化”作用。④降低黏着性，便于工艺操作。⑤作为传热介质，使成品达到香、脆、酥、松的作用。

2. 糖

糖也是制作面点的重要辅助原料之一，它不仅是一种甜味原料，同时也有改善面团性质和功能。中式面点制作工艺中常用的糖主要有蔗糖、饴糖和蜂蜜。

(1)蔗糖：包括白砂糖、绵白糖、冰糖和红糖等。

蔗糖的作用：①增加甜味，调节口味，提高成品的营养价值。②供给酵母菌养料，调节发酵速度。③改善点心的色泽，美化点心的外观。④具有一定的防腐作用。

(2)饴糖：饴糖的主要成分是麦芽糖，因而人们也常称它为“麦芽糖”。

饴糖的作用：①增加成品香甜气味，使成品具有光泽。②提高成品的滋润性和弹性，起绵软作用。

(3)蜂蜜：又称“蜂糖”，可增进成品的滋润性和弹性，使成品膨松、柔软，独具风味。

3. 盐

盐是制作面点中不可缺少的辅料，除调制馅心需盐调味外，调制面团亦需要适量的盐。

盐的作用：①可改变面团中面筋的物理性质，增加面团筋力。②盐的渗透压作用，使面团结构变得细腻，使面团显得洁白。③盐可促进或抑制酵母菌的繁殖，调节面团发酵速度。

4. 牛乳及其制品

牛乳及其制品的作用：①提高面点制品的营养。②改善面团质量，提高产品外观质量。③增加奶香味，使其风味清雅。④延长成品保质期。

5. 鲜蛋

鲜蛋的作用:①提高营养价值,增加天然风味。②改善成品的疏松度和柔软性。③延长成品保质期。④改变面团颜色。

二、主食制作技术

(一)制馅技术

馅心制作是面点制品中一项重要的工艺,要制出口味鲜美的面点,许多品种都要用到馅心。所谓馅心,就是用各种不同的原料,经过精细拌制和熟制过程制出形式多样,味美适口,能包入面点内的心子。馅心的种类繁多,品种花色不一。一般按口味划分可分为咸馅、甜馅两大类。

1. 咸馅

(1)常用咸馅原料的初加工

①选料:多以动物性食物、豆制品、水产品和蔬菜为原料。

②成型:以细碎为好,分为生馅心和熟馅心。无论哪类原料都要按点心成品要求切成不同的丁、粒、片、丝、末或蓉、泥状。有些直接进行刀功处理,有些需要焯水、去汁后才可使用。

③刀功的基本要求:肉馅需要剁细碎,切成丁。蔬菜的加工除了细碎外,还要大小一致。有的只切不剁,如韭菜、葱。有的只能用刀背斩,如虾蓉馅。

④咸馅原料初加工:

a. 蔬菜类分择拣整理、削剔处理、合理洗涤三步。

b. 食用菌类经凉水泡发,洗净泥沙杂质,切碎后使用。

c. 肉类一般选用有一定脂肪含量的部位,肌肉中的纤维要细而软。

d. 鱼类应选用刺较少的鱼,需去皮、去骨,用刀背砸成泥状使用。

e. 豆腐、粉丝、海带丝等切碎使用。

(2)常见的咸馅:

①生咸馅:用生咸馅可以制作出多种多样、别具风味的点心,按性质可分为荤馅、素馅、荤素馅三类。

②熟咸馅:熟咸馅主要有两种制法,一是将生料剁碎成泥,炒熟,加调料调和而成;一是烹制好的熟料,切丁、切末加以调拌而成。

2. 甜馅

甜馅是以糖为基本原料,选用各种水果、干果、果仁、果脯、蜜饯以及各种豆类或某些根茎类蔬菜为原料,采用多种方法制成的馅心,形成独特别致的风味。甜馅按其制法特点,可分为泥茸馅、果仁蜜饯馅、糖馅三大类。

(1)泥茸馅制作:泥茸馅以植物的果实或种子为原料,加工成泥茸,再用糖、油炒制而成。

(2)果仁蜜饯馅的制作:果仁蜜饯馅的制作法是将果仁炒熟,蜜饯切成细粒,与白糖拌和即成。

(3)糖馅的制作:以绵白糖和砂糖为原料,再加上其他配料拌制而成的一种馅心。

(二)面团调制技术

面团调制对面点的制作起着重大作用。第一,便于成形;第二,增强粉料的特性,保证成品质量;第三,丰富面点品种。总之,面团对面点的色、香、味、形都有重大的关系和影响。制作面点所用面团主要有水调面团、膨松面团、油酥面团、米粉面团等。

1. 水调面团

一般是指面粉加水(有时加入少量盐、碱等)调制的面团,也被称为"死面"或"呆面"。水调面团根据水温的不同分为冷、温、热三种面团。

2. 膨松面团

膨松面团就是在调制面团过程中加入适量添加剂,使面团起化学反应和物理反应,从而使面团组织产生空洞,变得膨大疏松(化学反应和物理反应要在加热条件下实现)。膨松面团可分为酵母膨松面团、化学膨松面团、物理膨松面团。

3. 油酥面团

油酥面团是指用油脂与面粉调制的面团。油酥面团成品的主要特点是体积膨松,色泽美观,口味酥香,营养丰富。油酥面团大体可分为层酥、单酥、炸酥三类。

4. 米粉面团

米粉面团是指米粉掺水调制的面团。米的种类较多,如糯米、粳米、籼米等,这些粮食作物,除可以做米饭、稀粥外,还可以磨成粉,调制不同的米粉面。在制法上适当运用,可以制作丰富多彩的面点品种,例如年糕、元宵等。

(三)成型技术

成型工艺是面点工艺中一项重要的基本功,是面点制作的重要组成部分。各种不同的成型方法具有不同的工艺技巧。在面点加工工艺运用各种手法、动作的技巧,就是成型工艺。

1. 搓

搓是根据品种的不同要求,将面团用双手揉搓成规定形状的过程。搓可分为搓条和搓形两种搓法。

基本制法:搓条,即双手搓动坯料,同时将其抻长或搓上筋,搓条的关键是用两手用力大小一致,搓紧、搓光、搓圆,粗细均匀;条搓匀后,下剂时用揪剂或剁剂方法均可。搓形,即把剂子搓成坟头形,如高桩馒头。

2. 擀

擀是用各种面杖工具,将面团制成不同形态的过程。擀是面点制作的基本技术动作之一。大多数面点成型前都离不开擀的工序,主要用于饼类的制作。制作饼制品,须和面、揉好,下成剂子,擀成大圆片,刷上油,撒上盐,卷叠成层,捏住剂口,再用擀的方法,擀成符合成品要求的厚薄和形状,如圆形、椭圆形、长方形、方块形等。

基本制法:由于使用的工具不同,擀有多种操作方法,有单手杖擀、双手杖擀、走槌杖擀等,技术性较强。

3. 卷

卷是面点成型的重要方法，花色较多，它为各种成型准备了前提条件，有单色卷和双色卷之分。单色卷是将面团擀成大薄片，经抹油、盐，铺面，卷成筒子状下剂子，可以制作成有层次的花卷或千层卷。双色卷是将面团擀成大薄片，经铺上一层带色的软馅（豆沙、枣泥、果酱等），卷成圆状，切成薄片，即形成露出螺旋馅心的各式美观的饼，继而可加工制作成“鸳鸯卷”“蝴蝶卷”“四喜卷”等。

基本制法：①单卷法是把面团擀成大薄片抹油后，从一头卷向另一头，卷成圆筒，下剂做成成品。②双卷法是把面团擀成大薄片抹油后，从两头向中间卷，两边要平衡，卷到中心位置，下剂做成成品。

4. 切

切是用刀具将制成的面团，分切成符合成品或半成品形态、规格和分量的小面团方法。如筵席上的面条、伊府面、过桥面等。

基本制法：①切：由里向外慢慢切的手法称为“切”。②剁：自上而下迅速剁下的刀法称为“剁”。③剞：以不切段为原则的推刀法称为“剞”。

5. 包

包就是将各种不同的馅料，通过操作，与坯料合为一体，成为半成品或成品的方法。

基本制法：先将坯皮放入手中，再将馅心放在皮子中间按实，收口时用力要均匀，不可将馅挤出，要捏紧捏严，馅心在皮坯中间。主要品种有大包、馅饼、馄饨、烧麦、春卷等。

6. 模具

模具是利用各种不同形态的模型，使坯料形成图貌美观的成品或半成品的工艺方法。如常用的桃形、梅花形、佛手形、花形、鸟形、蝴蝶形、鱼形、虾形等。

基本制法：模具作为一种成型方法，技术性不强，但成品形态美观，是一种既操作简便又效果好的成品方法。

7. 捏

捏是在包的基础上进行的，除捏以外，还要加上其他的工具和动作配合，是一种综合性的成型法。从捏本身来讲，可分为挤捏、推捏、叠捏、扭捏、花捏等多种手法。

8. 抻

一般用来制作抻面，有的地区叫“拉面”。抻出的面条，入口筋道、柔润、滑爽。抻面还有用于制作精细的面点，如“银丝饼”“青油饼”“盘香饼”等，是其中不可缺少的一道工序。抻面分为三个步骤：和面、溜条、出条。

9. 削

一般用来制作刀削面，将面和成长块状，贴在一块长方形面板上，厨师将其顶在锁骨处，用一个铁片削面入锅，如著名的大同刀削面。削出的面条入口舒爽，鲜滑筋道。

（四）成熟技术

成熟，是面点制作最后一道也是十分关键的一道工序。所谓成熟，即对成型的生坯运用各种加热方法，使其成为符合面点质量要求的熟制品。成熟的作用在于利于人体消化吸收，同时还能体现制品的质量，确定制品的色泽、形态，决定制品的口味。

1. 蒸

蒸是面点制作中运用最广泛、最普遍的一种熟制法，适应范围较广。蒸就是把成型的生坯，置于笼屉内，架在水锅上，旺火烧开产生蒸汽，在蒸汽的热力作用下成为熟品。蒸制出的成品叫作“蒸食”或“蒸点”。

蒸的优点：适应性广、蓬松柔软、形态完整、馅心鲜嫩。

基本制法：①饧发：即饧面，为了使蒸制后的制品成为具有弹性的膨松组织，凡酵面、膨松面等制品，在成形后，必须要静放一段时间进行饧发。饧面的温度、湿度和时间，直接影响饧面的质量。②火候：首先必须将水烧开，绝不能冷水或温水上笼。蒸制时笼盖必须盖紧，中途不能开盖。蒸制过程中，火力不能减弱，蒸汽不能减少，做到一次蒸熟、蒸透。③加水量：水量以八成满为准。④生坯摆屉：要求摆列整齐，横竖对直，间距适当，使生胚有足够的膨胀余地。⑤下屉：制品成熟后要及时下屉，如看着膨胀，按着无黏感，一按就能鼓起来，并有些面香味，即是成熟。

2. 烤

烤即烘烤，就是用各种烘烤炉（箱）产生的温度，通过辐射、传导和对流三种热能传递方式，使生坯成熟的方法。

基本制法：①根据成品要求调好炉温。②将烤盘刷干净，将生坯整齐地码入烤盘中，将烤盘连同生坯放烤箱内。③根据火力和烤制时间，准时出锅。

3. 煮

煮是将成型的生坯放入水锅中，利用水受热后产生的温度，使生坯成熟的熟制工艺。

基本制法：①水烧沸下入生坯。②生坯要依次下锅。③保持水面的沸腾状态，但不能“滚”。在沸腾时加适量冷水避免制品破裂或汤水溢出。④在熟制过程中，要始终保持火旺或沸水，直至成品成熟。

4. 烙

烙是把成型的生坯摆放在平锅中，架在炉火上，通过金属传导热量使成品成熟的一种熟制方法。

基本制法：①将平锅烧热至 180 ℃左右。②生坯放入平锅内，边加热，边反复翻动。③直至生坯加热至两面成金黄色。

三、粮谷类的营养特点

植物性食物包括谷类、豆类、蔬菜、水果及菌藻类等，是膳食中的重要组成部分，其中谷类是制作各种主食的主要原料，是我国人民膳食结构中能量的主要来源；豆类是植物性食物中优质蛋白的唯一来源；其他植物性食物能为我们提供丰富的维生素、矿物质和膳食纤维。

谷类是提供热能的最主要来源，包括大米、小米、玉米、小麦、燕麦、荞麦等。其中，我们常见的主食大多以大米和小麦为主要原料制作而成。我国膳食中 70%～80%的热能和 50%左右的蛋白质是由谷类提供的。因此，我国称粮谷类原料制作的食物为“主食”。据中国居民膳食调查的结果显示，谷类食物在我国居民的膳食构成中占 49.7%，具有重要的地位。

（一）谷粒的结构与营养素的分布特点

谷粒由谷皮、糊粉层、胚乳和胚芽四个部分构成，各种谷类种子的结构基本相似。

谷皮：为谷粒的外壳，约占谷粒的5%，主要由纤维素、半纤维素和木质素组成，并含有少量的蛋白质、脂肪、B族维生素和钙、磷、铁等矿物质。

糊粉层：位于谷皮和胚乳之间，由厚壁细胞组成，约占谷粒的8%，纤维素含量较多，蛋白质、脂肪、B族维生素和矿物质含量也较高，但在碾磨和加工时易与谷皮同时脱落而混入到糠麸中。

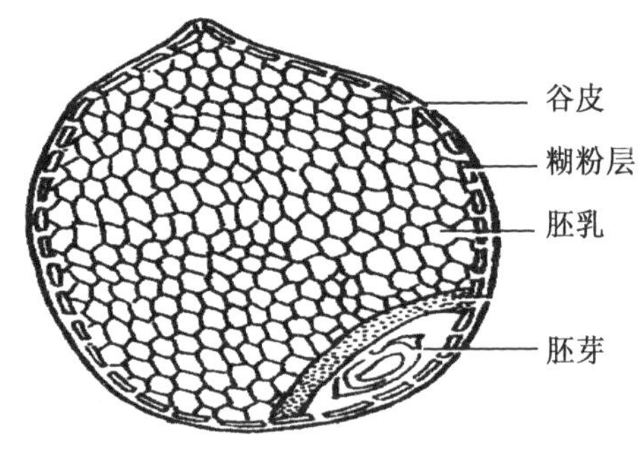

谷粒的纵切面示意图

胚乳：是谷粒的主要部分，占整个谷粒的83%～87%，含大量淀粉和一定量的蛋白质，但矿物质和维生素的含量极低。

胚芽：位于谷粒的一端，占谷粒的2%～3%，是种子发芽的关键部位。其中脂肪、蛋白质、矿物质、B族维生素和维生素E的含量都很丰富，胚芽质地松软而有韧性，不易粉碎，但在加工时因易与胚乳分离而丢失。

胚芽和谷粒周围部分还有各种酶类，在粮谷类的贮存过程中，如条件适合酶的活动，就容易发生霉变。

（二）粮谷类的营养价值分析

1. 糖类

粮谷类中的糖类主要为淀粉，大多集中在胚乳内，含量为50%～70%。淀粉是人类最理想、最经济的能量来源，在我国居民膳食中55%～65%的能量来自谷类中的糖类。

2. 蛋白质

粮谷类所含的蛋白质是人体蛋白质的重要来源，其含量一般为8%～15%，燕麦含量较高，约为15.6%，其次为青稞，约为13.4%，小麦约为10%，稻米及玉米中蛋白质的含量约为8%。

3. 脂肪

粮谷类脂肪含量较少，主要存在于胚芽中，仅为谷粒重量的1.0%～2.0%，大米、小麦为1.0%～2.0%，玉米和小米可达4.0%，在谷类加工时，易转入副产品中。

从米糠中可提取与机体健康有密切关系的米糠油、谷维素和谷固醇；从玉米和小麦胚芽中提取的胚芽油，80%为不饱和脂肪酸，其中亚油酸占60%。

4. 矿物质

粮谷类含矿物质含量为1.5%～3%，大部分集中在谷皮和胚芽中，其中主要是磷和钙，由于多以植酸盐的形式存在，消化吸收较差。

5. 维生素

粮谷类是膳食中B族维生素的重要来源，如硫胺素、核黄素、尼克酸和吡哆醇等，主要存在于糊粉层和胚芽部分。谷类加工的精度越高,维生素损失就越多,玉米和小米中还含有少量的胡萝卜素。

(三)粮谷类的合理利用

1. 谷类的加工

谷类加工主要有制米、制粉两种。由于谷类结构的特点,其所含的各种营养素分布不均衡。矿物质、维生素、蛋白质、脂肪多分布在谷粒的周围和胚芽内,向胚乳中心逐渐减少。因此加工精度与谷类营养素的保留程度有着密切的关系。加工精度越高,糊粉层和胚芽损失越多,营养素损失越大,尤以B族维生素损失显著。谷类加工粗糙时,虽然出粉(米)率高、营养素损失减少,但感观性状且消化吸收率也相应降低,而且由于植酸和纤维素含量较多,还会影响其他营养素的吸收,如植酸与钙、铁、锌等螯合形成植酸盐,不能被机体利用。

我国于20世纪50年代初加工生产的标准米(九五米)和标准粉(八五粉),比精白米面保留了较多的B族维生素、纤维素和矿物质,这在节约粮食、预防某些营养缺乏病方面收到了良好效益。近年来由于经济水平明显提高,人们对精白米面的需求日益增长,故应采取对精白米面的营养强化措施及改良谷类加工工艺,提倡粗细粮混食等方法来克服精白米面的营养缺陷。

2. 谷类的烹调

大米在加工过程中若卫生条件不严且包装简陋,易受砂石、谷皮和尘土的污染,烹调前必须经过淘洗。淘洗过程可使水溶性维生素和无机盐有损失,维生素 B_1 可损失30%~60%,维生素 B_2 和尼克酸可损失20%~25%,无机盐可损失70%,营养素损失程度与淘洗次数、浸泡时间和用水温度密切相关。淘米时水温高、搓洗次数多、浸泡时间长,营养素的损失越大。

不同的烹调方式引起营养素损失的程度不同,主要是对B族维生素的影响。如制作米饭,用蒸的方式B族维生素的保存率比用捞蒸的方式(即弃米汤后再蒸)要高得多。在制作面食时,一般用蒸、烤、烙的方法,B族维生素损失较少,但用高温油炸时损失较大。如油条制用时因加碱及高温油炸会使维生素 B_1 全部损失,维生素 B_2 和烟酸仅保留一半。

米饭在电饭煲中保温时,随保存时间的延长,维生素 B_1 将损失越多。

面食在焙烤时还原糖与氨基酸化合物发生褐变反应(又称"美拉德反应"),产生的褐色物质在消化道中不能水解,故无营养价值,而且使赖氨酸失去效能,故应注意焙烤的温度和糖的用量。

3. 谷类的贮藏

在适宜条件下谷类可较长时间地贮藏,其蛋白质、维生素、矿物质含量变化不大。当贮藏条件改变,如空气相对湿度增大或温度升高时,谷粒内酶的活性变大、呼吸作用增强,使谷粒发热,促进霉菌生长,引起蛋白质、脂肪、糖类分解产物堆积,发生霉变,不仅改变了感观性状,而且会失去食用价值。由于粮谷贮藏条件和水分含量不同,各类维生素在贮存过程中变化不尽相同。如谷粒水分为17%时,5个月后维生素 B_1 损失30%;水分为12%时损失减少至12%;谷类不去壳贮存2年,维生素 B_1 几乎无损失。

故谷类应贮存在避光、通风、干燥和阴凉的环境下，控制真菌及昆虫的生长繁殖条件，减少氧气和日光对营养素的破坏，保持谷类的原有营养价值。

四、成本核算

1.“单个成本”是单个面点所耗用的各种主副料金额的总和。

2.“月成本”是指上月原材料结存金额加上本月进货金额减去月末库存金额。

公式：月成本＝上月原材料结存金额＋本月进货金额－本月库存金额。

3. 成本计算公式：　　成本＝售价×(1－毛利率)。

毛利率是指毛利与售价之间的比率。

1. 销售毛利率又称“内扣毛利率”，是毛利额和销售价格之间的比率。

$$销售毛利率=\frac{毛利额}{销售价格}\times 100\%$$

例1. 奶油蛋糕一个，成本为28元，销售价格为50元，问此蛋糕销售毛利率是多少？

解：奶油蛋糕毛利额＝50－28＝22(元)

$$销售毛利率=\frac{22}{50}\times 100\%=44\%$$

答：奶油蛋糕的销售毛利率是44%。

2. 成本毛利率又称外加毛利率，是毛利额和成本之间的比率。

$$成本毛利率=\frac{毛利额}{成本}\times 100\%$$

例2. 一份柠檬排的成本为10.4元，其销售价格为22.8元，求柠檬排的成本毛利率是多少

解：柠檬排的毛利额＝22.8－10.4＝12.4(元)

$$成本毛利率=\frac{12.4}{10.4}\times 100\%=119.23\%$$

柠檬排的成本毛利率是119.23%。

五、食堂经典主食菜谱

鸡蛋饼

1. 原料

主料：面粉5000克、鸡蛋5000克。

辅料：葱1000克。

调料：盐100克、油100克、五香粉100克、酵母50克。

2. 制作步骤

(1)面粉、酵母、温水和成面团，饧发待用。

(2)葱洗净切碎，加盐、油、五香粉，调成葱油馅。

鸡蛋饼

(3)面团搓条下剂(75克),粘葱油馅卷成面饼,稍饧压成碗口大的饼,放入电饼铛中烙制定型后,翻过烙另一面,在烙好的一面磕入一个鸡蛋,再翻过将鸡蛋烙制金黄即可。

3. 营养价值分析及食用建议

鸡蛋营养价值很高,含有丰富的蛋白质、脂肪、维生素、矿物质等。鸡蛋的蛋白质几乎能被人体全部吸收和利用。鸡蛋的脂肪几乎全部集中在蛋黄中,蛋黄中还含有卵磷脂。

此款主食品种中的面粉含有丰富的糖类,可以提供热能,使鸡蛋中的蛋白质可以充分发挥其构成和修补人体组织的功能,特别适合早餐食用。

小笼包

1. 原料

主料:面粉5000克、五花肉馅5000克。

辅料:葱花500克。

调料:花椒水2500克、精盐50克、味精20克、姜50克、香油50克、酵母40克。

2. 制作步骤

(1)将五花肉馅加盐、味精、花椒水搅拌匀。

(2)加葱花、姜、香油,顺时针搅拌匀。

(3)面粉、酵母、温水和成面团,饧发待用。饧好下剂25克,包馅25克放入小笼,蒸制20分钟即可。

3. 营养价值分析及食用建议

猪肉含有丰富的优质蛋白质和必需的脂肪酸,能助长肌肉和身体发育,并提供铁元素和促进铁吸收的半胱氨酸。

此款主食选择的馅心原料是五花肉,肌间脂肪含量高,因而味道鲜香,能量也就偏高,是午餐主食的良好选择。

炸酱面

1. 原料

主料：鲜面条 5000 克。

辅料：土豆 2000 克、肥瘦肉 1000 克。

调料：甜面酱 400 克、酱油 50 克、精盐 50 克、味精 30 克、葱末 50 克、姜末 50 克。

2. 制作步骤

(1)土豆去皮、洗净，切成黄豆大小的小丁，用清水浸泡备用；肥瘦肉洗净，切成小丁备用。

(2)炒锅留底油，置中火上，葱、姜末煸锅，煸出香味后，放入肉丁煸炒，放入甜酱炒熟后，加土豆丁煸炒至八成熟。加 6000 克水，用盐、味精、酱油调味，然后用水淀粉勾芡，旺火烧开，倒入盆内备用。

(3)炒锅加清水至旺火上，烧开后，放入面条，中火煮至成熟备用。

(4)面条盛入碗内(约 350 克)，浇上炸酱即成。

3. 营养价值分析及食用建议

猪肉营养丰富，每 100 克瘦猪肉中含有蛋白质 20.3 克，脂肪 6.2 克，并含有丰富的 B 族维生素，但每 100 克肥猪肉中含蛋白质 2.4 克，而脂肪含量高达 90.4 克。

此款主食易于被人体消化，营养丰富，但由于选择原料中含有一定量的肥肉，口味鲜香，建议适量选择，是午餐主食的良好品种。

肉丁包

1. 原料

主料：面粉 5000 克、五花肉丁 7500 克。

辅料：白菜馅 5000 克。

调料：精盐 550 克、味精 200 克、胡椒粉 50 克、酱油 300 克、葱姜油 2500 克、酵母 40 克。

2. 制作步骤

(1) 面粉、酵母、温水和成面团，饧发待用。

(2) 将五花肉丁加盐、味精、酱油、胡椒粉搅拌匀，加白菜馅、肉馅、葱末、姜末、葱油、香油拌匀。

(3)面团由压面机反复压匀，切成长条状，下剂 75 克，包馅 75 克，整齐放入笼内。

(4)待蒸包饧好后，上蒸笼蒸约 30 分钟即成。

3. 营养价值分析及食用建议

此款主食的馅心选择的猪肉营养丰富，蛋白质含量较高，有促进生长发育的作用，同时含有丰富的铁元素。五花肉脂肪含量较多，应适量食用。

此款主食由发酵面团制作而成，易于被人体消化，营养丰富。原料中的五花肉，口味鲜香，是午餐主食的良好选择。

猪肉蒸包

1. 原料

主料：面粉 5000 克、猪前肘肉馅 2500 克。

辅料：葱末 500 克、姜末 50 克。

调料：香油 40 克、胡椒粉 6 克、精盐 30 克、酱油 100 克、白糖 20 克、味精 40 克、葱姜油 200 克、花椒水 1000 克、酵母 40 克。

2. 制作步骤

(1)面粉、酵母、温水和成面团，饧发待用。

(2)将肉馅加盐拌至起胶，边加花椒水边搅拌，直至其充分吸水而不懈。将葱、姜、白糖、味精、酱油、胡椒粉调入拌匀，最后加葱、姜、熟油、香油调和拌匀，冷藏 10 分钟以后即可使用。

(3)面团用压面机反复压匀，切成条状，下剂 75 克擀皮、包馅 50 克，包成柳叶包，整齐放入笼内。

(4)待蒸包饧好后，上笼锅蒸制约 30 分钟即成。

3. 营养价值分析及食用建议

猪前肘肉蛋白质为完全蛋白质，含有人体必需的各种氨基酸，易被人体充分利用，营养价值高，含量丰富。同时前肘瘦肉脂肪含量少，肌肉纤维细而柔软、肉质细嫩，能促进生长。

蒸包是由发酵面团制作而成，营养丰富，易于人体消化和吸收利用，特别适合午餐选择食用。

大素包

1. 原料

主料：面粉 5000 克、时蔬馅 5000 克、泡好的粉条(粉丝)1500 克。

辅料：葱花 250 克、姜末 100 克、炒鸡蛋 800 克。

调料：盐 80 克、味精 50 克、葱油 800 克、酵母 40 克。

2. 制作步骤

(1)面粉、酵母、温水和成面团，饧发待用。

(2)将菜馅挤干水分，加入姜末、油拌匀，加入粉条(粉丝)、鸡蛋、盐、味精拌匀。

(3)将面团用压面机压匀，切成长条，下剂 75 克，擀皮，包馅 75 克，整齐放入笼内。

(4)待蒸包饧好后，上笼锅蒸约 30 分钟即成。

3. 营养价值分析及食用建议

此款主食选择营养丰富的鸡蛋和各类新鲜蔬菜作为馅心的制作原料，其中的鸡蛋蛋白质含量高，可以提供人体所需的多种氨基酸，各类时蔬的维生素、矿物质和膳食纤维含量丰富，可以满足人体需要。

发酵面团制作的素包，营养丰富，易于人体消化吸收，而且添加了鸡蛋作为人体优质蛋白质的必要补充，是一日三餐营养主食的良好选择。

豆沙包

1. 原料

主料:面粉 5000 克。

辅料:红小豆 3000 克。

调料:白糖 1000 克、酵母 40 克。

2. 制作步骤

(1)面粉、酵母、温水和成面团,饧发待用。

(2)将红小豆煮烂,滤水,放在案板上凉透,边搓边加入白糖,制成豆沙馅。

(3)面团反复压匀、切条,下剂 60 克擀皮,包馅 50 克,包成馒头状,整齐放入笼内,略饧。

3. 营养价值分析及食用建议

红小豆营养丰富,每 100 克红小豆含糖类 55.7 克、蛋白质 20.2 克,另外钙、磷、铁及胡萝卜素等含量也很丰富。红小豆还含有一定量的皂苷类物质,具有通便、解毒、利尿和消肿的作用,可制成豆沙做馅或做甜食,也可煮粥,具有一定的食疗作用。

豆沙包营养素含量丰富,食疗价值高,是爱美人士的良好选择,特别适合作为早餐主食品种选择。

糖　包

1. 原料

主料:面粉 5000 克。

辅料:红糖 1200 克。

调料:酵母 40 克。

2. 制作步骤

(1)面粉、酵母、温水和成面团,饧发待用。

(2)将面团用压面机反复压匀,切成长条,下剂 100 克,揉成馒头状,双手拿面轴将剂子擀成一样厚的面皮,放入红糖 15 克,做成三角形的包子生坯,放入笼内。

(3)将饧好的糖包上蒸炉,蒸制约 30 分钟即成。

3. 营养价值分析及食用建议

糖包馅心中的蔗糖的主要功能是提供热能,人体所需能量的 70%左右是由糖类提供的。此外,糖类还是构成组织和保护肝脏功能的重要物质。

糖包是发酵面团制作的主食,适合早、午餐食用。许多研究证实,只要适量摄入,掌握好吃糖最佳时机,对人体是有益的。如洗浴时,要大量出汗和消耗体力,需要补充水和热量,吃糖可防止虚脱;运动时,要消耗热能,糖比其他食物能更快提供热能;疲劳饥饿时,食糖可迅速被吸收提高血糖;当头晕恶心时,吃些糖可升血糖稳定情绪,有利恢复正常;饭后进食点糖食品,可使人在学习和工作时精神振奋,精力充沛。

胡椒饼

1. 原料

主料：面粉 5000 克、精肉馅 2500 克。

辅料：油酥 500 克、葱花 1000 克。

调料：鸡精 40 克、味精 40 克、盐 250 克、老抽 100 克、胡椒粉 75 克、花椒 50 克、五香面 30 克、酵母 40 克。

2. 制作步骤

(1)面粉、酵母、温水和成面团，饧发待用。将面放在案板上擀长方形，抹上一层油酥卷起，下剂包上肉馅，擀成椭圆形，粘上白芝麻放入烤盘待用。

(2)烤箱预热上下温 240 ℃，把饧好的生胚放入烤箱，待两面金黄拿出即可。

3. 营养价值分析及食用建议

面食品种除含有丰富的糖类外，还含有一定量的蛋白质，B 族维生素、维生素 E 及钙、磷、铁等矿物质含量也很丰富。

此款主食品种属于咸味品种，味美鲜香，是一日三餐主食品种的良好选择。

南瓜饼

1. 原料

主料：面粉 5000 克。

辅料：南瓜 3500 克。

调料：白糖 250 克、鲜酵母 50 克。

2. 制作步骤

(1)南瓜去皮、籽、洗净后，上笼蒸熟，放入面盆内，加白糖、鲜酵母，放入面粉，调制成面团；将面团放置于压面机上，反复压至两面光滑、约 2 厘米厚的面坯。

(2)面坯置面板上，切面、搓条，下重 100 克的剂子。剂子揉成馒头状，用擀面杖压成厚薄均匀、直径约 10 厘米的圆坯，自圆坯边缘向圆心用刀切开 3～4 厘米的刀痕，均匀地切 5 刀，使面坯呈梅花状，即成南瓜饼生坯。

(3)将南瓜饼生坯均匀的摆在笼屉内，饧 15～20 分钟，蒸 20 分钟即成。

3. 营养价值分析及食用建议

南瓜中含有蛋白质、糖类、膳食纤维、多种维生素和矿物质，不但营养丰富，而且热量低。南瓜中含有的果胶可以清除体内的有毒物质，其中的胡萝卜素是体内维生素 A 的良好食物来源。

南瓜饼具有营养丰富、脆酥软糯的特点，特别适合充当美味的早餐。

手抓饼

1. 原料

主料：面粉 5000 克。

辅料：葱花 800 克。

调料：五香面 15 克、盐 70 克、食用油 1500 克。

2. 制作步骤

(1)油 500 克加热至八成热，加入五香面、面粉调匀。

(2)面粉加盐、冷水和匀，略饧。

(3)取每块 1000 克的面团，擀成长片状，抹水油酥，撒上葱花、淋些油，对称折叠，用刀切成条状，将面条拆开，抓住两头略抻，左右手反方向挤成两个圆饼，重叠在一起略饧。

(4)电饼铛升温至 240 ℃，将饧好的面团擀成圆状，放入电饼铛内，刷油，翻一次，刷上油，再翻一次，烙成两面金黄色，打散饼成条状即成。

3. 营养价值分析及食用建议

手抓饼含有丰富的蛋白质、糖类、维生素和钙、铁、磷、钾、镁等矿物质。

手抓饼属于非发酵面团制作的面食品种，由于制作过程中添加了食用油脂，故热量有所提高，饱腹作用较强，比较适合午餐食用。

烤肉饼

1. 原料

主料：面粉 5000 克、猪前肘肉馅 2500 克。

辅料：葱末 500 克、姜末 50 克。

调料：香油 40 克、胡椒粉 6 克、精盐 40 克、酱油 100 克、白糖 20 克、味精 40 克、葱姜油 200 克、酵母 40 克、花椒水 1000 克。

2. 制作步骤

(1)面粉、酵母、温水和成面团，饧发待用。

(2)将肉馅加盐拌至起胶，边加花椒水边搅拌，直至其充分吸水而不懈，将葱末、姜末、白糖、味精、酱油、胡椒粉调入拌匀，最后加葱姜熟油、香油调和拌匀，冷藏 10 分钟以上即可使用。

(3)将面团搓成长条状，下剂 100 克，擀皮包馅 50 克，擀成圆饼，整齐放入烤盘。

(4)肉饼放入烤箱，上火 300 ℃、下火 280 ℃，烤约 10 分钟呈金黄色即成。

3. 营养价值分析及食用建议

猪肉可以为人体提供优质蛋白质和必需氨基酸，还含有铁元素和促进铁吸收的半胱氨酸。

烤肉饼是发酵面团制作的品种，馅心选择的是脂肪含量低的猪前肘肉，口味鲜香、营养丰富，饱腹作用强，特别适合午餐及体力消耗较大时食用。

千层饼

1. 原料

主料：面粉 5000 克。

调料：椒盐 250 克、酵母 40 克、油 750 克。

2. 制作步骤

(1)面粉、酵母、温水和成面团，饧发待用。

(2)将面压成长方形，再铺上一层油酥，再撒上椒盐，将面对折，用捏的手法将面包好，撒面粉。用压面机压成长方形，将两头面向中间对折成三层，撒面粉，反复四次即可。

(3)将长方形面放在蒸屉上，在表面撒上芝麻，用筷子在面上规则的扎孔。

(4)待蒸笼上汽后，将饼放入，蒸约 20 分钟取出，用刀切成同样大小的方块，放入电饼铛中，煎至两面金黄即可。

3. 营养价值分析及食用建议

经过发酵的面团，变得疏松多孔，味道芳香，稍带酸味且容易消化。面团中含有少量葡萄糖、麦芽糖、氨基酸等营养物质，分解为酒精和二氧化碳。发酵过程中还能合成一些 B 族维生素，有利于人体的消化与吸收。

此款主食是发酵面团制作的品种，由于经过发酵，脂肪含量较低，适合不需要摄入大量脂肪的人食用。

紫薯糯米饼

1. 原料

主料：糯米粉 5000 克、紫薯 3000 克。

辅料：牛奶 500 克。

调料：糖 300 克。

2. 制作步骤

(1)将配料放入盆中和成较软的面团。

(2)搓长条下剂，每个 80 克，手上抹油，搓成球形，粘上芝麻，再将芝麻搓紧，压成 1 厘米左右厚的圆饼。

(3)烤盘抹油，将圆饼放入烤箱，温度 220 ℃烤 25 分钟即可。

3. 营养价值分析及食用建议

紫薯肉呈紫色至深紫色，它除了具有普通红薯的营养成分外，还富含硒元素和花青素。用紫薯制作的主食品种，营养丰富，食用价值高。

紫薯糯米饼特别适合早餐食用，营养丰富，饱腹作用强，建议食用时配以热的玉米粥、小米粥等粥类食物。

麻酱烧饼

1. 原料

主料:面粉 5000 克。

辅料:花生酱 2000 克。

调料:盐 80 克、鲜酵母 40 克。

2. 制作步骤

(1)面粉、酵母、温水和成面团,饧发待用。

(2)将面团擀成 2 厘米厚的面坯,把盐均匀撒在面上,然后将花生酱抹在面片上,前后对折、左右对折擀开,卷成长条状,下剂 140 克,拿起面剂双手反方向拧成螺旋状,沾上芝麻,擀成圆形饼坯,整齐的放入烤盘内。

(3)烤:进烤箱,上火 300 ℃、下火 280 ℃,烤约 10 分钟呈金黄色即成。烙:饼铛刷油,置上中火,烙至两面微黄色即成。

3. 营养价值分析及食用建议

发酵的主食最好选择早上食用,因为面团发酵以后,其中的营养物质更有利于人体的消化与吸收,这是因为人体经过一夜的睡眠后,清晨起床身体还未被"激活"。如果吃油炸的食物或重油厚味的食物,不易被胃肠消化吸收而类似麻酱烧饼这样的咸味品种就更加适合早餐食用。

需要减肥的人士应该常吃发酵的面食,因为发酵的面食一般热量较低,发酵过程中要消耗糖类的能量,是减肥人士的首选食品。其次,酵母有助消化的作用,这也就是人体可能感觉主食吃馒头、发糕、麻酱烧饼会饿得快的主要原因了。

葱油饼

1. 原料

主料:面粉 5000 克。

辅料:葱花 750 克、芝麻 100 克。

调料:五香盐 80 克、干酵母 15 克、泡打粉 75 克、熟油 750 克。

2. 制作步骤

(1)面粉、酵母、泡打粉、温水和成面团,饧发待用。

(2)取饧好的面团 2000 克,在操作台上撒少许面粉,将面团擀成长条,刷上油,从一侧叠数次成正方形,收口,擀开成直径 50 厘米的面饼。

(3)电饼铛升温至 220 ℃,撒些油,将面饼放入饼铛内,饼表面刷薄薄一层水,撒上芝麻(也可直接刷蛋液),烙约 8 分钟,两面烙成金黄色即成。

3. 营养价值分析及食用建议

葱油饼口味香咸,主要原料为面粉和葱花,主要营养成分有蛋白质、糖类、B 族维生素及钙、磷等矿物质成分,除了具有提供能量的作用以外,还可以满足人体对微量营养素的需要,起到调节人体生理功能的作用。

此款面食在制作过程中添加了食用油脂,口味香咸,所含热量有所增加,饱腹作用强,特别适合午餐及学生军训期间食用,减肥人士慎食。

韭菜酥饼

1. 原料

主料：面粉 5000 克、净韭菜 3500 克、鸡蛋 1000 克。

辅料：水发粉丝 650 克、油酥 200 克、酵母 40 克。

调料：食盐 50 克、味精 50 克、花生油 250 克。

2. 制作步骤

(1)面粉、酵母、温水和成面团，饧发待用。

(2)韭菜洗净，控去水分，切成 0.5 厘米的段；鸡蛋炒熟、打碎；水发粉丝剁成 1 厘米左右的段。

(3)将切好的韭菜、鸡蛋、粉丝放入盆内，加食盐、味精、花生油调成韭菜馅备用。

(4)将面团置压面机上反复压制成两面光滑、厚约 1 厘米的面片，将面片上均匀地抹上油酥，沿面片长边卷起，下重 65 克的剂子；将剂子揉匀，用擀面杖擀开，包上韭菜馅(65 克)，再用擀面杖擀开成直径约 10 厘米的圆饼，即成韭菜饼生坯。

(5)电饼铛温度调至 200 ℃，将韭菜饼均匀的摆放在电饼铛上，两面烙，烙熟即可。

3. 营养价值分析及食用建议

韭菜含有较多的营养物质，尤其是纤维素、胡萝卜素、维生素 C 等含量都较高。韭菜中还具有挥发性的硫代丙烯，具香辛味，可增进食欲。由于韭菜内含纤维素多能促进肠道蠕动。韭菜和鸡蛋的搭配，其中的营养也可以相互取长补短。

韭菜中含有的纤维素比较粗，容易刺激胃，造成"胃灼热"。而鸡蛋中的蛋白膜可将韭菜表面包裹起来，减少韭菜对胃黏膜的刺激。从口味上来说，鸡蛋味淡，且有腥气，和韭菜一起制馅，中和了韭菜的刺激味道的同时，还能给鸡蛋提鲜。建议胃肠功能欠佳的人士应注意适量食用。

蔬菜饼

1. 原料

主料:面粉 5000 克、时令蔬菜 5000 克。

辅料:泡好的粉条(粉丝)1000 克、炒鸡蛋 500 克、葱末 200 克、姜末 80 克。

调料:盐 80 克、味精 50 克、葱姜油 500 克、酵母 40 克。

2. 制作步骤

(1)面粉、酵母、温水和成面团,饧发待用。

(2)蔬菜洗净、切馅、挤出水分,粉条(粉丝)切碎,菜馅、鸡蛋、粉条拌匀,加入油、盐、味精拌匀。

(3)将发酵好的面团搓成长条状,下剂 80 克,包馅 70 克,擀成圆形的饼坯。

(4)电饼铛升温至 220 ℃,淋油,烙约 8 分钟,待两面烙成金黄色即成。

3. 营养价值分析及食用建议

各类新鲜蔬菜中含有大量水分,通常为 70%～90%,此外便是数量很少的蛋白质、脂肪、糖类、维生素、无机盐及纤维素。判断蔬菜营养价值的高低,主要是看其所含维生素 B、C、胡萝卜素量的多少。颜色越深的蔬菜,所含 B 族维生素、维生素 C 与胡萝卜素越多,主要有菠菜、油菜、卷心菜、香菜、小白菜、空心菜、雪里蕻等。这类蔬菜富含维生素 B_1、B_2、维生素 C、胡萝卜素及多种无机盐等,其营养价值较高。

采用发酵面团制作的蔬菜饼,营养丰富,食用价值高,是一日三餐主食的良好选择。

黑米馒头

1. 原料

主料:面粉 5000 克、黑米面 2500 克。

调料:酵母 50 克。

2. 制作步骤

(1)将黑米面、面粉拌匀,加酵母、温水和匀。

(2)将面团反复压匀,下剂 100 克,揉成馒头状生坯,整齐放入盒内。

(3)将饧好的黑米馒头入蒸箱蒸制约 30 分钟即成。

3. 营养价值分析及食用建议

黑米的营养价值高于普通大米,其蛋白质含量高,各种维生素及铁的含量丰富。

此款主食采用发酵面团搭配黑米面制作,营养丰富,易于人体消化与吸收,是一日三餐主食的良好选择。

三合面馒头

1. 原料

主料:面粉 5000 克、脱皮玉米面 3000 克。

辅料:豆面 1000 克、小米面 1000 克。

调料:酵母 80 克。

2. 制作步骤

(1)将豆面、小米面、脱皮玉米面、面粉拌匀,加酵母、温水和匀。

(2)将面团用压面机反复压匀,搓成长条,切成 100 克/个的面剂,整齐摆入馒头盒内。

(3)将饧好的生坯,上蒸炉蒸制约 30 分钟即成。

3. 营养价值分析及食用建议

此款主食采用营养丰富的三种原料搭配、发酵制作而成,充分发挥了食物蛋白质的互补作用,提高了食物蛋白质的营养价值,比单纯食用一种原料制作的主食营养价值高。混合后的三合面馒头的膳食纤维、叶黄素、B 族维生素等营养素含量有所增加。

此款主食由于添加了豆面,粗粮中的不溶性膳食纤维在一定程度上会阻碍肠道内部分矿物质的吸收,特别是钙、铁、锌等元素,由于饱腹作用较强,特别适合午餐食用。

南瓜馒头

1. 原料

主料:面粉 5000 克。

辅料:黄南瓜 3000 克。

调料:鲜酵母 40 克。

2. 制作步骤

(1)将南瓜去皮、去瓤,蒸熟、凉透备用。

(2)南瓜泥加入面粉、酵母、温水和匀成南瓜面团,略饧。

(3)将南瓜面团搓条下剂,揉成馒头,摆入笼内,略饧。

(4)将饧好的馒头上蒸炉蒸制 30 分钟即可。

3. 营养价值分析及食用建议

南瓜中含有丰富的 B 族维生素、胡萝卜素及果胶成分。

南瓜馒头采用发酵面团培养蒸制后的南瓜制作而成,营养丰富,易于人体的消化与吸收,是一日三餐主食的良好食物选择。

黑米发糕

1. 原料

主料：面粉 5000 克。

辅料：黑米面 2000 克。

调料：鲜酵母 70 克。

2. 制作步骤

(1)将黑米面、面粉加入酵母、温水和匀，饧发待用。

(2)将面团用压面机反复压匀，平均分成 2 份，放入不锈钢盒子里，将面片压成 1.5cm 厚，放入蒸箱内饧发。

(3)将饧好的发糕，蒸约 30 分钟。

(4)用锯齿刀在熟食板上将发糕切成任意形状。

3. 营养价值分析及食用建议

黑米所含的锰、锌、铜等矿物质元素都高于大米，维生素 C、胡萝卜素和花青素等营养素也很丰富，用黑米制作的食物软糯适口、营养丰富。

黑米发糕采用发酵面团配以营养丰富的黑米面制作而成，易于人体消化与吸收。

椒盐花卷

1. 原料

主料：面粉 5000 克。

调料：花椒盐 35 克、花生油 35 克、酵母 40 克。

2. 制作步骤

(1)面粉、酵母、温水和成面团，饧发待用。

(2)将面团置于压面机上，反复压制成两面光滑、厚度 0.5 厘米的薄片。

(3)将面片用刀齐边，使其成为规则的长方形面坯；用油刷在面坯表面均匀地刷上花生油，然后再均匀地撒上花椒盐。顺面坯长边卷起呈长筒状，顶刀切成重 50 克的剂子，然后两片相叠、拧在一起，成花卷生坯。

(4)将生坯均匀地摆在笼屉内，饧 15～20 分钟后，上笼蒸 20 分钟即成。

3. 营养价值分析及食用建议

椒盐花卷的主要营养成分有蛋白质、脂肪、糖类等，易于人体消化与吸收，而发酵后的花卷则比面条、大饼这些没发酵的食品营养更为丰富。

此款面食采用发酵面团制作而成，是一日三餐主食品种的良好选择，原因就在于所使用的酵母，因为酵母不仅改变了面团结构，让其变得更松软好吃，还大大地增加了其营养价值。

红枣卷

1. 原料

主料:面粉 5000 克。

辅料:红枣 750 克。

调料:酵母 40 克。

2. 制作步骤

(1)面粉、酵母、温水和成面团,饧发待用。

(2)将面团置压面机上,反复压至成两面光滑、厚约 2 厘米的面片。

(3)下重 100 克的剂子,揉成馒头状,用擀面杖擀成厚 0.5 厘米、宽 8 厘米的薄片,在面片的两端和中间,各平行放置两枚红枣,从两端向中间卷起,即成红枣卷生坯。

(4)将红枣卷生坯均匀的摆放在笼屉上,饧 20 分钟,上笼屉蒸 20 分钟即成。

3. 营养价值分析及食用建议

红枣卷含有维生素 C、蛋白质、钙、铁都很丰富。

经常食用红枣类发酵食品,对于人体健康十分有益。

豆腐卷

1. 原料

主料:面粉 5000 克。

辅料:鲜豆腐 1300 克、葱末 210 克。

调料:食盐 30 克、味精 10 克、花生油 70 克、酵母 40 克。

2. 制作步骤

(1)面粉、酵母、温水和成面团,饧发待用。

(2)将鲜豆腐打碎,加入盐、味精、葱末、花生油调成豆腐馅备用。

(3)将面团置于压面机上,反复压制成两面光滑、厚约 0.5 厘米的薄片,将薄片擀平,用刀齐边,成规则的长方形面片;将豆腐馅均匀地平摊在面片上,顺长边向对边卷起后,用刀切成重 125 克的剂子,即成豆腐卷生坯。

(4)将豆腐卷生坯均匀地摆经常放在笼屉上,饧 15～20 分钟,上笼蒸 20 分钟即成。

3. 营养价值分析及食用建议

豆腐营养丰富,含有人体所需的优质蛋白和铁、钙、磷、镁等人体必需的多种微量元素,素有"植物肉"之美称。

此款主食采用发酵面团加上豆腐蒸制而成,是人体消化吸收率较高的健康美食,是一日三餐主食的绝佳选择。

麻酱花卷

1. 原料

主料：面粉 5000 克。

调料：麻酱 190 克、盐 35 克、花生油 35 克、酵母 40 克。

2. 制作步骤

(1)面粉、酵母、温水和成面团，饧发待用。

(2)将面团置压面机上反复压制成两面光滑、厚约 0.5 厘米的薄片。

(3)将薄片擀平，用刀齐边，成长方形面片。面片上刷油，均匀地抹上麻酱、撒上盐，顺长边向对边卷起，呈圆筒状长条，用刀切成重 50 克的剂子，然后两片相叠，拧在一起，即成麻酱花卷生坯。

(4)将麻酱花卷生坯均匀地摆在笼屉上，饧 15～20 分钟，上笼蒸 20 分钟即成。

3. 营养价值分析及食用建议

每 100 克芝麻酱含钙 1170 毫克，含铁 9.8 毫克，蛋白质含量也很丰富，每 100 克芝麻酱中含蛋白质 21 克，高于鸡蛋和瘦牛肉，经常吃芝麻酱，也有利于补充蛋白质。芝麻酱还富含钾、镁、锌等矿物质，维生素 E、卵磷脂等营养物质。

芝麻酱虽然含钙高，但热量也较高，无论对于普通人群还是儿童，需要适量食用，对于超重或肥胖的人来说要尽量少食，但对于消瘦需要增加能量摄入的人可以适量多食用点芝麻酱。

喜　饼

1. 原料

主料：面粉 5000 克。

辅料：鸡蛋 1700 克。

辅料：白糖 1500 克、花生油 850 克、鲜酵母 200 克。

2. 制作步骤

(1)将鸡蛋磕入盆内，加入白糖、花生油、鲜酵母搅匀，再加入面粉，调和成面团。

(2)将面团置于压面机上，反复压制两面光滑后取下置面板上，切面、搓条，下重约 100 克的剂子。先揉成馒头状，再用擀面杖擀成厚约 1 厘米的圆饼，饧半小时即成喜饼生坯。

(3)电饼铛调温至 180 ℃，将饧发好的喜饼生坯均匀地摆放在电饼铛上，两面烙至金黄色、成熟即可。

3. 营养价值分析及食用建议

喜饼制作过程中加入的鸡蛋含有人体所需的优质蛋白，可以与面粉中的蛋白质起到互补作用，提高了食物的营养价值，另外发酵面团制作的食物营养丰富，易于人体对各种营养物质的吸收利用。

喜饼采用发酵面团制作而成，虽然易于人体消化与吸收，但食用这种加了糖和油脂而且用精白面粉制作的面食，建议要搭配粗粮和蔬菜食用。比如，配一碗粗杂粮粥，一份绿叶蔬菜，以平衡一下甜面食的高热量，做到健康地吃甜点。

锅贴

1. 原料

主料：面粉 5000 克、五花肉馅 2500 克。

辅料：水发木耳 100 克、水发海米 200 克、时蔬馅 2500 克，姜末 50 克、葱末 50 克。

调料：精盐 70 克、酱油 80 克、味精 50 克、葱姜油 200 克、骨头汤 1000 克。

2. 制作步骤

(1)肉馅加骨头汤、酱油拌成黏糊状，加入盐、味精、葱姜末调匀，再加入菜馅、木耳、海米拌匀成馅。

(2)将 2000 克面粉和成开水面团，将 3000 克面粉和成冷水面团，然后将其揉在一起略饧。

(3)面团搓匀，下剂 20 克擀皮，上馅 20 克，捏成中间紧合，两头见馅的长条形生坯。

(4)电饼铛升温至 220 ℃，淋油，快速放入锅贴，温度调到最高，水里加少许面粉倒入饼铛内，盖上盖，待水将干时，再淋些油，煎成金黄色出锅。

3. 营养价值分析及食用建议

锅贴馅心中选择的五花肉含有较高的蛋白质、脂肪、铁及维生素等营养物质，但五花肉脂肪较多。

此款主食采用非发酵面团制作而成，以脂肪含量较高的五花肉为制馅原料库，故能量较高、饱腹作用较强，适合作为午餐主食食用。减肥人士及“三高”人群慎重食用。

炸麻团

1. 原料

主料：糯米粉 3500 克、面粉 1500 克。

辅料：豆沙 5000 克、白芝麻 350 克。

调料：绵糖 900 克、食用油 5000 克、小苏打 20 克。

2. 制作步骤

(1)将糯米粉、面粉、绵糖、小苏打拌匀，加冷水和匀略饧。

(2)下剂 50 克、按扁，包入 40 克豆沙馅，收好口，放入芝麻内，粘匀。

(3)油炸锅升温至 170℃，下入麻团生坯，不停搅动，以防粘连，炸至金黄色即成。

3. 营养价值分析及食用建议

红豆沙有较多的皂角苷和膳食纤维，还富含叶酸。

此款甜点属于炸制食品，味美香甜，所含热量较高，早餐食用时建议搭配适量的新鲜时蔬及米粥食用。

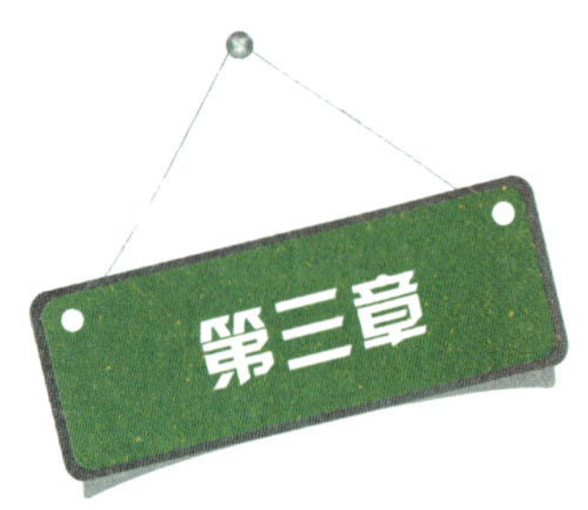

副　食

副食是指除了米、面等主食以外，以蔬菜、水产、肉类等动植物烹调而成的食物。

一、副食原料

副食原料分为六类：动物类及其制品、植物类及其制品、蛋及蛋制品、豆类及豆制品、干货类、调味品。

（一）动物类及其制品

1. 畜类及其制品

畜类原料是指我们在烹饪中经常使用的肉类原料及其制品。这类原料的食品含有人类生活必需的营养物质，特别是动物性蛋白质，对人体的发育生长有着重要的意义。可分为家畜肉类和肉类制品。

(1)家畜肉类：家畜肉类主要有猪、牛、羊三种，其肉类和内脏适用于鲜用或加工。

猪肉是我国肉类食品最主要的一种。其肉质优良，因其脂肪较多，烹饪后肉的滋味优于其他肉类。

牛肉是我国仅次于猪肉的消费肉类食品之一。牛肉蛋白质含量高，而脂肪含量低，所以味道鲜美，受人喜爱，享有“肉中骄子”的美称。

羊肉在我国消费量逐年增多，适宜于冬季食用，故被称为“冬令补品”，深受人们欢迎。

家畜肉类按品质可分为：①特级：里脊肉。②一级：通脊和后腿。③二级：前腿、五花。④三级：血脖、腹肉、前肘等。

不同肉质，烹调时有不同吃法，不同位置的肉口感也不同。炒着吃用通脊和后腿肉；炖着吃用前腿和五花肉；做饺子、包子的馅要用血脖、腹肉、前肘。牛的里脊、外脊和臀肉肉质嫩滑，适合作牛排。羊肉适合涮和煲汤。

家畜肉的质量鉴定：家畜肉主要采用感官指标检验，从外观、硬度、气味、脂肪几个方面来确定肉的新鲜度。①外观：新鲜肉表面微干或微湿，不粘手，肌肉有光泽，红色均匀，肉质透明。②硬度：新鲜肉切面肉质紧密，富有弹性，指压后凹陷立即恢复。③气味：新鲜肉具有该种家畜肉特有气味，刚宰杀具有典型的内脏气味，冷却后变为稍带血腥味，不浓烈。④脂肪：新鲜家畜肉脂肪分布均匀，色呈全白，有时呈淡玫瑰色，没有酸败味和异味，柔软而富有弹性。新鲜牛羊肉脂肪呈白色或淡黄色，组织坚密，用手能捻碎，其肉汤透明澄清，脂肪团聚表面，具有香味。

(2)肉类制品

我国的肉类制品很多，按其加工方法可分为腌肉制品、肉肠制品、脱水肉制品三类。

①腌肉制品：腌肉主要是利用食盐渗入鲜肉组织中，使肉局部脱水而起到防腐作用。

腌肉按其种类可分为咸肉和腊肉；按其腌制方法可分为干腌法和湿腌法。

干腌法是用粗盐来腌制肉类。有方法简单、耐储存性强、蛋白质损失少的优点，也有咸度不均、色泽不好、肉质较硬的缺点。如浙江的金华火腿，曾获得1915年巴拿马国际商品博览会金奖。

湿腌法是将盐和辅料配制成盐溶液，将肉放在溶液中浸渍。有咸度均匀，色泽鲜艳，肉质柔软的优点，也有蛋白质损失多、耐储存性差的缺点。如广东的腊肉。

②肉肠制品：肉肠制品以生熟来分可以分成生制肉肠和熟制肉肠两大类。生制肉肠水分含量少，经长时间挂晾后具有浓郁风味，能长时间贮藏；熟制肉肠水分含量多，不宜久藏。比如香肠制作，将肉切块加配制调料调拌均匀后腌制3～4小时，灌入肠衣后，每隔15厘米扎结。在通风干燥良好的屋内晾挂，使肉馅逐渐干缩，20天后出香味即成为生制香肠。再将其蒸熟或煮熟即成为熟制香肠。

③脱水肉制品：脱水肉制品主要是指肉松和肉干，是我国著名的特色肉制品之一。它是将各种肉料(瘦肉)先经煮熟再进行焙、煎脱水而成的。它耐贮藏、体积小，旅游、探险时携带最为适宜。

家畜肉制品的质量鉴定：a. 香肠：新鲜质好的香肠表面干燥无黏液，肠衣和肉馅紧联在一起，表面坚实有弹性，切面结实，色泽均匀。脂肪呈红色，无灰及绿色斑点，精肉色红，具有芳香味。b. 肉松：新鲜肉松质地疏松柔软，有弹性，色泽鲜艳，呈金黄色或淡黄色且有光泽。肉质鲜嫩，香味浓厚、纯正，无异味异臭，无肉筋和碎骨，食后口中无渣。c. 火腿：品质较好的火腿，外观呈黄褐色或红棕色，用指压肉感到坚实，表面干燥，气味清香无异味。

(3)家畜的内脏：家畜的内脏主要是指猪、牛、羊的心、肝、胃(肚)、肾(腰子)、肠等。它们均可制作出美味佳肴，如山东名菜爆炒腰花、九转大肠等。

家畜内脏的质量鉴定：①肝：新鲜肝呈红褐色或红紫色，有光泽，湿润，略有弹性，组织结实紧密，微有血腥味。②肾(腰子)：新鲜肾色呈暗淡或紫红色，表面有一层薄膜，有光泽，组织坚实且有弹性。③心脏：新鲜的心用手挤压有鲜红的血块排出，组织坚实富有弹性，气味正常。④肠：新鲜的肠色泽发白，黏液较多，拉起来伸展性和弹性较好。⑤胃(肚)：新鲜的肚极有弹性和韧性，有光泽，色浅黄，黏液多，质地坚实。

2. 禽类及其制品

家禽肉类中含有人体所需的动物性蛋白质、脂肪、维生素、矿物质等各种营养物质，是一种重要的副食品原料。常用的有鸡和鸭。

鸡按其用途分为蛋用型、肉用型和肉蛋兼用型三类。鸡肉是烹饪中常用的禽类原料，它适用于多种烹调方法，且是制汤的重要原料，著名的肉制品有德州扒鸡等。

鸭按其用途分为蛋用型、肉用型和肉蛋兼用型三类。鸭肉也适用于多种烹调方法，其著名的肉制品北京烤鸭享誉海内外。

此外鹅、鸽子、鹌鹑等也是适用于烹调的上好原料。

家禽的质量鉴定：厨房的常用家禽以活杀和冷冻品为主，其品质检验均使用感官鉴定法。①眼球：新鲜的家禽眼球饱满，充满整个眼眶，无塌陷，皮肤有光泽。②色泽：因品种不同，呈现的颜色也不同，有淡黄、淡红、灰白、灰褐等。③外表：微干或微湿，不粘手，弹性好，指压后凹陷立即恢复。

3. 水产类及其制品

水产品是指海水产品和淡水产品及其加工产品的统称。

(1)海水产品

海水产品营养价值丰富，能满足人体各种维生素和钙、锌、硒、碘及多种微量元素的需求。我国的海水产品资源丰富，常见的有黄花鱼、带鱼、鲅鱼、鲳鱼、鱿鱼、鲈鱼、比目鱼、螃蟹、扇贝、对虾、海螺等，高档原料如海参、鲍鱼、鱼翅等。

(2)淡水产品

淡水产品是指生活在内陆江、河、湖、泊、池塘中所产的水产品。我国的淡水产品资源丰富，品种繁多，常见的有鲤鱼、鲫鱼、鲢鱼、草鱼、银鱼、刀鱼、鳝鱼等。

水产品的质量鉴定：水产品的品质检验主要是通过感官检验的方法来了解其新鲜程度。①鱼鳃：完全新鲜的鱼，鱼鳃的色泽鲜红或粉红，鳃盖紧闭，黏液较少呈透明状，没有臭味。②鱼眼：鲜鱼的眼澄清而透明，形状完整，向外稍稍凸出，周围没有充血而发红的现象。③鱼体：新鲜鱼的表皮上黏液较少，体表清洁。鱼鳞紧密完整而具有光亮。鱼皮未变更其原有的弹性，用手压入的凹陷随即平复。肛门周围呈一圆坑形，硬实发白，肚腹不膨胀。

(3)水产类制品

水产类制品是指以新鲜的水产品为原料加工制成的产品。主要加工方法有腌制法、干制法、熏制法等。常见的产品有咸鱼、干鱼、熏鱼、鱼肉松等。

(三)植物性原料及其制品

植物性原料是指供人们食用的蔬菜或果品的统称，它们含有人体所需的重要营养成分。

1. 蔬菜类及其制品

蔬菜是供人们食用的重要原料之一。我国的蔬菜品种多，按构造和可食用部位可分为叶菜类、茎菜类、根菜类、果菜类、花菜类和食用菌类。

叶菜类有小白菜、大白菜、油菜、芹菜、茴香、菠菜、韭菜等。

茎菜类，地上的可食部分有莴苣、苤蓝、竹笋、茭白等；地下的可食部分有藕、姜、土豆、芋头等。

根类菜有萝卜、胡萝卜、山药等。

果菜类有西红柿、辣椒、茄子、黄瓜、冬瓜、南瓜等。

花菜类有黄花菜、韭菜花、金针菜等。

食用菌类有木耳、银耳、蘑菇等。

蔬菜的品质检验：蔬菜的品质检验，主要是从含水量、形态、色泽来鉴别新鲜程度。①含水量：蔬菜的共同特点就是都含有较多的水分。新鲜的蔬菜应保持原有的水分，表面润泽光亮。刀切断面有丰富的汁水流出。②形态：形态可以体现蔬菜的新鲜程度。形状饱满、光滑、没有伤痕的即为新鲜。③色泽：颜色鲜艳且有光泽的即是新鲜的蔬菜。

蔬菜制品是指以蔬菜为原料，采用油炸、干燥、腌制等加工工艺加工而成的制品。主要分为蔬菜干制品、酱腌菜制品、食用菌制品等。

2. 鲜果类及其制品

鲜果类是指可食用的植物果实部分，也就是新鲜的水果。常用于烹调的有苹果、梨、葡萄、桃、柑橘、红果、香蕉、菠萝、西瓜、杏等。

鲜果的品质检验：①果形：果品形状是品质的重要特征。每种果品都有其典型形状，凡是各类品种的典型形状的，说明其生长情况正常，质量就好。②色泽和大小：新鲜水果具有鲜艳的色泽，色泽改变时，新鲜度就降低。③成熟度：成熟度是果品的重要品质指标，成熟度好的果品，使用价值高且耐贮藏。④损伤：各种损伤都会破坏果品的完整性，容易引起感染，从而降低果品质量。

水果制品是指以水果为主要原料，采用各种加工工艺加工而成的制品。主要分为果品干制类（葡萄干、柿饼）、糖制果品类（蜜饯、果脯）、果汁类（浓缩果汁、果汁粉）、果品罐头类（果酱、果冻）、果酒类（葡萄酒、白兰地）、果醋类（苹果醋、柿子醋）等。

（四）蛋及蛋制品

蛋是人们必备的烹饪原料，是早餐营养的必需品。常用的有鸡蛋、鸭蛋、鹅蛋、鹌鹑蛋等。蛋由蛋壳、蛋白、蛋黄三部分构成。其构成比例约为蛋壳11%，蛋白58%，蛋黄31%。其中蛋白是烹饪中的重要原料之一。

鲜蛋表面比较粗糙，上面附有一层雾状粉末，没有裂纹，色泽鲜明清洁。摇动时无声音。在日光等天然光线和灯光照射下，可见内里红白相映，蛋黄居中，呈球形。

蛋制品是指鲜蛋经过去壳或不去壳使用食盐、干燥、冰冻等加工方法制作而成的食品。按其加工方法的不同可分为再制蛋、干蛋、冰蛋三类。生活中常见的有松花蛋、咸鸭蛋、卤蛋、蛋白粉等。

（五）豆类及豆制品

豆类的品种很多，常用于烹饪原料的有绿豆、红豆、赤豆、扁豆、豌豆、蚕豆、大豆等。

大豆及其制品是重要的烹饪原料，它富含蛋白质、脂肪，其制成的副食品品种繁多，如豆浆、豆腐、豆腐皮、豆腐干等。

（六）干货类

干货类原料是指经过日晒、烘干等干制方法脱水而成的烹饪原料，便于贮藏和运输。可分为动物性干货类和植物性干货类。

动物性干货类原料主要有海参、鱼翅、鲍鱼、燕窝、鱼肚、鱿鱼、干贝、海米、熊掌、驼峰、鹿筋与蹄筋、哈士蟆等。

植物性干货类原料主要有紫菜、海带、木耳、银耳、香菇、猴头、竹笋、玉兰片、口蘑、黄花菜、莲子、白果、百合、花生、芝麻、核桃、红枣等。

干货类的品质检验：衡量干货质量的基本要求主要有以下几个方面：

(1)干爽、不腐烂：这是衡量干货原料质量的最主要标准。干货原料如果保管不善会吸收空气中的水分而回潮甚至变质。干货越干爽，质量就越好。

(2)整齐、均匀、完整：这也是衡量干货原料的一个重要标准。干货越整齐，越均匀、越完整，其质量就越好。

(3)无虫蛀、无杂质、保持色泽：干货保管中，如果发生虫蛀或混入杂物，质量就会下降。一旦色泽改变，说明其品质发生了变化。

(七)调味品

调味品是指能增进菜品质量，满足消费者的感官，增加菜肴的色、香、味，有益于人体健康的辅助食品。通常情况下调味品可以分为六类：酿造类调味品、腌菜类调味品、鲜菜类调味品、干货类调味品、水产类调味品、其他类调味品。

1. 酿造类调味品

以粮食为主要原料，经过发酵等过程而产生的调味品。主要有酱油、食醋、酱、豆豉、豆腐乳等。

2. 腌菜类调味品

将蔬菜放盐腌制，经过一系列物理和化学反应使其具有特殊风味的调味品。主要有榨菜、梅干菜、腌雪里蕻、泡姜、泡辣椒等。

3. 鲜菜类调味品

主要是指新鲜的植物，如葱、蒜、姜、辣椒、芫荽、辣根、香椿等。

4. 干货类调味品

一般是由新鲜植物的某一部分干制而成的，具有特殊辛香或辛辣的调味品。主要有八角、胡椒、茴香、花椒、干辣椒、芥末、姜片、桂皮、姜粉、草果等。

5. 水产类调味品

将水产中的部分动植物经过干制或加工而成的调味品。主要有鱼露、蚝油、虾米、虾皮、虾籽、虾酱、虾油、海鲜酱等。

6. 其他类调味品

不属于上面五类的调味品。如食盐、味精、糖、黄酒、咖喱粉、五香粉、芝麻油、芝麻酱、花生酱、沙茶酱、番茄酱、果酱、辣酱、辣椒油、香糟等。

三、副食制作技术

副食制作包含了初加工、冷菜制作和热菜制作等方面的基本知识和基本技能。其加工性强、艺术性高，与食品学、解剖学、营养卫生学、烹饪化学、烹饪美学都有一定的联系。

(一)原料的初加工技术

1. 植物性原料

按照“一择、二洗、三切配”的原则使其达到烹调和食用的食品安全要求。

2. 动物性原料

按照宰杀、脱毛(去鳞)、开膛、取内脏、改刀等步骤使其达到烹调和食用的食品安全要求。

3. 干货涨发

干货涨发是指运用水发、油发、碱发等方法使干货原料符合烹饪和食用要求。

干货涨发的目的:①重新吸收水分,使其恢复原有的鲜嫩松软状态;②除去异味和杂质;③便于切配和烹调。

干货涨发的原则:①熟悉原料的产地和性质;②能够鉴别原料的老嫩和好坏;③认真对待涨发的每一个环节。

4. 刀工

(1)刀工的概念:刀工是将烹饪原料根据烹调和食用要求,运用不同刀法加工成一定形状的操作过程。

(2)刀工的作用:①增进美观;②便于烹调;③便于入味;④便于食用。

(3)刀工的方法:根据刀刃、菜墩与原料的接触角度分为直刀法(切、剁、砍)、平刀法、斜刀法、其他刀法(削、旋、剔、刮)等。

(4)原料的形状:原料经不同刀法加工后形成便于烹调和食用的各种形状。常见的有块、片、丝、条、段、丁、粒、末、茸、泥等。

5. 配菜

配菜又称"配料",是指将各种加工成型的原料搭配在一起,使其可以烹制出完整菜肴的过程。

配菜的原则:①色的配合;②量的配合;③质的配合;④形的配合;⑤营养成分的配合。

配菜的要求:①必须熟悉原料基本知识;②必须熟悉菜肴的名称及特点;③精通刀工并了解烹调工艺;④必须掌握菜肴的标准和成本;⑤主料和辅料需分开放置;⑥必须注意营养成分的搭配;⑦要有较高的审美水平;⑧具备创新的能力。

(二)冷菜制作技术

冷菜,俗称"凉菜"或"冷盘"。拼摆造型要求较高,因食用时菜肴温度较凉,故称之为"冷菜"。

1. 冷菜的制作方法主要有炝、拌、卤、酱等。

2. 冷菜的拼摆手法主要有排、堆、叠、围、摆、覆等。

3. 冷菜拼摆的要求:①注意颜色的搭配;②注意原料成型的搭配;③注意图样和形式的变化;④注意盛器的选择;⑤注意卫生要求;⑥注意原料之间味道搭配。

(三)食品雕刻技术

食品雕刻是指将某些烹饪原料雕刻成花、鸟等形象,用于美化、装饰菜肴的一种特殊技艺。可以分为整雕、零雕整装、浮雕、镂空雕等。常见刀法可分为切、削、直刻、旋、挤压等。

(四)烹调技术

烹调技术是用加热和调味的综合方法将烹饪原料制作成菜肴的一门技术。烹就是对烹饪原料加热使其成熟;调就是调味。烹和调是紧密结合在一起的过程,烹中有调,调中有烹。烹调在整个菜肴的制作过程中占有重要的地位，它包括火候、调味、挂糊上浆和勾芡、初步熟处理、烹调方法等内容。

1. 烹调的作用

(1)起到杀菌消毒的作用，去除异味。

(2)对食物中的养料分解，增进美味，便于人体吸收。

(3)确定口味，使食物变的芳香可口。

(4)丰富色彩，使食物的色彩鲜艳，形状美观。

2. 火候

所谓火候，就是根据烹调原料的性质、烹调方法等要求，对一定质量的烹饪原料，用一定的火力，进行一定时间的烹调加热过程。早在两千多年以前，我们的祖先就把火候看作是烹制菜肴的决定性因素，是使原料质变的主要条件。《吕氏春秋》中这样记载："五味三材，九沸九变，火为之纪，时疾时徐，灭腥、去臊、除膻，必以其胜，无失其理。"

根据火力的大小可以分为大火(爆、炒)、中火(烤、扒、煎、煮)、小火(炖、焖、煨)三种火力。

3. 调味

调味就是把烹饪原料与调味品适当配合，经过一系列反应，使菜肴增加美味、去其异味、形成不同风味的过程。

调味品就是用来调味的原料，可按其呈味成分分为基本味调味品和复合味调味品。

基本味：咸味(盐、酱油)、甜味(白糖、蜂蜜)、酸味(醋)、辣味(辣椒酱、胡椒粉)、苦味(陈皮)、鲜味(味精)、香味等(花椒、香油)。

复合味：酸咸味(番茄沙司、山楂酱)、甜咸味(甜面酱)、鲜咸味(豆豉、虾酱、鱼露)、辣咸味(辣鲜露、豆瓣辣酱)、香辣味(咖喱粉)、香咸味(椒盐)等。

调味的原则：①选择合适的时机；②按照规格调味，保持风味特色；③根据季节变化调剂口味颜色；④根据原料性质把握调味分寸。

4. 挂糊、上浆和勾芡

(1)挂糊、上浆

①挂糊、上浆的概念：挂糊、上浆是将刀工处理的原料表面挂上一层糊浆后，经过热处理，使菜肴达到滑嫩、酥脆或松软的一项技术。

②挂糊、上浆的原料：主要有蛋、淀粉、面粉、米粉、发粉、面包粉等。

③挂糊、上浆的种类：

名称	原料	适用范围	特点
蛋清糊浆	用于挂糊的原料：蛋清、淀粉、面粉；用于上浆的原料：蛋清、淀粉、盐	挂糊用于软炸；上浆用于滑溜、滑炒	挂糊能使菜肴质地软嫩，呈淡黄色；上浆能使菜肴柔滑软嫩，色泽洁白
全蛋糊	挂糊的原料：全蛋、淀粉；上浆的原料：蛋清、淀粉、盐	挂糊用于炸；上浆用于滑炒	挂糊能使菜肴外酥内嫩，色泽金黄；上浆能使菜肴滑嫩，色泽微黄

续表

名称	原料	适用范围	特点
蛋泡糊	蛋清、淀粉	松炸	菜肴外形饱满，质地松嫩，色泽微黄
水粉糊	淀粉、水	干炸、脆熘	干酥香脆、色泽金黄
酥糊	酵母（老面）、水、面粉、花生油	酥炸	松脆酥香，涨发饱满
拍粉拖蛋糊	干粉、全蛋糊	适用于含水较高或油脂较高的原料，用于炸、煎、锅贴等烹调方法	既嫩又香，色泽金黄
拖蛋糊滚面包粉（芝麻）	鸡蛋、面粉、盐、料酒、味精	炸	香脆可口

④挂糊、上浆的关键：第一，糊浆的厚度要根据原料的性质灵活掌握。第二，制作糊浆时应先慢后快，先轻后重，搅拌均匀。第三，糊浆必须把原料的表面全部包裹。

⑤挂糊、上浆的作用：第一，保持菜肴的水分和鲜味，并使之达到外部香脆或柔滑，内部鲜嫩。第二，保持原料的形态，使之光滑、饱满。第三，保持并增加菜肴的营养成分。

（2）勾芡

①勾芡的概念：勾芡是在菜肴接近成熟时，将调好的粉汁淋入锅内，以增加卤汁对原料的附着力。

②勾芡的原料：淀粉和水。

③勾芡的种类：可分为厚芡（包芡和糊芡）和薄芡（流芡和米汤芡）两种。

名称	状态	适用	特点
包芡	粉汁最稠	爆和炒	全部包裹在原料上，食用后盘中不见卤汁
糊芡	比包芡略稀	烩	汤菜融合，口味柔滑
流芡	粉汁较稀	熘	增加菜肴的滋味和光泽
汤芡	粉汁最稀	制汤	汤汁略浓，原料悬浮

④勾芡的关键：第一，恰当掌握勾芡时机，在菜肴即将成熟或刚刚成熟时勾芡。第二，勾芡后的汤汁要适量。第三，用单纯的粉汁勾芡，必须确定菜肴的颜色和口味后进行。第四，要控制原料表面的含油量，防止芡汁挂不住或很快脱落。

⑤勾芡的作用：第一，增加菜肴的口感和口味；第二，丰富了菜肴的色泽和形态；第三，保持菜肴的温度。

4. 初步熟处理

初步熟处理是指在正式烹调之前，把经过加工整理的烹调原料，通过不同的传热媒介加热，以达到不同的烹调要求。其方法主要有焯水、制汤、过油、走红等。

(1)焯水

①焯水的概念:焯水是以水为传热体,将初加工的原料放入开水锅中加热至半熟或刚刚熟的状态,以备进一步切配或烹调菜肴之用。可分为冷水焯和沸水焯。

②焯水的作用:第一,可以使蔬菜的颜色鲜艳,口味脆嫩;第二,可以去掉禽畜原料的血水及牛羊肉和内脏的腥膻气味;第三,可以使不同性质的原料烹调时间一致,缩短烹调时间。

③焯水的原则:第一,必须根据原料的不同性质,适当掌握焯水时间。第二,一般原料要与特殊气味的原料分开;第三,浅色原料要与深色原料分开。

(2)制汤

①制汤的概念:制汤是把含丰富蛋白质和脂肪的动物性原料放在水中长时间煮,使蛋白质和脂肪溶解于水成为鲜汤,以备烹调之用。

②制汤的种类:

汤类	特点	用途	制法
白汤(奶汤)	乳白色、味鲜	提鲜,增加菜肴的浓厚与香鲜	将鸡鸭的骨架、翅膀、猪脚、猪骨等放入锅中,加冷水用旺火煮沸后,撇去浮沫,然后在加入葱姜、料酒等,加锅盖继续用中火煮到汤稠、乳白为止
清汤	汤清澈、味鲜醇	调制高档菜肴	将老母鸡洗净放入锅中,加入冷水,用旺火煮沸,然后改为小火,长时间加热,使鸡体内的蛋白质和脂肪充分溶入汤中,直到汤汁清澈为止

③制汤的关键:第一,必须选用新鲜,无腥味的原料。第二,煮汤的原料必须冷水下锅,冷水必须一次加足。第三,注意调味料的投放顺序,盐必须最后加入。第四,掌握火力的大小与煮制时间。

(3)过油

①过油的概念:过油是以油为加热体,将加工成型的原料放入油锅中进行初步熟处理。可分为划油和走油。

②过油的作用:第一,可以使原料滑、嫩、脆、香。第二,可以使原料保持鲜艳的色泽。第三,可以丰富菜肴的风味。

③过油的关键:第一,必须掌握好油温。第二,挂糊、上浆的原料应分散下锅,不挂糊、上浆的原料应抖散下锅,小型原料下锅后,应用筷子划散。第三,需表面酥脆的原料过油后复炸。第四,需洁白的原料,必须用猪油或清油。

④油温可分为温油、热油、旺油三种。

名称	温度	特点	现象
温油(三四成热)	90～130 ℃	无青烟,无响声,油面平静	放入原料,周边出现少量气泡
热油(五六成热)	130～170 ℃	微有青烟,油从四周向中间翻动	放入原料,周边出现大量气泡

续表

名称	温度	特点	现象
旺油(七八成热)	170～230 ℃	有青烟,油面较平静,手勺搅动有响声	放入原料,周边出现大量气泡,并有轻爆声

(4)走红

①走红的概念:走红是将经过加工整理的原料放入有色调味汁中加热,使原料上色以增加菜肴色泽的一种技术。

②走红的方法:第一,以水为传热介体的走红,即把经过焯水或走油的原料放入锅中,加入酱油、麻油、黄酒、糖和水等,用小火加热至原料色泽红润。第二,以油为介质的走红,即在原料表面涂上有色调料或加热后可生成颜色的调料,如甜面酱、酱油、饴糖、糖水、蜂蜜、酒酿露等,经过煎或炸而上色。

③走红的作用:第一,可缩短正式的烹调时间。第二,可保持烹饪原料的形体完整。第三,丰富了菜肴的色泽。第四,增添了菜肴口味、口感。

5. 烹调方法

烹调方法是指将生料或初步熟处理的原料,通过加热和调味,使之成为不同风味菜肴的各种方法。常见的烹调方法有炒、氽、涮、熬、煮、炖、焖、熘、烩、烧、扒、炸、烹、煎、熏、贴、蒸、烤、拔丝、挂霜、蜜汁、盐焗等。现将几种常见的烹调方法介绍如下:

(1)爆:是将加工成型,经过初步熟处理的原料,急火、旺油、爆汁成菜的一种烹调方法。主要有酱爆、葱爆、油爆、汤爆等。

(2)炒:是将加工成丁、丝、条、片等小型原料投入油锅,急火加热,加调味品和少许汤汁,不断翻炒成菜的烹调方法。主要有生炒、熟炒、滑炒、软炒、煸炒、爆炒等。

(3)炸:是将原料经改刀调味后,挂糊或不挂糊,入多量油的锅中炸至成熟的一种烹调方法。主要有清炸、干炸、软炸、酥炸、板炸、松炸等。

(4)煮:是将原料放入大量的汤或清水中,先用急火烧沸,再用慢火煮至熟透的一种烹调方法。

(5)蒸:是将刀工处理的原料,以蒸汽为传导加热成菜肴的烹调方法。主要有清蒸、粉蒸、煎蒸、炸蒸、扣蒸、包蒸等。

(6)熘:是将加工成形的原料,调味或不调味,经炸、上浆、划油或蒸、煮等方法加热成熟,然后调制芡汁,浇淋于原料上,或将原料投入芡汁中搅拌的一种烹调方法。主要有炸熘、滑熘、软熘等。

(7)烩:是将多种小型原料掺在一起,用汤和调味品制成菜肴的一种烹调方法。

(8)烹:是将加工成形的原料,用炸、煎、划油和氽等加热方法加热成熟,再烹上清汁入味成菜的一种烹调方法。主要有炸烹、煎烹、滑烹等。

(9)煎:是将加工成扁平状的原料入味、挂糊或不挂糊后投入少量油的锅中,慢火加热成熟的一种烹调方法。

(10)烤:是将刀工处理的生料经过卤、腌等方法使之入味,再利用辐射热能把原料加工成熟的烹调方法。主要有暗炉烤、明炉烤等。

(11)炖:是将整只或形状较大的原料和调味品,放入锅中(既不炝锅也不勾芡),大火烧开,微火烹制成熟的一种烹调方法。主要有不隔水炖、隔水炖等。

(12)挂霜:是将锅中加底油放入白糖,小火加热至白糖完全融化,待糖熬制起白色的大泡变为小泡时,倒入原料,翻炒均匀,使糖挂在原料上的烹调方法。

(13)拔丝:是将锅中加底油放入白糖,小火加热至白糖完全融化。将糖熬制大泡变小泡,白色泡变为黄色泡时倒入经过油炸的食物原料翻炒均匀,并使之能拉出细丝的烹调方法。

(14)蜜汁:是将锅内放入水、糖或蜂蜜,烧开后用淀粉勾芡浇在蒸熟或炸熟的主料上的烹调方法。

四、副食原料的营养特点

(一)畜、禽类肉营养价值分析

肉类主要分为畜肉和禽肉两种。

1. 畜肉类的营养特点

畜肉类食物包括猪、牛、羊等牲畜的肌肉、内脏及制品等,它们的结构和成分与人体的肌肉接近,能提供给人体所必需的氨基酸、脂肪、矿物质和维生素等营养素。畜肉类食物的吸收率高、饱腹作用大、味美,可以烹调成各种各样的菜肴,其营养价值和食用价值都很高。

2. 禽类肉的营养特点

禽类肉原料包括家禽和野禽的肌肉、内脏及其制品,主要有鸡、鸭、鹅、鹌鹑等。禽类肉具有肉质细腻、营养丰富、易于消化、肉味鲜美等特点,所含的营养成分主要有蛋白质、矿物质和维生素等。与畜类肉接近,但仍存在差异。

(二)水产品营养价值分析

水产品不仅品种多、产量高、食用性强、味美、质鲜嫩,而且含有丰富的营养成分,易被人体消化、吸收,特别是各种鱼类,更是深受人们喜爱。

鱼类中蛋白质含量在15%～20%,蛋白质的氨基酸组成与人体组织蛋白质的组成相似,蛋白质利用率高。鱼类脂肪主要分布在皮下和肝脏周围,多为不饱和脂肪酸,熔点低,极易为人体消化吸收。另外,鱼类也是维生素和矿物质的良好食物来源,矿物质主要是钙、磷、铁、锌、钾和碘,海产鱼类的肝脏中还含有丰富的维生素 A 和维生素 D,所以医药行业常将其作为生产药用鱼肝油的来源。

(三)蛋类营养价值分析

以鸡蛋为代表的蛋类食品是我国膳食中一类很重要的食品,含有丰富的人体所需要的完全蛋白质、脂肪、卵磷脂以及矿物质和多种维生素,吸收率高,是人类理想的滋补食品。常见的蛋类有鸡、鸭、鹅蛋及鹌鹑蛋等。蛋类还可以加工成多种蛋制品,如松花蛋、咸鸭蛋、糟蛋等,但日常膳食中还是建议以吃新鲜的蛋类为好。

(四)乳类营养价值分析

乳类是一种营养丰富、食用价值较高的食品,牛奶是人类最普遍食用的乳类,其中含有83%的水和17%的总固形物，由脂肪、蛋白质、乳糖、矿物质、维生素等组成，是提供优质蛋白质、维生素A、核黄素和钙的良好食物来源。

（五）豆类营养价值分析

豆类的品种很多，按照其营养组成特点可分为两大类：一类是以含蛋白质、脂肪为主的大豆，主要包括黄豆、黑豆、青豆等；另一类则是以含蛋白质和糖类为主的杂豆类，主要包括绿豆、红小豆、豌豆、蚕豆、豇豆等。豆腐是我国居民膳食中最常食用的豆制品，大豆蛋白属于完全蛋白质，氨基酸组成符合人体需求，豆腐消化率高达92%～95%，是人类理想的优质蛋白的食物来源。

（六）蔬菜、水果类营养价值分析

蔬菜是人类膳食中的重要食物，在饮食行业的应用也比较广泛，有些菜肴用蔬菜作主料，有些菜肴用蔬菜作配料，还有些菜肴用蔬菜作为点缀。蔬菜中含有丰富的矿物质和维生素，是膳食中β-胡萝卜素、维生素C、铁、钙等营养素的主要来源。蔬菜中的许多成分具有很强的抗氧化能力，对保持健康有重要作用。一些色素、有机酸、芳香物质等还赋予蔬菜良好的感官性状，对增加食欲、促进人体的消化吸收有着重要的意义。

水果中含有人体需要的多种维生素，特别是含有丰富的维生素C，可增强人体抵抗力。水果中含有丰富的葡萄糖、果糖、蔗糖，能直接被人体吸收，产生热能。丰富的有机酸能刺激消化液分泌，有助于消化。水果中矿物质的含量和种类也十分丰富，常吃水果可以维持体内的酸碱平衡。水果和蔬菜一样含有很多膳食纤维，能起到促进肠蠕动的作用，有利于体内废物及毒素的排泄。

五、食堂经典副食菜谱

醋熘土豆丝

1. 原料

主料：土豆400克。

辅料：青辣椒20克、红辣椒10克、蒜末6克、葱末3克。

调料：花椒2克、盐6克、味精4克、干辣椒1.5克、白醋20克、食用油20克。

2. 制作步骤

（1）土豆去皮后切丝，泡冷水中备用。

（2）青、红辣椒，干辣椒切丝备用。

（3）将土豆丝倒入沸水中焯水后备用。

（4）锅中放油，倒入花椒。

（5）炸出香味后，用密漏捞出花椒。

（6）倒入干辣椒丝，葱蒜末爆香后，倒入土豆丝，加点水，不然会粘锅，倒入青红辣椒丝，再倒入白醋、盐和味精，翻炒均匀，装盘即可。

拔丝地瓜

1. 原料

主料:地瓜 500 克。

调料:白糖 150 克、食用油 500 克。

2. 制作步骤

(1)地瓜洗净去皮,切成滚刀块。

(2)锅内加食用油烧至五成热,下入地瓜块,中火炸至表面金黄盛出,再将油温加热至八成热,将地瓜块炸至焦黄待用。

(3)另起锅,加底油放入白糖,小火加热至白糖完全融化。将糖熬制大泡变小泡,白色泡变为黄色泡时倒入炸好的地瓜块翻炒均匀,使糖液均匀的包裹在地瓜块上,倒入抹过油的盘内即可。上桌的时候要上碗白水,蘸着吃,才不粘牙。

清炒绿豆芽

1. 原料

主料:绿豆芽 500 克。

辅料:青椒丝 25 克、葱 5 克、姜 5 克、蒜 5 克。

调料:精盐 10 克、味精 5 克、花椒油 1 克、食用油 20 克。

2. 制作步骤

(1)绿豆芽置于清水浸泡,洗净捞出,沥干水。

(2)锅置旺火加入食用油,葱、姜、蒜末煸出香味。倒入绿豆芽煸炒至七八成熟时,加入青椒丝、精盐、味精,翻炒均匀至成熟,淋上花椒油,出锅即成。

珊瑚白菜

1. 原料

主料:白菜 500 克。

辅料:葱 5 克、姜 5 克、蒜 5 克。

调料:泡椒 15 克、醋 10 克、老抽 8 克、白糖 10 克、水淀粉 10 克、盐 7 克、味精 2 克、花椒油 2 克、食用油 20 克。

2. 制作步骤

(1)将白菜洗净切成长条,泡红辣椒切成段。

(2)切好的白菜放入沸水锅中焯至断生,过凉待用。

(3)锅内放油,烧至五成热,加入葱、姜、蒜末煸炒出香味。放入泡红椒炒出红色,烹醋加入老抽,然后把白菜条倒入翻炒。加入盐、味精、白糖翻炒均匀,勾薄芡,淋上花椒油出锅即可。

辣炒卷心菜

1. 原料

主料：卷心菜 500 克。

辅料：红椒丝 10 克、葱花 10 克、姜末 5 克、蒜末 5 克。

调料：精盐 8 克、味精 2 克、香油 1 克、湿淀粉 1 克、食用油 25 克、干辣椒 1 克。

2. 制作步骤

(1)卷心菜洗净切成长约 6 厘米的丝。

(2)锅中放油加入干辣椒、葱、姜、蒜，煸炒出香味，放入卷心菜丝和红椒丝翻炒。炒至七成熟时，加入精盐，味精，继续翻炒至熟。用湿淀粉提流水芡，淋上香油即成。

椒油胡萝卜丝

1. 原料

主料：胡萝卜 500 克。

辅料：香菜梗 30 克、葱丝 3 克、姜丝 3 克。

调料：盐 10 克、味精 2 克、胡椒粉 0.5 克、香油 2 克、食用油 20 克、干辣椒 2 克。

2. 制作步骤

(1)将胡萝卜洗净去皮切成 6 厘米火柴梗粗细的丝，香菜梗切成 4 厘米的段。

(2)把胡萝卜丝用沸水焯一下，再用水冲凉。

(3)锅中放油，加入干辣椒用小火浸炸，待出椒香味时捞出干辣椒，放入葱、姜丝煸出香味，倒入胡萝卜丝，用旺火翻炒，加入盐、味精、胡椒粉、香菜梗翻炒至熟，淋上香油出锅即成。

地三鲜

1. 原料

主料：茄子 200 克、土豆 200 克、青辣椒 100 克。

辅料：葱 5 克、蒜 5 克、姜 5 克。

调料：食用油 250、酱油 10 克、白砂糖 5 克、精盐 10 克、淀粉 5 克、味精 3 克、料酒 2 克。

2. 制作步骤

(1)将土豆、茄子洗净去皮，切成象眼片，青辣椒洗净从中间片开、去籽、切象眼片。

(2)锅内加入食用油烧至五成热，先下入土豆炸至浮起成金黄色，捞出沥油。待油温升至七成热，下入茄子块炸透捞出，再将青辣椒下入略烫，捞出控油待用。

(3)炒锅内留底油 200 克烧至五成热，先加入葱、姜煸出香味，再加入酱油、精盐、白糖、料酒、汤烧开，然后加入土豆、茄子、青椒略烧，再加入蒜末、味精，用水淀粉勾芡，出锅即可。

蒜爆肉

1. 原料

主料：猪肉 250 克。

辅料：蒜仔 250 克，鸡蛋清 0.5 个。

调料：醋 20 克、酱油 10 克、盐 10 克、白糖 20 克、味精 3 克、麻油 0.5 克、食用油 250 克、湿淀粉 20 克。

2. 制作步骤

(1)将猪肉切成 4 厘米长、2.5 厘米宽的薄片。放入盆内，用水、淀粉、蛋清和少许盐搅匀上浆，上浆的肉片在四成热的油温中划油待用；蒜仔切片备用。

(2)锅内放入食用油、烧至五成热时放入蒜片炒至微黄，加入醋、酱油、清汤、盐、白糖、味精、肉片翻炒均匀入味，然后勾芡淋麻油即可。

家常豆腐

1. 原料

主料：豆腐 350 克。

辅料：猪肉 50 克、水发木耳 25 克、青蒜苗 25 克、葱 5 克、姜 5 克。

调料：泡红辣椒 15 克、酱油 10 克、盐 7.5 克、味精 3 克、湿淀粉 15 克、食用油 200 克。

2. 制作步骤

(1)将豆腐切成菱形片，入七成热的油温中炸至金黄色；猪肉切片；蒜苗切成寸段待用。

(2)锅内放入食用油，烧至五成热，放入葱末、姜末煸出香味，再加入肉片煸炒至颜色变白。加入泡椒炒出红色，然后依次加入酱油、清汤、盐、炸好的豆腐、水发木耳，用旺火翻炒均匀，加入蒜苗段、味精勾芡翻炒出锅即可。

土豆炖排骨

1. 原料

主料：土豆 350 克。

辅料：排骨 150 克、葱 5 克、姜 5 克。

调料：八角 2 克、盐 10 克、味精 3 克、食用油 15 克。

2. 制作步骤

(1)将排骨剁成块，土豆切成滚刀块。用开水将排骨氽去血污，捞出洗净。

(2)锅内放入食用油，烧至五成热，放入八角、葱、姜片，煸出香味，然后加入排骨煸炒，加入清汤，烧至八成熟放入土豆炖至松烂出锅即可。

烩松肉

1. 原料

主料：五花肉 150 克、青菜心（菠菜、油菜、白菜等）350 克。

辅料：水发木耳 5 克、鸡蛋 15 克、干面粉 25 克、葱 5 克、姜 5 克。

调料：精盐 10 克、味精 3 克、料酒 4 克、酱油 5 克、水淀粉 20 克、干淀粉 15 克、食用油 250 克。

2. 制作步骤

（1）将猪肉切成 4 厘米长、1 厘米粗的条；取一个盆，加入鸡蛋、水淀粉、面粉，搅匀成糊；木耳撕成小朵，焯水待用；青菜心切成 3 厘米长的段，焯水过凉待用。

（2）锅置旺火上，加入食用油，烧至六成热时，将猪肉挂糊后逐条放入油内，炸至金黄色时捞出。

（3）炒锅内留底油少许，烧至五成热时，放入葱、姜炒出香味，再放入汤。加入木耳、菜心、精盐、味精、酱油烧沸，用水淀粉勾稀芡，放入炸好的松肉，起锅即可。

木樨肉

1. 原料

主料：猪五花肉 50 克、土豆丝 300 克。

辅料：水发木耳 50 克、青蒜苗 50 克、鸡蛋 1 个、葱 5 克、姜 5 克。

调料：甜面酱 10 克、老抽 5 克、盐 5 克、味精 3 克、食用油 25 克。

2. 制作步骤

（1）先将肉切成大片，再切成长 6 厘米、粗 2 毫米的丝，木耳撕成小朵，土豆切成与肉一样粗的丝，用沸水焯过，蒜苗切成段，鸡蛋磕入碗内，搅拌均匀。

（2）锅内放入油少许，烧至七成热时，倒入鸡蛋炒熟，盛入盘内待用。

（3）锅内再放入油烧至五成热时，放入葱、姜，煸出香味。加入肉丝煸炒至变白色时加入甜面酱、老抽、盐，随即放入土豆丝、木耳、蒜苗，炒好的鸡蛋加入味精，颠翻均匀出锅即可。

西红柿炒鸡蛋

1. 原料

主料：西红柿 350 克、鸡蛋 150 克。

辅料：水发木耳 20 克、香菜 10 克、蒜末 10 克。

调料：白糖 5 克、盐 10 克、味精 3 克、食用油 50 克、麻油 2 克。

2. 制作步骤

（1）将西红柿切成大小均匀的滚刀块，木耳洗净撕成小朵，鸡蛋磕入盆中打散，炒熟备用。

（2）锅内放入食用油，烧制五成热，放入蒜末煸出香味。放入西红柿、木耳、盐、白糖，加入炒好的鸡蛋、味精、香菜翻匀，淋麻油即可。

山药片炒肉

1. 原料

主料：山药 350 克、精肉 100 克。

辅料：木耳 30 克、胡萝卜 20 克、葱 5 克、姜 5 克、蒜 5 克。

调料：白醋 15 克、盐 10 克、味精 5 克、食用油 15 克、麻油 1 克。

2. 制作步骤

(1)将猪肉切片，山药切片(切后用醋水泡一泡)，胡萝卜切成象眼片，木耳撕成小朵，均用沸水焯过，过凉待用。

(2)锅内放入食用油，烧至五成热时，加入葱、姜、蒜末煸出香味。肉炒至变白色，烹入白醋，加入少量清汤、盐，放入焯好的山药、木耳、胡萝卜翻炒，加入味精翻匀，淋麻油即可。

回锅肉

1. 原料

主料：带皮五花肉 150 克。

辅料：水发木耳 50 克、青蒜 50 克、尖椒 250 克、葱 5 克、姜 5 克。

调料：泡椒 20 克、老抽 5 克、盐 10 克、味精 5 克、食用油 15 克、湿淀粉 15 克。

2. 制作步骤

(1)将带皮五花肉放入锅内煮至肉熟皮软为度，捞出晾凉后，切成 5 厘米长、4 厘米宽、0.3 厘米厚的薄片。

(2)炒锅放入油，烧至五成热，下入泡椒，煸出红色时再加入尖椒、肉煸炒。然后放入老抽、水发木耳、青蒜段、盐、味精翻炒均匀入味，用湿淀粉勾芡，出锅即可。

糖醋里脊

1. 原料

主料：猪肉 500 克。

辅料：鸡蛋 1 个、面粉 50 克、葱 15 克、姜 15 克、蒜 15 克。

调料：白糖 50 克、红醋 50 克、盐 5 克、料酒 10 克、酱油 5 克、淀粉 40 克、食用油 400 克。

2. 制作步骤

(1)将肉切成长 4 厘米、粗 0.6 厘米的条，放入盆内，用鸡蛋、精盐、湿淀粉、面粉抓匀养好。

(2)锅内放入油，烧至七成热，将养好的肉逐条下入锅内炸至呈浅黄色时捞起，待油温升至八成热时，再将炸好的肉下入油内炸金黄色时捞出待用。

(3)锅内放入少许油，烧至五成热时，放入葱、姜、蒜末煸出香味，迅速烹入醋，加入清汤、酱油、白糖烧沸，用湿淀粉勾芡，浇在炸好的里脊上即可(亦可将里脊下入锅内翻匀)。

宫保鸡丁

1. 原料

主料：鸡脯肉 150 克。

辅料：炸花生米 50 克、黄瓜 300 克、鸡蛋 1 个、葱 10 克、姜 10 克、蒜末 10 克。

调料：干辣椒 5 克、盐 10 克、老抽 5 克、白糖 5 克、料酒 5 克、湿淀粉 10 克、食用油 300 克（约耗 30 克）、味精 5 克。

2. 制作步骤

（1）将鸡肉切成 2 厘米见方的丁，放入盆内加盐、鸡蛋、湿淀粉、料酒，养好待用。

（2）锅内放油烧至四成热，下入鸡丁，用筷子搅动拨散，滑熟捞出控油待用。

（3）锅内再放油少许，加入白糖炒至鸡血红色时，加入干辣椒、葱、姜末、黄瓜丁、鸡丁、清汤少许，再加入盐、花生米翻炒均匀，然后加入味精，用湿淀粉勾芡，出锅即可。

红烧茄子

1. 原料

主料：茄子 500 克。

辅料：香菜末 10 克、葱 5 克、姜 5 克、蒜末 5 克。

调料：老抽 5 克、甜面酱 10 克、白糖 5 克、味精 5 克、精盐 10 克、淀粉 25 克、料酒 5 克、食用油 400 克。

2. 制作步骤

（1）将茄子去皮切成长 4 厘米，宽 2 厘米，厚 2 厘米的块，然后拍上干淀粉。

（2）锅内放油烧至七成热时下入茄子，炸至淡黄色时捞出控净油。

（3）锅内再放少许油烧至五成热时下入葱、姜煸出香味时，加入甜面酱炒香，放入炸好的茄子、老抽、盐、白糖、料酒、少许汤，用中火烧至茄烂汁浓，放入味精、蒜末，用湿淀粉勾芡，加入香菜段翻炒均匀即可。

辣子鸡块

1. 原料

主料:土鸡 250 克。

辅料:青辣椒 250 克、葱 5 克、姜 5 克。

调料:八角 0.5 克、甜面酱 10 克、老抽 10 克、料酒 5 克、盐 5 克、味精 5 克、食用油 20 克。

2. 制作步骤

(1)将宰好的土鸡去爪、嘴、翅尖,洗净后剁成 2 厘米见方的块,青辣椒去蒂和籽,也切成 2 厘米的方块待用。

(2)锅内放油烧至五成热时,放入葱、姜、鸡块,煸炒至有八成熟时加入甜面酱炒熟,加老抽、盐、料酒略炒,再放入辣椒与鸡块同炒至熟,加入味精,炒匀出锅即可。

肉末木耳

1. 原料

主料:水发木耳 450 克。

辅料:肉末 50 克、葱 5 克、蒜 5 克。

调料:老抽 5 克、盐 10 克、味精 5 克、湿淀粉 10 克、食用油 15 克。

2. 制作步骤

(1)将洗净的猪肉切成末;把木耳洗净撕成小朵。

(2)锅内放入油,烧至五成热,下入葱、蒜,煸出香味后加入肉末继续煸炒。待肉末成白褐色时放入老抽、清汤少许,然后放入木耳、盐继续翻炒,再加入味精,用湿淀粉勾芡翻炒均匀出锅即成。

炒合菜

1. 原料

主料:猪肉 50 克、芹菜 100 克、鲜粉皮 100 克、绿豆芽 75 克。

辅料:蒜苗 50 克、炸豆腐丝 50 克、白菜丝 75 克、葱 5 克、姜 5 克。

调料:甜面酱 10 克、酱油 5 克、盐 10 克、味精 5 克、料酒 5 克、食用油 15 克。

2. 制作步骤

(1)将猪肉切成丝;芹菜择洗干净,切成寸段;绿豆芽冲洗干净;炸豆腐、鲜粉皮、白菜均切成 5 厘米长的丝;青蒜切成寸段备用。

(2)炒锅内放入水烧沸,将芹菜、鲜粉皮焯水过凉待用。

(3)锅内放入油,烧至五成热,加入葱、姜,煸出香味后放入肉丝,煸至肉丝呈白色时加入甜面酱,煸炒出酱香味,烹入酱油,放入芹菜、炸豆腐丝,绿豆芽、鲜粉皮,白菜用旺火炒至断生,放入青蒜段、盐、料酒、味精,颠翻均匀出锅即成。

丝瓜炒鸡蛋

1. 原料

主料：丝瓜 400 克。

辅料：鸡蛋 2 个、葱 5 克、姜 5 克。

调料：精盐 10 克、味精 3 克、料酒 5 克、食用油 25 克。

2. 制作步骤

(1)将丝瓜去皮洗净，切成滚刀块或薄片。

(2)鸡蛋磕入盆中，加入料酒、盐、味精少许，打散搅匀。

(3)炒锅置旺火上，加入食用油，烧至八成热时放入鸡蛋炒熟出锅。炒锅内另加入油，烧热后放入葱末、姜末煸出香味，再放入丝瓜略炒几下，加入盐、味精、熟鸡蛋翻匀出锅即可。

风味茄子

1. 原料

主料：茄子 500 克。

辅料：香菜 5 克、姜 5 克、蒜 5 克、白芝麻 2 克。

调料：淀粉 30 克、食用油 400 克、酱油 10 克、精盐 5 克、味精 5 克、干辣椒 3 克、白糖 5 克、花椒 1 克。

2. 制作步骤

(1)把茄子洗净，切成 4 厘米长、1 厘米宽的条，然后拍匀淀粉(生粉效果最好)。

(2)锅内放油置火上，烧至六七成热的时候，把茄条逐个放进去，炸至金黄色，倒出沥油。

(3)锅内放油，烧至五成热后放花椒、白芝麻，蒜末、干辣椒、糖、精盐、味精、酱油，再放炸好的茄条、香菜，颠翻几下，装盘即可。

芹菜炒肉丝

1. 原料

主料：精肉 100 克、芹菜 400 克。

辅料：葱 5 克、姜 5 克。

调料：甜面酱 10 克、酱油 10 克、料酒 5 克、精盐 5 克、味精 5 克、花椒 1 克、食用油 15 克。

2. 制作步骤

(1)将猪肉切成 5 厘米长、2 毫米粗的丝；洗净的芹菜切成 4 厘米长的段；葱、姜切丝。

(2)炒锅内加入食用油，放入花椒。待油温升至五成热时，用密漏捞出花椒，放入肉丝煸炒至呈白色，再加入葱、姜丝、甜面酱炒出香味。烹入酱油、料酒，然后依次加入芹菜、精盐，用旺火炒至芹菜断生时加入味精，翻炒均匀出锅即可。

白菜豆腐炖肉

1. 原料

主料：五花肉 100 克、大白菜 250 克。

辅料：豆腐 150 克、葱 5 克、姜 5 克。

调料：八角 1 克、酱油 10 克、精盐 10 克、味精 5 克、骨头汤 100 克、食用油 15 克。

2. 制作步骤

(1)将五花肉切成片，大白菜洗净切成块，豆腐切成 2 厘米见方的块。

(2)炒锅内加入食用油，加入八角炸出香味。加入葱、姜末煸出香味，再加入肉片煸炒至变白色，加入大白菜翻炒。放入酱油，骨头汤烧沸，加入豆腐、精盐炖制约 10 分钟左右，待汤汁收浓后加味精，出锅即可。

水煮肉片

1. 原料

主料：猪条肌 200 克。

辅料：黄豆芽(或卷心菜)300 克、鸡蛋 10 克、青蒜苗 10 克、葱 5 克、姜 5 克、蒜 5 克、白芝麻 5 克。

调料：郫县豆瓣酱 10 克、泡椒 5 克、干辣椒 5 克、花椒面 5 克、精盐 5 克、老抽 1 克、料酒 5 克、白糖 5 克、淀粉 5 克、食用油 50 克。

2. 制作步骤

(1)猪条脊肉切成薄片，放入盆内，加入鸡蛋、盐、味精、料酒，加淀粉上浆。青蒜苗洗净切成末，黄豆芽洗净炒熟。

(2)锅内加食用油，烧至六成热时放郫县豆瓣、泡椒煸炒出香味。然后烹入料酒、老抽、适量高汤或者清水、盐、黄豆芽烧开入味后，用漏勺捞出黄豆芽放入熟食成器内垫底。然后放入肉片划熟，勾芡后浇在豆芽上，再撒上葱、姜、蒜末、干辣椒、花椒面、白芝麻。

(3)锅内另起油，油温至八成热时，将油泼在菜上，再撒上青蒜末即成。

豆角炒肉

1. 原料

主料：豆角 400 克。

辅料：精肉 100 克、葱 5 克、姜 5 克。

调料：甜面酱 10 克、酱油 10 克、料酒 5 克、味精 5 克、精盐 5 克、食用油 15 克。

2. 制作步骤

(1)将猪肉切成 6 厘米长、2 毫米粗的丝。豆角切寸段，焯水至断生，过凉控净水待用。

(2)锅置火上，加入食用油，待油温升至五成热时，放入葱、姜末炒出香味。加入肉丝煸炒至肉丝变白色，放入甜面酱，加料酒、酱油、豆角用旺火速炒，加精盐、味精翻匀出锅即可。

京酱肉丝

1. 原料

主料：精肉 100 克、豆腐皮 300 克。

辅料：葱丝 100 克。

调料：甜面酱 15 克、精盐 5 克、味精 5 克、白糖 10 克、老抽 5 克、淀粉 10 克、食用油 20 克。

2. 制作步骤

(1)肉洗净，切成长 6 厘米、宽 0.2 厘米的丝并上浆滑水。豆腐、葱切丝(在熟食板上切)。

(2)将切好的豆腐皮焯水，铺在熟食盘内，上面盖上葱丝。

(3)锅内放油烧至五成热时，加入甜面酱炒出香味，加汤，放入滑好的肉丝，加入精盐、味精、白糖、老抽翻炒勾芡。

(4)将炒好的肉丝浇在垫有豆腐皮、葱丝的盘子内即可。

干炸里脊

1. 原料

主料：猪条脊肉 450 克。

辅料：鸡蛋 50 克、面粉 25 克、葱 10 克、姜 10 克。

调料：精盐 5 克、味精 5 克、料酒 5 克、花椒盐 5 克、食用油 400 克、淀粉 50 克。

2. 制作步骤

(1)将猪条脊肉洗净后切成 5 厘米长、0.6 厘米粗的条，放入盆中，加入葱、姜、盐、味精、料酒腌渍入味。

(2)取一半成品盆，加入鸡蛋、淀粉、面粉和适量的水调成糊。

(3)炒锅置火上，加入食用油烧至六成热，将猪肉条蘸匀糊入油中炸至浅黄色时捞出，待油温升至八成热时再放入猪肉条复炸一次，至金黄色时捞出控油装盘即可。上菜时也可撒花椒面。

炸藕合

1. 原料

主料：白莲藕 350 克。

辅料：猪肉馅 150 克、鸡蛋 10 克、面粉 25 克、葱 5 克、姜 5 克。

调料：精盐 5 克、味精 5 克、料酒 2 克、酱油 10 克、淀粉 50 克、食用油 400 克、泡打粉 1 克。

2. 制作步骤

(1)将藕洗净，刮去外皮，顶刀切成 0.4 厘米厚、两刀一断的合页片。肉馅放入盆中，加入酱油、盐、味精、料酒、葱、姜末调匀成馅。

(2)用淀粉、面粉、鸡蛋液、泡打粉、适量的水调匀成糊。

(3)将合页形的藕片中逐一加入肉馅，外层挂满糊。

(4)炒锅置火上，加入食用油，烧至六成热时放入挂糊的藕合，炸至呈淡黄色时捞出。待油温升至七成热时，再放入藕合复炸至金黄色时捞出，控净油后装盘即可。

菠菜烩丸子

1. 原料

主料：猪瘦肉馅 150 克、菠菜 350 克。

辅料：鸡蛋清 20 克、葱 5 克、姜 5 克。

调料：精盐 10 克、味精 5 克、淀粉 5 克、料酒 2 克、香油 5 克。

2. 制作步骤

(1)将猪瘦肉泥放入盆中，加入葱、姜、鸡蛋清、料酒、味精、精盐、淀粉，和入适量的水，搅匀上筋成丸子馅备用。菠菜洗净切段。

(2)将炒锅置火上，加清汤烧至五成热时，把肉馅剂成小丸子，下锅转小火烧熟，加入精盐、味精，放进菠菜开锅勾稀芡，淋上香油即可。

青椒土豆片炒肉

1. 原料

主料：青椒 200 克、土豆 200 克、精肉 100 克。

辅料：鸡蛋清 10 克、葱 5 克、姜 5 克。

调料：盐 10 克、味精 5 克、料酒 5 克、老抽 1 克、味达美 5 克、淀粉 5 克、花椒油 5 克、食用油 200 克。

2. 制作步骤

(1)将精肉洗净，切成片，放入盆内，加入鸡蛋清、湿淀粉、盐上浆待用。

(2)将青椒去蒂去籽洗净切成块，土豆去皮切成菱形片，均焯水过凉控净水待用。

(3)锅内放入食用油，待油温升至四成热时，放入上好浆的肉片滑散、滑熟，捞出控油。

(4)锅内放油，油温升至五成热时，加入葱、姜片煸炒。烹入料酒、老抽、味达美，放入滑好的肉片。加青椒、土豆片、盐、味精急火快炒，勾芡淋花椒油出锅即可。

山大小炒肉

1. 原料

主料：精肉 100 克、蒜薹 400 克。

辅料：鸡蛋 25 克。

调料：盐 10 克、味精 3 克、蚝油 5 克、南乳汁 10 克、胡椒粉 2 克、油 50 克、淀粉 5 克。

2. 制作步骤

(1)将精肉切成 0.5cm 的方丁，蒜薹切丁。

(2)将肉丁加入鸡蛋、蚝油、南乳汁、胡椒粉、淀粉养好。

(3)锅内留底油，放入肉丁煸炒至熟，放蒜薹炒至断生，加入盐、味精翻匀即可。

五香鲅鱼

1. 原料

主料：鲅鱼 500 克。

辅料：葱 10 克、姜 10 克、蒜 10 克。

调料：白糖 30 克、盐 10 克、味精 3 克、料酒 10 克、五香面 5 克、食用油 300 克。

2. 制作步骤

(1)将鲅鱼去鳃、去内脏洗净，斜刀片成 1.5 厘米的厚片，葱、姜、蒜切片。

(2)锅内加入食用油烧至七成热，分次放入鲅鱼炸至表面金黄色捞出。白糖炒糖色待用。

(3)另起锅加入少许食用油，放入葱、姜、蒜煸出香味，加入糖色、汤、盐、料酒、白糖和鲅鱼，用中火？至汤汁将尽时加入五香面、味精翻匀出锅即可。

清氽丸子

1. 原料

主料：猪精肉 450 克。

辅料：水发木耳 25 克、香菜 15 克、蛋清 2 个、葱 10 克、姜 10 克。

调料：盐 12 克、味精 5 克、料酒 10 克、淀粉 40 克、香油 2 克。

2. 制作步骤

(1)将猪肉剁成肉馅放入盆中，用力顺一个方向搅动，边搅动边分次加入适量清水。搅至黏稠有弹性时加入盐、味精、料酒、蛋清、淀粉继续搅匀，待肉馅颜色发亮为止。木耳洗净撕成小朵，香菜洗净切成末。

(2)锅内加水烧至五成热时改用小火。用手将肉馅迅速挤成直径为 1.5 厘米大的丸子下入锅内，当水温逐渐升高丸子浮起时撇去浮沫。加入木耳、盐、味精、料酒和香菜末烧开，淋上香油出锅即可。

软炸蘑菇

1. 原料

主料：蘑菇 400 克。

辅料：面粉 100 克、鸡蛋 1 个。

调料：盐 10 克、味精 3 克、淀粉 10 克、花椒盐 5 克、泡打粉 1 克、食用油 400 克。

2. 制作步骤

(1)将鲜蘑菇择洗干净沥干水分，用手撕成条放入盆中，加入精盐、味精腌 15 分钟左右挤干水分。

(2)将鸡蛋打入碗中，加入面粉、淀粉、泡打粉和适量的水搅拌均匀，调成稠糊备用。

(3)锅内放入油，待油温升至六成热时，将蘑菇上糊逐条下入油内，用铁筷子把粘连在一起的蘑菇打开，待蘑菇炸至金黄色时捞出控净油，盛入盘内撒上花椒盐即成。

四喜丸子

1. 原料

主料：猪肥瘦肉 380 克。

辅料：嫩藕 100 克、油菜 20 克、姜 15 克、葱 15 克。

调料：胡椒粉 2 克、水淀粉 10 克、肉汤 400 克、蛋清 1 个、料酒 20 克、精盐 10 克、味精 3 克、老抽 5 克、干淀粉 25 克、八角 1 克、花椒 1 克、食用油 600 克。

2. 制作步骤

（1）将猪肥瘦肉绞成粗馅，嫩藕剁成细粒，一同放入盆中，加入花椒水顺时针搅上筋后，加入精盐、料酒、胡椒粉、蛋清、葱末、姜末、干淀粉搅匀，捏成直径 7 厘米的大丸子。油菜择洗干净在根部片几刀。

（2）锅内放入食用油烧至六成热时，放入肉丸子炸至金黄色捞出；油菜焯水备用。

（3）锅中留少许油，加入八角、花椒、葱煸炒出香味。放入肉汤、老抽、料酒、精盐和丸子置旺火烧沸撇去浮沫，改用小火煨熟。捞出盛入盘中放上油菜，汤汁加胡椒粉、味精烧沸再用水淀粉勾芡，最后浇在丸子上即成。

肉憋茄

1. 原料

主料：茄子 400 克、猪精肉馅 100 克。

辅料：鸡蛋 1 个、葱 5 克、姜 5 克、葱叶 15 克。

调料：八角 1 个、甜面酱 8 克、酱油 5 克、白糖 3 克、盐 6 克、食用油 8 克、味精 1 克。

2. 制作步骤

（1）将整个茄子三面打一字刀，上笼蒸 10 分钟，放凉备用。

（2）猪精肉馅加葱末、姜末、鸡蛋、酱油、盐搅拌均匀，酿入凉好的茄子中，用葱叶扎好。

（3）锅内放入底油，加八角煸出香味。飞入面酱，加清汤、酱油、白糖、盐，放入茄子，烧至熟透，加味精出锅即可。

毛血旺

1. 原料

主料:毛肚 100 克、百叶 100 克。

辅料:鸭血 30 克、黄豆芽 100 克、粉丝 30 克、火腿 30 克、腐竹 30 克、葱 5 克、蒜 5 克、芝麻 5 克。

调料:盐 1 克、豆瓣酱 10 克、红 99 火锅料 20 克、味精 2 克、老抽 5 克、干辣椒 5 克、油 50 克、花椒 5 克。

2. 制作步骤

(1)将毛肚、百叶切成细条,鸭血、火腿切片,白菜、腐竹、葱、蒜切好备用。

(2)将毛肚、百叶、鸭血烫熟,黄豆芽煸熟。

(3)锅内倒入油,加葱、蒜煸香,加豆瓣酱、红 99 火锅料炒出香味。加入高汤、黄豆芽、腐竹、粉丝、鸭血、火腿、盐、味精烧开。最后加入毛肚、百叶盛入碗内,撒上干辣椒、花椒、芝麻、蒜末备用。

(4)锅内加入油烧至八成热,浇在撒上辣椒、蒜末的碗内即可。

熘肝尖

1. 原料

主料:猪肝 750 克。

辅料:土豆 100 克、辣椒 100 克、油 30 克、湿淀粉 20 克、葱 5 克。

调料:料酒 5 克、醋 10 克、老抽 3 克、盐 5 克、味精 3 克、糖 2 克。

2. 制作步骤

(1)将猪肝切长方片放入盆中,加盐、料酒拌匀,加淀粉上浆,辣椒、土豆切片烫熟,过凉备用。

(2)锅内加入油,烧至七成热时加入肝尖滑散至熟,捞出控油。

(3)锅内留少许油,放入葱煸炒出香味。烹入醋、料酒、酱油,然后依次放入土豆片、辣椒片、盐、味精、糖、猪肝翻炒均匀,用湿淀粉勾芡,淋花椒油即可。

红烧排骨

1. 原料

主料:肋排块 500 克。

辅料:食用油 50 克、葱 50 克、姜 50 克。

调料:桂皮 3 克、白砂糖 100 克、香叶 5 克、盐 15 克、酱油 50 克、花椒 5 克。

2. 制作步骤

(1)锅内加入冷水后,放入肋排煮开,撇掉浮沫,捞出备用。

(2)锅内加油,放入白砂糖炒至鸡血红色加水做成糖色待用。

(3)将待用的肋排,加入盐、葱、姜、冷水放入蒸车,蒸 40 分钟左右后取出备用。

(4)将蒸好的排骨倒入炒好的糖色中翻炒,倒入少许酱油上色,放入备好的调料,待汤汁还有三分之一时,加入盐调味,收汁出锅装盘即可。

香酥萝卜丸

1. 原料

主料：青萝卜馅 500 克、芹菜末 200 克。

辅料：鸡蛋 100 克、色拉油 75 克、芝麻 50 克、面粉 125 克、大葱 50 克。

调料：盐 8 克、味精 5 克、五香粉 8 克、姜 12 克。

2. 制作步骤

(1)先将青萝卜馅加入鸡蛋、盐、味精、葱、姜、五香面、面粉、水，揉成馅待用。

(2)炒锅上火，放入油烧至四五成热时下入萝卜丸，炸至金黄色，捞出控油待用。

(3)炒锅放油，放入葱、姜爆香加入芹菜末，翻炒至八成熟时，加入准备好的萝卜丸，快速翻炒出锅。

盐水鸭

1. 原料

主料：鸭子 500 克。

辅料：大葱 15 克、姜 10 克。

调料：花椒粒 7 克、料酒 15 克、盐 9 克、八角 8 克。

2. 制作步骤

(1)用流动水将鸭子的血水冲洗干净后捞出，把水分控干待用。

(2)将盐、花椒粒、八角放锅内炒出香味。

(3)趁热将炒好的盐和花椒粒在鸭身上抹匀。

(4)用保鲜袋将鸭子包好放进冰箱腌制 2 个小时。

(5)锅里烧火，放入盐、葱、姜、八角和料酒烧开，放入鸭子，改为小火。

(6)1 个小时左右关火，继续焖 20 分钟，用筷子顺着插透肉厚部位即可。

(7)捞出滤干，晾凉斩件即可上碟。

鱼香肉丝

1. 原料

主料：猪里脊肉丝 200 克。

辅料：胡萝卜 25 克、辣椒 330 克、水发木耳 25 克、葱 3 克、蒜 3 克、姜 2 克。

调料：红油豆瓣酱 10 克、盐 3 克、味精 1 克、糖 4 克、醋 6 克、酱油 3 克、鸡粉 1 克、胡椒粉 1 克、色拉油 45 克。

2. 制作步骤

(1)取 1 个碗，加入半碗水，依次放入盐、糖、醋、生粉及酱油调匀备用。

(2)胡萝卜、辣椒、木耳切丝。

(3)里脊肉切丝，加入盐、鸡粉、胡椒粉、生粉、水，抓至发黏，腌制 10 分钟。

(4)锅中放油烧热后放入肉丝迅速拨散，至颜色变白关火盛出备用。

(5)锅中留底油爆香蒜末及姜末，接着加入适量红油豆瓣酱炒香。

(6)放入胡萝卜丝翻炒至软后，再加入青椒、葱丝及肉丝。

(7)倒入鱼香汁翻匀即可出锅。

六、宴会经典菜品

鱼头泡面

1. 原料

主料:花鲢鱼头。

辅料:蒜、香葱、宽面条。

调料:剁椒酱。

2. 制作步骤

(1)将花鲢鱼头清洗改刀放入盘中后加入剁椒酱。

(2)将准备好的鱼头打保鲜膜放入蒸箱蒸 20 分钟。

(3)蒜、香葱切末,宽面条煮好备用。

(4)将蒸好的鱼头撒上蒜末、香葱冲油后放入煮好的面条即可。

玉带虾仁

1. 原料

主料:虾仁。

辅料:胶东黄瓜、红辣椒、葱末、姜末。

调料:味达美、盐、味精、XO 酱。

2. 制作步骤

(1)黄瓜切成 1 厘米厚的段,将黄瓜中间掏空备用。

(2)虾仁去虾线,红辣椒切圆圈备用。

(3)将虾仁穿入黄瓜段中。

(4)将穿好的黄瓜段虾仁焯水备用

(5)炒锅留底油,加入葱末、蒜末,加入 XO 酱、盐、味精。

(6)将焯好的黄瓜虾仁段放入锅中翻炒即可。

脆肚腊八蒜

1. 原料

主料：猪肚。

辅料：山药、腊八蒜、红辣椒、葱末。

调料：陈醋、味达美、盐、味精、糖。

2. 制作步骤

(1)将新鲜猪肚洗净后放入高压锅中加工成熟。

(2)将加工好的猪肚、山药、腊八蒜、红辣椒切丁。

(3)将切好的猪肚、山药、腊八蒜、红辣椒焯水备用。

(4)锅中留底油，加入蒜片、葱花，烹入少许陈醋、味达美、盐、味精、糖。

(5)放入焯好的猪肚、山药、腊八蒜、红辣椒，翻炒勾芡即可。

杭椒牛柳

1. 原料

主料：牛里脊。

辅料：青红杭椒、芦笋、葱末、姜末。

调料：海鲜酱、蚝油、味达美、味精、糖。

2. 制作步骤

(1)将牛里脊切条腌制后滑油备用。

(2)青红杭椒、芦笋切条备用。

(3)锅中留底油，加入葱、姜、蒜、海鲜酱、味达美、蚝油、味精、糖、少量水。

(4)倒入加工好的牛柳、青红杭椒、芦笋，翻炒出锅即可。

黑椒牛仔骨

1. 原料

主料：牛肋排。

辅料：洋葱、油菜。

调料：精盐、味精、味达美、蚝油、黑胡椒。

2. 制作步骤

(1)将新鲜的牛肋排放入高压锅中加工成熟备用。

(2)洋葱切圈，拍粉托蛋液粘面包糠后炸熟备用，油菜焯水备用。

(3)锅中留底油，放入黑胡椒、味达美、蚝油、糖、味精、少量水勾芡做成黑椒汁。

(4)将牛肋排、油菜、洋葱圈装盘，淋上黑椒汁即可。

甜蜜蜜

1. 原料

主料：迷你小粽子。

辅料：去皮板栗、红枣。

调料：淀粉、白砂糖。

2. 制作步骤

(1)小粽子上笼蒸制10分钟后，用凉水过凉后，去皮。

(2)放入淀粉抓匀，锅内放入色拉油烧至六至八成热时，放入粽子炸制金黄色捞出。

(3)锅内留底油，放白砂糖，炒至糖起泡时，放入炸好的粽子、去皮板栗、红枣，颠翻装盘即成。

腰果荷兰豆

1. 原料

主料：荷兰豆。

辅料：木耳、腰果、红辣椒。

调料：盐、味精、糖。

2. 制作步骤

(1) 将荷兰豆、木耳、红辣椒切棱形片焯水备用。

(2) 锅中留底油，加入葱、蒜、盐、味精、糖。

(3) 倒入焯好的荷兰豆、木耳、红辣椒，翻炒勾芡即可。

爆炒素腰花

1. 原料

主料：鲜香菇。

辅料：山药、木耳、青蒜、蒜末。

调料：盐、味精、糖、陈醋、味达美、胡椒粉、老抽、水淀粉。

2. 制作步骤

(1) 将新鲜的香菇去根煮熟备用。

(2) 将煮熟的香菇打麦穗花刀，用牙签串好，山药切菱形片，木耳、青蒜切断备用。

(3) 锅中入油将串好的香菇炸干，山药、木耳焯水备用。

(4)准备一个小碗加入味达美、陈醋、盐、味精、糖、胡椒粉、生粉。

(5)锅中留底油，加入蒜末炒香，放入鲜香菇、山药、木耳、青蒜翻炒，淋入兑好的调料即可。

(6)将炒好的菜品去除牙签，装盘即可。

温拌八带

1. 原料

主料：八带鱼。

辅料：圆葱、红辣椒、香菜。

调料：盐、味精、糖、味达美、辣根、花椒油。

2. 制作步骤

(1) 将八带鱼杀好，切段焯水备用。

(2) 圆葱、红辣椒、香菜切段。

(3) 盆中放入辣根、味达美、味精、糖、盐、花椒油搅拌均匀。

(4)将切好的圆葱、红辣椒、香菜、八带鱼放入盆中搅拌均匀，装盘即可。

清炒双素

1. 原料

主料：山药。

辅料：苦瓜、红辣椒。

调料：盐、味精、糖、白醋。

2. 制作步骤

(1) 将山药、苦瓜、红辣椒改刀成条备用。

(2) 将改刀好的山药、苦瓜、红辣椒焯水备用。

(3) 锅中留底油，放入蒜片，加入盐、味精、糖、醋。

(4)将焯好的原料倒入锅中翻炒勾芡即可。

西餐西点

西餐是对欧美等国家菜肴的统称，泛指以美、英、法、意、俄、德等国为代表的菜肴。

一、主要特点

1. 西餐的用料以牛肉为主，如牛肉、牛排、牛奶等，而蔬菜以土豆、洋葱为主。
2. 西餐喜欢用大块原料做菜，所以食用时一般使用刀叉。
3. 西餐所用调料主要是番茄酱、洋葱、奶油、芝士、香叶、胡椒粉等。
4. 西餐中牛排一般只烧至三四成熟至七八成熟，有些菜肴甚至生吃。
5. 西餐多采用分餐式。

二、常用烹调方法

西餐的烹调方法很多，选用不同的烹调方法，其菜肴的色泽、质地、风味就各不相同。常用的烹调方法有煮、汆、焖、煎、炸、炒、烤、铁扒、炭烧等。

三、常用的烹调工具

西餐烹调工具主要有以下几种：煎盘、汤锅、焖锅、烤盘、蛋抽、肉叉、搅板等。

四、西餐分类

我国常见的西餐菜式主要有法式菜、英式菜、美式菜、意式菜、俄式菜、德式菜等。

1. 法式菜

法式菜在西餐中名气最大，法式大餐至今仍名列世界西菜之首。法国人以善于吃、精于吃而闻名，一些国家的厨师以会做法国菜而引以为荣。法式菜肴的特点：选料广泛，加工精细，品种繁多，烹调讲究。经典菜有法式煎鹅肝、法式烩土豆、草莓黄瓜、香煎龙利鱼香槟汁等。

2. 英式菜

英式菜烹调方法简单，口味清淡油少，选料注重海鲜及各式蔬菜，菜量要求少而精。

英式菜肴的烹调方法多以蒸、煮、烧、熏、炸见长，喜欢将各种调味品放在餐桌上供食客自行选用。经典菜有鱼和薯条、炸雪鱼配炸马铃薯，烤牛肉配约克郡布丁、烤牛肉等。

3. 美式菜

美式菜与英式菜特点较相同，讲究口味清淡、咸中带甜。因为美国盛产水果，所以常用水果作为菜肴的配料。经典菜有菠萝焗火腿、苹果烤火鸡、橘子烧野鹅等。

4. 意式菜

意式菜号称西餐的始祖，与法国菜有相同之处，其特点是味浓，讲究原汁原味。意大利菜系非常丰富，菜品成千上万，对欧美国家的餐饮产生了深厚影响，并发展出包括法国餐、美国餐在内的多种派系。经典菜有匹萨饼、意大利面、小牛肉片、火腿芝士牛排等。

5. 俄式菜

俄式菜在多个方面吸收了其他西餐的长处，进而根据自己的生活习惯形成了独特风格的菜式。因为俄罗斯气候十分寒冷，所以其菜肴具有油大、味重的特点。俄罗斯人喜欢酸、甜、辣、咸的菜。因此，在烹调中多用酸奶油、奶渣、柠檬、辣椒、酸黄瓜、洋葱、香叶等做调味料。经典菜有莫斯科烤鱼、红菜汤、黄油鸡卷、鱼籽酱等。

6. 德式菜

德式菜不像意式菜和法式菜那样精细复杂，也不像英式菜那么清淡。德式菜以酸、咸口味为主，调味较为浓重。烹饪方法以烤、焖、串烧、烩为主。经典菜有德式生鱼片、德式烤杂肉、德式肉肠、煎甜饼等。

五、食堂经典西餐食谱

沙拉酸奶鸡

1. 原料

主料：鸡脯肉。

辅料：紫甘蓝、苦菊，胡萝卜、生菜球、面粉。

调料：咖喱粉、辣椒粉、黑胡椒、盐、酸奶、沙拉酱。

2. 制作步骤

(1)将咖喱粉、辣椒粉、黑胡椒、盐、酸奶均匀地涂抹在鸡肉上，腌制 20 分钟左右。

(2)将腌好的鸡肉均匀地拍上面粉。

(3)放入烤箱中(上下火各 200 ℃)，烤制 20 分钟，改刀装盘。

(4)将紫甘蓝、苦菊、胡萝卜、生菜调制成沙拉装盘即可。

红酒牛排蛋包饭

1. 原料

主料：牛肉、米饭、鸡蛋。

辅料：圆葱、芹菜、胡萝卜、去皮番茄、蒜。

调料：黑胡椒、盐、味达美、红酒、糖、味淋、黄油、番茄膏、番茄沙司、罗勒叶。

2. 制作步骤

(1)将牛肉改刀切块，加入盐、红酒、味达美、味淋、黑胡椒、糖腌制 2 小时。放入烤箱 170 ℃烤制 30 分钟。

(2)将精牛肉馅加入圆葱、芹菜、胡萝卜、红酒、盐炒干备用。

(3)煸炒圆葱，加入黑胡椒，放入黄油、蒜、番茄膏、胡萝卜，炒至出油。

(4)将打好的去皮番茄放入，开锅后加入牛肉、盐、番茄沙司、淡奶油。

(5)放入黑胡椒、罗勒叶，最后加入糖调味即可。肉酱制作完成。

(6)将米饭、肉酱、加入黑胡椒、盐、味达美拌匀盛入碗中备用。

(7)在表面摆上一层熟牛肉，然后再浇一层肉酱。

(8)将鸡蛋打好，倒入米饭的周边。

(9)放入烤箱调至 170 ℃，烤制 8 分钟即可出炉。

奶油菌菇培根面

1. 原料

主料：意大利面。

辅料：培根、圆葱、青豆、菌菇。

调料：盐、糖、淡奶油、黄油。

2. 制作步骤

(1)将圆葱、培根、菌菇切丁备用。

(2)将面煮熟盛入碗中备用。

(3)将黄油放入锅中化开，将圆葱用黄油炒香后加入培根。

(4)加入适量的水后，将淡奶油、盐、糖加入调出奶香味。

(5)加入青豆、菌菇勾芡，奶油菌菇酱完成。

(6)将做好的奶油菌菇酱倒入意大利面中拌匀即可。

意大利虾仁饭团

1. 原料

主料：米饭、虾仁。

辅料：菠菜、芝士碎。

调料：淡奶油、牛奶、盐、糖。

2. 制作步骤

(1)将米饭加入淡奶油、牛奶、盐、糖炒香备用。

(2)把虾仁、菠菜加盐炒熟备用。

(3)用炒好的米饭将炒好的虾仁和菠菜包裹起来。

(4)在米饭表面裹上一层面包糠，下油锅炸成金黄色出锅，装盘即可。

红酒沙巴翁焗牛腩

1. 原料

主料：牛肉、米饭、鸡蛋。

辅料：胡萝卜、土豆、圆葱。

调料：红酒、黑胡椒、盐、番茄沙司、鸡汁、糖、味达美、味淋。

2. 制作步骤

(1)将米饭放入碗中备用。

(2)将牛肉改刀切块，加入盐、红酒、味达美、味淋、黑胡椒、糖腌制 2 小时。放入烤箱调至 170 ℃烤制 30 分钟。

(3)将圆葱、土豆、胡萝卜切丁备用。

(4)将鸡蛋取出蛋清，留蛋黄备用。

(5)将土豆、圆葱、胡萝卜加入黑胡椒、盐、鸡汁、糖、适量的水炒香，再加入牛肉勾芡。

(6)将炒好的牛肉铺在米饭上一层。

(7)蛋黄中加入适量的番茄沙司和红酒，用打蛋器打成黏稠状，均匀地铺在米饭中。

(8)放入烤箱调至 170 ℃烤制 6～7 分钟即可。

千层面

1. 原料

主料：千层面皮、牛肉馅。

辅料：芝士碎、面粉、圆葱、芹菜、胡萝卜、去皮番茄、蒜。

调料：淡奶油、红酒、盐、黑胡椒、黄油、番茄膏、番茄沙司、罗勒叶。

2. 制作步骤

(1)先将千层面皮煮熟备用。

(2)将精牛肉馅加入圆葱、芹菜、胡萝卜、红酒、盐炒干备用。

(3)煸炒圆葱，加入黑胡椒，放入黄油、蒜、番茄膏、胡萝卜，炒至出油。

(4)将打好的去皮番茄放入，开锅后加入牛肉、盐、番茄沙司、淡奶油。

(5)放入黑胡椒、罗勒叶，最后加入糖调味即可。肉酱制作完成。

(6)将面粉、黄油、淡奶油混在一起制成白酱。

(7)在碗的底部放入一层肉酱，然后放入一层千层面皮。

(8)铺一层白酱，再铺一层千层面皮，然后再铺一层肉酱。

(9)最后再铺一层千层面皮，然后撒上一层芝士碎。

(10)放入烤箱上下火各调至200 ℃烤制20分钟，出炉即可。

奶香厚多士

1. 原料

主料：吐司面包。

辅料：樱桃、猕猴桃、黄桃、火龙果、草莓、美国大杏仁、奥利奥饼干、乐芙球、彩笛卷、鸡蛋。

调料：黄油、糖、盐、淡奶油、巧克力酱、牛奶、吉士粉。

2. 制作步骤

(1)将土司切成4厘米厚的大块，然后打成九格花刀。

(2)将黄油、吉士粉用打蛋器打至黏稠状，制成卡士达酱。

(3)将黄油、糖、盐、淡奶油、牛奶、蛋清熬成奶香汁。

(4)在土司表面均匀地涂上奶香汁，放入烤箱中，烤成金黄色备用。

(5)然后将卡士达酱放入裱花袋中裱花。

(6)用樱桃、猕猴桃、黄桃、火龙果、草莓、美国大杏仁、奥利奥饼干、乐芙球、彩卷在土司表面进行装饰。

(7)最后在表面上裱一层细细的巧克力丝即可。

意大利肉酱面

1. 原料

主料：意大利面、牛肉馅。

辅料：圆葱、芹菜、胡萝卜、去皮番茄、蒜。

调料：红酒、盐、黑胡椒、黄油、番茄膏、番茄沙司、罗勒叶。

2. 制作步骤

(1)将精牛肉馅加入圆葱、芹菜、胡萝卜、红酒、盐炒干备用。

(2)煸炒圆葱，加入黑胡椒，放入黄油、蒜、番茄膏、胡萝卜，炒至出油。

(3)将打好的去皮番茄放入，开锅后加入牛肉、盐、番茄沙司、淡奶油。

(4)放入黑胡椒、罗勒叶，最后加入糖调味即可。肉酱制作完成。

(5)将意大利面煮熟装盘备用。

(6)将熬制好的肉酱浇在意大利面上即可。

六、食堂经典西点食谱

蛋　挞

1. 原料

主料：高筋面粉、低筋面粉。

辅料：鸡蛋、牛奶、食盐、黄油、白糖。

2. 制作步骤

(1)黄油软化后倒入面粉，随后加入盐、白糖、水搅拌。

(2)揉成面团，封保鲜膜放冰箱冷藏1个小时。

(3)取出面团擀成正方形，取黄油擀成略小的正方形。

(4)将面皮折起，包入黄油，擀长。

(5)从左右两侧对折装入保鲜膜放冰箱冷藏40分钟，重复三遍。

(6)用蛋挞模压出形状，再将面皮放入蛋挞模具中。

(7)准备蛋挞水，鸡蛋加入白糖，牛奶煮至90 ℃。

(8)鸡蛋和白糖融化后，将煮热的牛奶慢慢地倒入鸡蛋液中，再过滤一下。

(9)装入蛋挞模具中，烤箱220 ℃预热，中层，上下火，烤15～20分钟。

匹萨

1. 原料

匹萨饼皮配料：面粉、酵母、蛋黄、盐、糖、色拉油适量。

匹萨酱配料：西红柿、洋葱、蒜头、黄油、西红柿酱、匹萨草、黑胡椒碎、盐。

匹萨馅料：培根、火腿、萨拉米肠、欧芹肠、牛肉粒、洋葱、马苏里拉芝士。

2. 制作步骤

(1)匹萨饼皮的做法

①取面粉，加入盐、糖、蛋黄。

②酵母用温水化开，徐徐倒入面粉中，边倒边搅拌成雪花状，面粉揉成团后加入色拉油，移至面板上继续揉。

③揉成光洁的面团后，放入盆中盖保鲜膜，入冰箱冷藏发酵。发酵至面团原来的两倍大时，取出放面板上轻轻按扁。

④烤盘抹油，放入按扁的面饼并用手轻轻推满整个烤盘，尽量推均匀。

⑤用叉子将饼底插上小洞，入冰箱冷藏松弛半小时。

(2)匹萨酱的做法

①西红柿、洋葱和蒜头切碎，锅中放黄油熔化后放入洋葱和蒜头碎，中小火慢慢炒。

②待洋葱和蒜头碎炒到水分略收干时放入西红柿碎，然后加入匹萨草、黑胡椒碎和番茄酱，继续用中小火不停地翻炒，水分收得干一些。

(3)匹萨的做法

①第一层抹匀匹萨酱、撒马苏里拉芝士。

②将火腿、培根、萨拉米肠铺一层、撒少许马苏里拉芝士。

③再将欧芹肠、牛肉粒铺匀，撒少许青椒丝、洋葱丝、马苏里拉芝士。

④入烤箱，200 ℃烤 15 分钟，取出后再洒上一层厚厚的芝士，饼边刷色拉油，回烤箱继续烘烤 5～8 分钟至饼边微黄、芝士略焦后取出。

华夫饼

1. 原料

主料:低粉、鸡蛋、牛奶。

辅料:砂糖、泡打粉、黄油。

2. 制作步骤

(1)将鸡蛋、砂糖、牛奶混合,搅拌均匀。

(2)加入低粉和泡打粉后快速搅拌,至低粉无颗粒后加入黄油搅拌均匀。

(3)静置 30 分钟后入烤模 180 ℃,烤制 3 分钟,加入自制馅料即可。

芒果慕斯

1. 原料

主料:淡奶油、芒果果蓉。

辅料:蛋白、砂糖、鱼胶。

2. 制作步骤

(1)将淡奶油打发六成备用。

(2)将芒果果蓉加热煮开,将蛋白和砂糖隔水打发加热到 80 ℃以上,与芒果果蓉混合。

(3)再加入化软的鱼胶,晾凉后与备用的淡奶油混合,灌入慕斯杯中冷藏凝固。

(4)将果蓉、水、砂糖、鱼胶融合为淋面浇在慕斯杯中,冷冻 3 小时即可。

黑森林芝士蛋糕

1. 原料

主料：马斯卡邦、巧克力蛋糕坯。

辅料：红樱桃、黑巧克力屑、甜奶油、淡奶油。

2. 制作步骤

(1)将甜奶油和淡奶油打发。

(2)加入到打软的马斯卡邦中搅拌均匀成芝士糊。

(3)将红樱桃加入巧克力蛋糕胚中，抹上芝士糊。

(4)最后在表面撒上黑巧克力屑即可。

提拉米苏

1. 原料

主料：马斯卡邦、淡奶油。

辅料：蛋黄、砂糖、咖啡酒、鱼胶。

2. 制作步骤

(1)将马斯卡邦搅拌均匀。

(2)将蛋黄和砂糖隔水加热到 80 ℃以上，与马斯卡邦混合搅均匀。

(3)再将泡软的鱼胶加入，晾凉。

(4)淡奶油打发至六成也加入进去，最后加入咖啡酒。

(5)瓷杯中放入准备好的手指饼，再灌入提拉米苏酱，冷冻 3 小时即可食用。

舌尖上的山大

第四篇

齐园餐厅——荣誉

当您走进齐园餐厅，明亮的大厅，浓厚的文化，丰富的美食会跃入您的双眸。

这个 28000 平方米，由五个层面组成的美食广场，不仅汇集了东西南北中的各地美食，而且获得了来自四面八方的肯定与赞誉。

十二个春秋的风雨兼程，经过一批又一批饮食人的艰苦努力，造就了这个“爱她，就带她去吃山大食堂”的地方——齐园餐厅。

这里有敢于担当的管理者，有烹饪技术过硬的操作者，有“学校发展的要求和师生员工的需求，就是我们的追求”的工作目标。

这里的奖牌、奖状，凝聚着对成功的追求。

这里的图文、照片，记载着奋斗的脚步。

在这里能飞扬个性，完善人格，更能挖掘潜能，体验成功带来的快乐和幸福。

媒体报道

一、“爱她，就带她去吃山大食堂”

B04 都会 今日济南　　2014年5月1日 星期四　齐鲁晚报

“爱她，就带她去吃山大食堂”

“舌尖上的山大”走红网络，毕业校友感慨生不逢时

“求回山大吃食堂！”“爱她就带她去吃一次山大食堂。”最近，在微博上不时出现这样的语言。糖醋过桥排骨、秘制冰糖红烧肉、啤酒炸鸡、意式千层面……山大中心校区四楼食堂——一多餐厅近日推出的一系列美食佳肴，让“舌尖上的山大”迅速走红网络。

文/片 本报记者 宋磊
见习记者 王杰 实习生 李娜

限量菜品 由大厨专盯

说到一多餐厅的主打菜品，首推黑椒饭。该饭借鉴了“真功夫”快餐的蒸锅技术，“现在有培根、酱香鸡腿等多个品种，量足而且口味好，”一多餐厅的经理任文宁说。

每天中午11时到下午5时，一多餐厅都会推出自家的限量菜品。之所以限量，主要是这些菜是由餐厅主厨精心制作而成。“限量菜品的厨师都是餐厅专门招聘的。”

据任文宁介绍，新近推出的限量菜品是“漂泊鱿鱼”、“千层面”、“意式海鲜烩饭”。像漂泊鱿鱼，主要借鉴了香港茉莉餐厅的经验，将米饭塞入鱿鱼肚子里面，然后烤熟，之后将鱿鱼切片浇汁。与茉莉餐厅不同的是，一多餐厅利用不同的浇汁，仔细地解释了一把“漂泊”。“这周是四川站，鱼香肉丝味；下周鱿鱼就漂泊到扬州站，成了江淮味；下下周可能就成了马来西亚的水果汁味道，轮下来就是印度的咖喱味。”

跟随热播韩剧 推出啤酒炸鸡

除了每周的主打菜品，一多餐厅还有几款经典菜品，如墨西哥T骨猪排、秘制冰糖红烧肉、过桥排骨等。T骨猪排，主要是借鉴了T骨牛排的做法，因为牛排的成本高，学生消费不适合，所以一多餐厅使用猪排来代替。“估计全济南就这里会有T骨猪排了，”任文宁说。

前一阵热播的韩剧《来自星星的你》，带火了啤酒炸鸡，一多餐厅也顺势推出了啤酒炸鸡。与韩剧上的啤酒炸鸡不同，这里的啤酒炸鸡主要在于炸鸡的面糊。“面糊是用啤酒和的。”创意是任文宁在上海东方大厦学习时得出来的。“当时那道菜叫啤酒鱿鱼，我把做法借鉴过来了。”

不过，虽然经典，但并不代表菜品的口味一成不变。“我们会更换口味，这周能吃到冰糖红烧肉，下周吃的就是酱香味的了。”

网络走红后 餐厅更火了

“从今年开始，真正感受到了网络的力量，”任文宁说，自从一多餐厅在网络上走红以后，餐厅的营业额已经翻了一番。“一年前黑椒饭一天卖出80碗，现在每天能卖到280碗。”

其实，一多餐厅里面那些让吃货网友们为之疯狂的菜品，基本上全都由任文宁把关推出。大学学习餐饮管理的他，毕业后曾在上海香格里拉大酒店跟随世界名厨学习过一年的西餐制作。

据其介绍，一多餐厅的饭菜亮点还在西餐方面，西餐料理的主厨曾在马来西亚一家五星级餐厅做主厨。谈起这位主厨，曾在山大学生中引起激烈争论，学生们普遍不解，为什么五星级大厨“沦落”到山大食堂。对此，这位主厨很淡然，“他跟我们说，他跟随过世界一流厨师学习，但却从来没受过高等教育，他的愿望就是想为象牙塔里的学生们做美食，”任文宁说。

一多餐厅的厨师团队倾向年轻化，最让人称赞的莫过于它的创新意识了，这里被山大学生誉为“美食实验室”。每周都会推出16个菜品，每周也会更新30%的菜品，用新菜品换掉不畅销的菜品。

各部门密集公示公车封存情况

本报4月30日讯(记者 刘雅菲) 4月30日，各政府部门密集公示“五一”假期公车封存情况。记者注意到，很多部门在小长假期间封存的公车数量远超值班公车的数量。

每到假期，公车使用问题都会成为市民关注的焦点。30日，市政府办公厅、12345热线、市打私办、市口岸办、市政府机关后勤服务中心、市政务管理办公室通过市政府官网集中公示了在“五一”假期封存的公车。记者梳理发现，上述6个单位在“五一”假期共封存54辆公车，只留下18辆公车值班。在公示中，不仅明确标注了封存公车的车号、车型、封存地点等信息，还标注了值班公车的车号、车型和值班地点。

和上述部门一样，市环保局、市教育局、市房管局等众多部门单位也在各自官网公示了“五一”假期封存的公车。其中，市环保局在假期将封存37辆公车，只留15辆公车值班；市教育局在假期将封存14辆公车，只留4辆公车值班；市房管局在假期将封存6辆公车，只留2辆公车值班。不难发现，这些单位在假期封存的公车数量远超值班公车的数量。

记者了解到，在节假日期间“封存大半公车，仅留少量公车值班”……

2014 年 5 月 1 日《齐鲁晚报》B04 版

一多餐厅自 2006 年 9 月 8 日起由路长福主任主持开业，到 2007 年 9 月起杨晓宁主任负责，再到 2012 年任文宁主任管理，三届管理者逐步年轻化，服务的模式，菜品的结构更贴近广大师生。自2012年起，任文宁主任带领着有国外工作经验的周剑来、门陆阅等员工，经过近一年的努力，使一多餐厅成为中西餐皆存的综合服务餐厅。2013年起一系列美食佳肴的推出，被师生誉为“舌尖上的山大”，迅速走红网络。

2014年4月30日约17点30分，《齐鲁晚报》的记者宋磊同志打通了我的电话，说要采访报道一多餐厅，并自称是学校宣传部李平生部长的学生，被我拒绝；几分钟后，他又把电话打了过来：“我已经给宣传部作了请示，张新萍副部长通知你了吗？我的稿子明天要在《齐鲁晚报》上刊登，现在急需采访你。”我虽然听出他非常着急，但鉴于饮食管理服务中心的相关规定，还是再次回绝了他。

当我接到徐健主任的通知并联系上宋磊时，他非常激动，对于徐主任提出报道要求，他也欣然接受。于是，2014年5月1日“爱她，就带她去吃山大食堂”的报道刊登在《齐鲁晚报》上。文章以一多餐厅的食品为主线，对一多餐厅的供餐服务工作作了详细的报道。此报道使山大食堂在社会上引起了强烈反响，并广为流传。

【缤纷校园】我爱你，山大，生日快乐！

2014-10-15 山东大学

食堂，懂山大。
爱她（他）就带她（他）来山大食堂。
“今天要去三层还是地下吃呐？但是小笼包也很好……”
每天如是。

山东大学微信公众号对食堂报道

二、山大生日祝福

《我爱你，山大，生日快乐！》中有这样一段文字和图片：

山大人，懂山大。

113年的风雨兼程，山大人共同见证。

两百余位山大名人，数十万山大校友，山大哺育。

百年山大，在齐鲁大地生根，发芽，成长。

崭新的躯体，在青威的醺醺海风中破壳。

小树林，懂山大。

否则，为何无论身在何处，

总能见到她与山大形影不离的绿意，还有被朝霞或夕阳挑染的金色的叶缘。

食堂，懂山大。

爱她(他)就带她(他)来山大食堂。

“今天要去三层还是地下吃呐？但是一层的小笼包也很好……”

每天如是。

心声：正如我在2014年7月毕业典礼上所说：“同学们，食堂是你们大学生活必需的场所，四年的相随相伴，我们的服务虽然存在着一些不足，但仍然得到了你们的认可。最让我感动的是2014年5月1日《齐鲁晚报》用最美的语言赞扬了它：‘爱她，就带她去吃山大食堂。’这大概也是你们的心声。在此，我向大家表示衷心的感谢。真诚地希望你们毕业后常回山大，看看食堂的发展与变化，祝你们前程似锦，万事如意。”在山大113岁的生日祝福里，食堂排在第三位是我们最自豪，也是我们最惭愧的，食堂竟然在师生心目中有如此高的地位。当我把这个消息传达给齐园餐厅全体员工时，大家都很激动，纷纷表示我们的付出是值得的。我们将继续努力，为山大广大师生的健康和学校的稳定做出更大的贡献。

三、“哇噻！你确定这是山大食堂吗？”

都会　C06

2015年9月14日　星期一

本版编辑：翟恒水

美编：许璨爽　组版：徐凌

齐鲁晚报

高校食堂大PK

编者按　吃穿住行，吃字为先。象牙塔里的天之骄子们，概莫能外。“我们学校的煎饼果子好吃”、“我们食堂的肉夹馍是一绝”……在大学生的朋友圈、贴吧、论坛里，各高校美食信息总是让人垂涎欲滴。即日起，本报记者将深入驻济高校学生餐厅，体验一下“舌尖上的高校食堂”。末了，我们还会在齐鲁壹点客户端搞一场驻济高校食堂大PK，记得来投票哟！还有，评选不是目的，而是让你多一份选择。今天，我们推出的是山大食堂美食菜谱。

哇噻，你确定这是山大食堂吗

一点也不比五星级餐厅逊色哦

文/片　本报记者　周国芳　实习生　江璐

满满的蔬菜搭配着各色沙拉，造型各异的杯子蛋糕，松松软软的华夫饼，甚至还有芝香满溢的烤肉比萨。没错，这不是在哪家高大上的西餐厅，而是山东大学中心校区的食堂。

山东大学中心校区学生餐厅除了好吃，还很大，包括地下一层共五层，同学们都说，山大食堂在整个亚洲都排得上号。首屈一指的是四楼一多餐厅，堪称“美食实验室”。四楼相对来说饭菜也稍微贵些，环境自然也很好。在港式餐厅中，总是会有服务员推着小餐车售卖笼屉中的美食。水晶虾饺，透过水晶饺子皮，内馅中的虾仁饱满到呼之欲出。萌萌哒的菜包被面点师傅的巧手雕琢成小猪、熊猫模样，让人不忍下嘴，只想静静欣赏。

琳琅满目的糕点摆在三层环形的大理石桌面上，摆放十分精美，远看就像是一个三层大蛋糕，旁边长条大理石桌面上整整齐齐摆放着其余楼层吃不到的菜品。到了用餐高峰期，排队的人能排到楼梯口。

这里的桌椅布置也是各有特色，有舒适的藤椅，可供人休闲交流，也有普通舒适的座椅，方便学生就餐，还有少数包厢，营造着安静浪漫就餐环境。

三楼主要区域用来开饭店了，供学生吃饭的地方就小一些了，这里有适合学生自己吃的小火锅，自助区域是有人数限制的，所以想尝尝山大的自助，得尽量早去。

二楼汇聚了特色美食，面米饭汤粉应有尽有还有搭配营养的套餐，石锅拌饭，韩式鸡扒饭，巴西烤肉，羊汤，

地下餐厅美味的肉食。

2015年9月14日《齐鲁晚报》C06版

2015年9月14日，还在四川烹饪管理学院送人进修学习的我接到了赵家林主任的电话，他告诉我《齐鲁晚报》对负一层食堂以“哇噻！你确定这是山大食堂吗？”为题目进行了报道。我听后很兴奋，非常感谢徐健主任能够选择王洪振这位年轻的代理食堂主任主持负一层食堂工作。

负一层食堂在翟洪奎主任的带领下，两年的时间里创造了一次又一次服务收入上的奇迹。过 90 万元，上 100 万元，再超 110 万元，这是翟洪奎主任的管理团队齐心协力，供餐结构不断调整，花色品种不断创新的结果。王洪振同志在接管负一层食堂时有着巨大压力，但他不怕困难，克服了一个又一个难题，继续发扬前任的优良传统，挖掘潜力，群策群力，使员工拧成一股绳，充分利用时间节点(中餐 12:30～13:30，晚餐 18:30～2:00)，勇于创新，花色品种进一步得到了师生的认可，使负一层食堂 2015 年 11 月的服务收入达到 130 万元，再创新高。

负一层这个全日制(7:30～22:00)食堂，全天不间断地提供着优质的服务，其目的是让每一位师生吃上可口、保温的饭菜。师生的认可，社会的宣传，将促使王洪振同志和他所带领的团队更加努力，为师生的健康和食品安全做出更大的贡献。

四、烹饪大师进山大，引领校园饮食文化

鲁菜大师王兴兰(右)现场指导

2015 年 4 月 27～28 日，饮食管理服务中心与山东省鲁菜研究会联合开展了“烹饪大师进山大”活动。中国特级烹饪大师、孔府菜第一女传人、笔者的恩师王兴兰先生率领鲁菜大师李建国、储大齐、李建和面点大师杨春丽走进了山东大学中心校区的齐园餐厅。他们亲自下厨传授技艺，为师生奉献了两场难忘的饕餮盛宴。

4 月 27 日上午 8 点半，五位大师分别在齐园餐厅一、二、三层的五个烹调间开始了他们的首秀。各校区选派的 20 余名骨干厨师也被分别安排到每位大师身边学习、观摩和帮厨。在烹调间 30 多摄氏度的高温下，大师们全情投入，一干就是 4 个多小时，他们一边亲自制作，一边为观摩厨师们讲解每款菜品的技法、步骤和要点。中餐供餐开始时，大师们精心准备的菜品外婆茄子、金沙龙利鱼、鸡米炒海带、鱼鳞茄子、山东蒸丸、西米雪花凉糕、

意式菌菇培根面、爆炒柿椒肉片和面点椰丝紫薯球、油酥烧饼、紫薯蛋糕、油旋、萝卜丝酥饼、家乡豆腐包、贝壳包子、糯米豆沙糕、玉米酥饼，分别在五个窗口展现在师生的面前，不到一个小时就已售罄。

大师们顾不上休息，下午 2 点钟就开始了与骨干厨师的座谈交流。68 岁的王兴兰大师畅谈厨艺，她说："厨师是一个伟大的职业，能为食者带来快乐和享受。"并讲到要做好厨师，必须要学会做人，用心、细心、恒心是优秀厨师必备的素质。厨师们认真聆听，牢记在心。对于厨师们提出的各种烹调技术问题，大师们也一一进行了解答。

第二天，为满足师生们的需求，早上 7 点半大师们就进入烹调间开始准备食材。上午 10 点半，大师菜品的供餐窗口排起了长龙，师生们在品尝了大师们的菜品后都纷纷给予赞扬，并希望此项活动能经常举办，满足师生们舌尖上的需求。

"烹饪大师进山大"活动，不仅让员工开阔了眼界，增长了见识，而且还弘扬了齐鲁饮食文化，丰富了山大饮食文化，将为山大饮食文化建设的发展起到积极而深远的影响。

五、教育部副部长朱之文一行走进齐园餐厅指导工作

山东大学党委书记李守信（左一）、校长张荣（右二）陪同教育部副部长朱之文（左三）、山东省副省长孙伟（左二）到齐园餐厅视察

根据国务院教育督导委员会办公室《关于开展 2016 年春季开学专项督导检查工作》的通知精神，为确保新学校开学工作的顺利进行，饮食管理服务中心坚持早谋划、早部署、早落实，从严从实地以食品安全管理、稳定饭菜价格、确保饭菜质量为工作重点，精心做好学生食堂新学期开学前的各项准备工作。

2016 年 2 月 29 日上午，齐园餐厅迎来了历史性时刻。学校领导李守信书记和张荣

校长，常务副书记李建军、常务副校长王琪珑、副书记仝兴华、副校长胡金焱陪同教育部副部长、党组成员朱之文和山东省委常委、常务副省长孙伟带领的专项督导检查组（教育部发展规划司副司长秦昌威、副巡视员葛华，山东省教育厅厅长左敏，山东省政府办公厅、省教育厅办公室、省政府教育督导室有关负责人）走进食堂，对开学准备情况进行了检查。

在学生食堂，朱之文一行到地下一层二号食堂后厨和保障部的副食车间、洗碗消毒车间视察了烹调、水产、肉类、蔬菜、切配、洗碗等操作间；随后，他们来到一层八号食堂餐厅，查看了特价菜、免费汤、小笼包等特色窗口，并与正在用餐的学生进行了面对面的交流，询问饭菜价格、口味及服务等情况。对食堂精细化作业水平和现代化操作过程，以及饭菜质量、价格、安全给予了充分肯定。

领导的鼓励就是食堂发展的动力。各级领导的莅临，给食堂员工带来莫大的鼓舞，提升了全体员工的精气神。员工们纷纷表示要积极贯彻上级领导的指导思想，精诚团结、鼓足干劲、克服困难，做好饮食服务工作，使广大师生能够以饱满的精神面貌，积极投入到新学期的工作学习中，为学校的发展贡献自己的力量。

六、齐园餐厅圆满完成国际历史科学大会欢送午宴供餐任务

2015 年 6 月，当我们接到承办第 22 届国际历史科学大会欢送午宴的供餐任务时，从饮食管理服务中心领导到齐园餐厅员工无不备受鼓舞，纷纷表示要出色完成这次服务任务。

齐园餐厅为第 22 届国际历史科学大会供餐服务人员及开餐场景

国际历史科学大会始创于1900年，每5年举办一届，每届参会的各国历史学家都有1500～2000人，是世界历史学家的盛会。大会于23日下午在山东济南开幕。从抵达济南的第一天开始，各国学者每日都沉浸在孔孟之乡的环境氛围中，感受正宗的中国历史文化。除了能吃到正宗的鲁菜，看到孔孟之乡的礼乐表演，听到中国学者演绎的中国历史故事，还能免费参观山东20多个博物馆的中国历史文化展览，全程沐浴在中国文化的历史长河中。国际历史学会主席玛利亚塔·希耶塔拉一到济南，就毫不掩饰地表达了她对富有中国文化内涵的大会标识的喜爱。她说：从未见到以往任何一届大会标识，像本届大会标识那么漂亮。

为了完成好此次重大的供餐任务，饮食管理服务中心上下团结一致，精心筹备，积极协调配合，中心从各职能部门、餐饮部选拔出100余名专业人员、技术骨干和服务人员抽调到中心校区，按其职能分为食品安全、原材料保障、消防安全、燃气检测、电梯运行保障、供水供电保障、空调运行保障、人员引导与疏散、餐厅服务保障9个保障组分别进行大会的服务准备工作。按照绿色、健康、营养、国际化的原则精心设计了52款经典主副美食，并专门设置了清真厨房，配备清真专业厨师及食材，保障伊斯兰学者的就餐需求。为了追求品质，服务人员注重细节服务，着装整齐；餐厅从灯光、窗帘到餐桌椅再到餐布、餐具、盛器无不整齐划一，干净明亮；地面、走廊、墙体均一尘不染……

8月29日早上6点半，100余名供餐服务人员全部到位，投入到餐前准备工作中，上午11点，餐厅全部布置完毕。以素雅的象牙白为主色，点缀淡紫和深褐的桌布、餐巾，悬挂和设置了大红的灯笼、中国结和灯箱背景台，恰当地突出了雅致、稳重又不失喜庆的中国元素和气氛。购置的藤椅、藤桌，以及100余棵绿萝、凤尾竹、铁线蕨、海棠等绿植花卉点缀在餐厅的每个角落，增添了午宴轻松舒适的氛围。

中午12点，在舒缓、轻快的中国民族音乐背景声中，欢送午宴正式开始。餐厅服务人员各司其职，制作、传菜、摆放、斟酒、清理……忙碌而又井然有序。与会人员陆续进入，以自助的形式，选择自己喜爱的食物：油焖大虾、黑椒牛肉粒、泰式咖喱鸡、狮子头、宫保鸡丁、驴打滚、油旋、法式长棍面包、香草芝巴达、菠萝丹麦酥等中西特色的美食。这些美食制作精良，口味地道，色、香、味俱佳。代表中国特色并印有山大标志的中秋月饼引起了许多外国与会人员的兴趣，对其口味赞不绝口。

此次午宴是饮食管理服务中心一项重要工作任务，也是齐园餐厅有史以来最大规模的供餐活动。齐园餐厅在中心领导的大力支持下，较好地完成了此次供餐任务。所有服务保障人员全情投入，认真敬业，反映出了山大饮食人面对重大任务时团结凝聚、严格细致、追求品质的精神风貌。

荣　誉

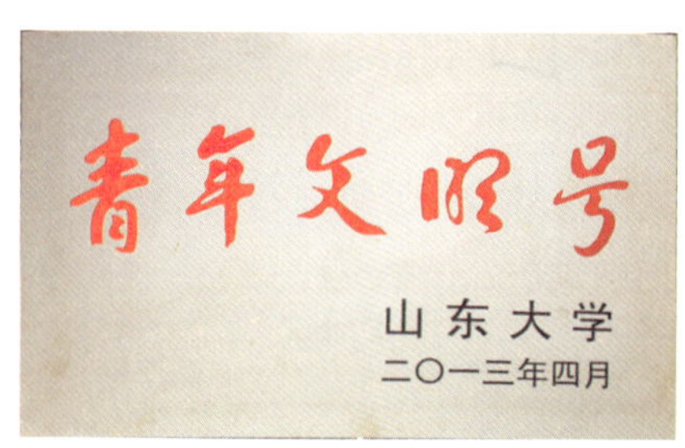

一、2013 年度山东大学“青年文明号”

在山东大学 **2013** 年“五四”评比表彰中，饮食管理服务中心第一餐饮管理部一多餐厅荣获山东大学“青年文明号”荣誉称号。

一多餐厅是一支充满生机和活力的年轻团队，该团队是由杨晓宁主任带领的饮食中心最年轻的餐饮服务队伍。这个团队不畏艰难，以“学校发展要求和师生员工的需求，就是我们的追求”为工作目标，始终为广大师生们提供着充满享受的就餐旅程。

一多餐厅始终坚持供餐模式与花样创新的双向发展，在供餐模式上，不断学习先进的餐饮理念，以制定菜谱的形式对每周的菜品从口味、价格、荤素搭配等方面进行科学的调配，使餐厅的菜品供应更加健康、营养。在花样创新上，通过借鉴学习，推出了众多师生们喜闻乐见的系列食品。

环境优雅、服务周到、饭菜可口一直是一多餐厅的名片。来过一多餐厅就餐的老师、同学时刻都能感受到舒适、时尚、贴心的就餐体验。为此，餐厅全体员工有一个共同的愿望：让服务更加细致，让就餐更加舒心，让师生更加满意。

二、2014 年度山东大学“青年文明号”

在山东大学 2014 年“五四”评比表彰中，饮食管理服务中心第一餐饮管理部八号食堂的齐园小笼包班组荣获山东大学“青年文明号”荣誉称号。

齐园小笼包班组认真落实食堂的各项规范和要求，在稳定产品口味和质量上下工夫，制作的齐园小笼包鲜香可口、味道纯正，是备受喜爱的食堂特色美食之一，更是齐园餐厅的招牌食品。该团队共 6 名员工，每天不仅需要制作 540 余笼、4320 余个小笼包，还要负责其他主食花样的制作，工作量非常大。他们凭借着“安全、卫生、协作、奉献”的工作精神，赢得了广大师生的认可和赞誉。

三、2014 年度“榜样的力量”特别奖

为更好地建设校园文化，传播社会正能量。山东大学团委、学生会、研究生会组织举办的 2014 年度“榜样的力量”年度人物评选”活动，将特别奖的荣誉颁发给了食堂后勤工作人员。

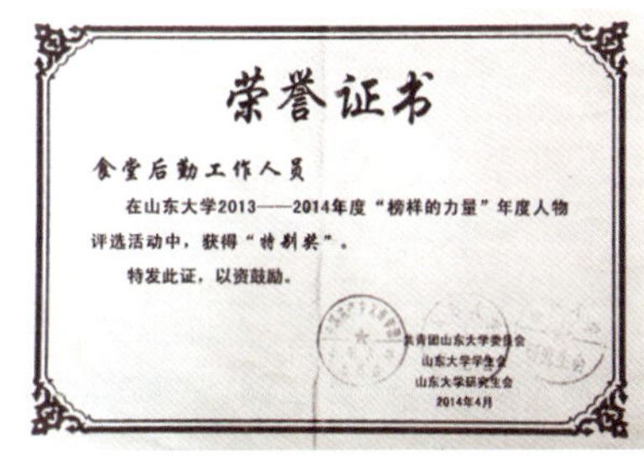
荣誉证书

食堂后勤工作人员

在山东大学2013——2014年度“榜样的力量”年度人物评选活动中，获得“特别奖”。

特发此证，以资鼓励。

共青团山东大学委员会
山东大学学生会
山东大学研究生会
2014年4月

4 月 25 日晚，在中心校区思源报告厅举行的“我的青春榜样故事”暨 2014 年度“榜样的力量”事迹分享会上，播出了微型纪录片——食堂工作人员忙碌的一天。影片结束后，现场久久回响的热烈掌声传达着每个人内心最由衷的敬意与感动。

本次活动中由王洪振同志代表食堂领取了荣誉证书。

四、2016 年度山东大学“青年文明号”

在山东大学 2016 年“五四”评比表彰中，饮食管理服务中心第一餐饮管理部八号食堂的齐园鸡蛋饼班组荣获山东大学“青年文明号”荣誉称号。

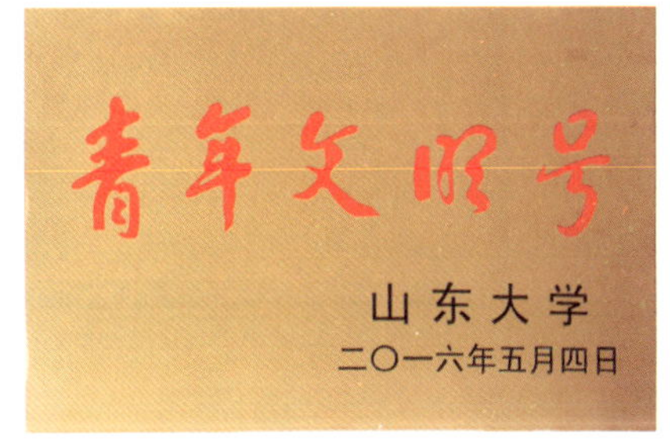

山大八号食堂的传统食品——鸡蛋饼是八号食堂赵甲林主任 1996 年研制的特色产品，面饼与蛋融为一体，形成了烙饼的软糯和煎蛋的韧劲相得益彰。该团队共 6 名员工，早餐近 4500 个鸡蛋饼需每天凌晨 4 点钟开始制作，他们不怕辛苦，任劳任怨，始终保持品质，二十年如一日，以其独有的味觉美历经二十年，成为山大学子公认的“早餐正能量”。

五、中国高等学校餐饮服务行业“百佳食堂”

2006 年 10 月，运转两年的齐园餐厅参加中国高等学校餐饮服务行业的评选，荣获“百佳食堂”荣誉称号。

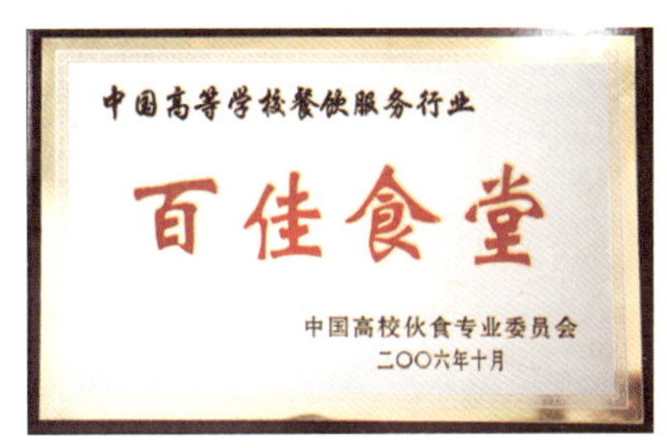

坐落于山东大学中心校区的齐园餐厅，实行“四个统一”管理，即伙食物资集中存储统一管理、主副食集中加工统一配送、餐具集中清洗消毒统一配用、专业化维修保全统一服务。所有食品都实行专业化加工、工厂化生产，如今已成为学校饮食管理服务的一面旗帜。齐园餐厅是集餐饮、购物、娱乐于一体的综合性智能化建筑。它是目前国内高校规模最大的综合服务楼之一，共有 5 个管理单位，楼体建筑总面积 3.2 万平方米，其中食堂建筑面积 2.8 万平方米，共有

4600 个餐位，每天能为 15000 余名师生提供餐饮服务。自 2004 年 10 月竣工投入使用以来，先后被山东省卫生厅评为“食品卫生监督分级量化管理 A 级单位”“食品卫生管理先进单位”。齐园餐厅的管理服务工作得到了陈至立、周济、张高丽和韩寓群等国家和山东省领导的高度评价。

六、中国高校首届、第二届烹饪大赛（大众面点）二等奖

2013 年 7 月 25～27 日，中国高校伙专会举办的第二届高校烹饪技术大赛在沈阳（东北大学）如期举行。来自全国 30 个省市、137 所高校的 480 名选手进行了激烈的角逐。参加比赛的选手都是从全国各地层层选拔出来的，代表了本地区高校中红案和白案制作的最高水平。在三天的比赛中，他们展示的是技艺，展现的是高度的责任心、严谨的工作态度、严明的组织纪律和应该具备的职业素养。大赛对于选手来说是他们展示自身的烹饪技能的最好平台；对于学校来说是加强交流，提升餐饮服务水平的最好契机。齐园餐厅选派的参赛选手在 135 分钟内按十人份量现场完成三个品种：油条、小笼包和南瓜馒头的制作，与 2006 年首届高校烹饪技术大赛一样获得白案团体二等奖。

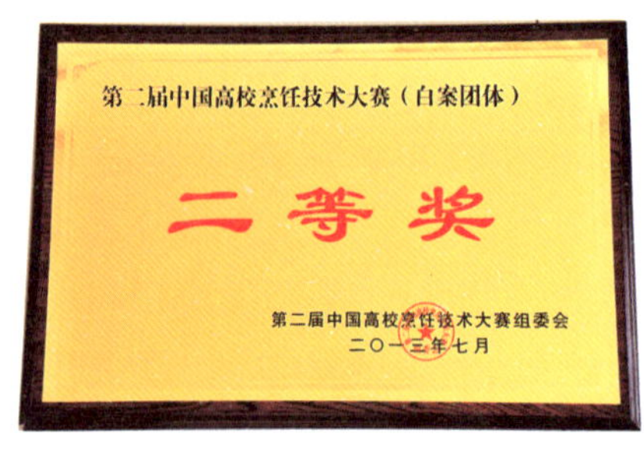

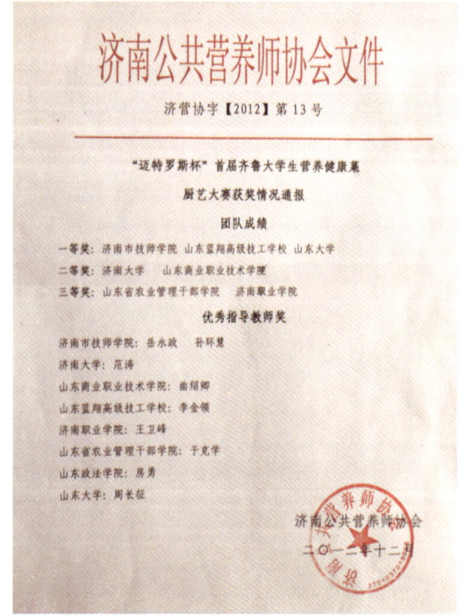

济南公共营养师协会文件

济营协字【2012】第 13 号

“迈特罗斯杯”首届齐鲁大学生营养健康菜厨艺大赛获奖情况通报

团队成绩

一等奖：济南市技师学院 山东蓝翔高级技工学校 山东大学

二等奖：济南大学 山东商业职业技术学院

三等奖：山东省农业管理干部学院 济南职业学院

优秀指导教师奖

济南市技师学院：岳永政 孙环慧

济南大学：范涛

山东商业职业技术学院：曲绍卿

山东蓝翔高级技工学校：李金领

济南职业学院：王卫峰

山东省农业管理干部学院：于克学

山东政法学院：房勇

山东大学：周长征

济南公共营养师协会

二〇一二年十二月

七、齐鲁大学生营养健康菜厨艺大赛团体一等奖

首届齐鲁大学生营养健康菜厨艺大赛决赛于 2012 年 10 月 28 日在济南市技师学院商贸分院举行。本次比赛由 12 所高校、28 个代表队、80 名选手组成。山东大学组队最终获得了团体一等奖和优秀指导教师奖，参赛选手均取得好名次。

八、任文宁荣获 2013 年度山东大学“青年岗位能手”荣誉称号

2012 年开始担任一多餐厅主任的任文宁同志荣获 2013 年度山东大学“青年岗位能手”荣誉称号。

荣誉证书

任文宁　同志：

在2013年度共青团工作中，成绩突出，被评为山东大学2013年度青年岗位能手。

特发此证，以资鼓励。

共青团山东大学委员会

二〇一四年四月

一多餐厅主任任文宁同志所带领的年轻团队，不断规范餐厅管理，落实食品安全制度，加大新产品研发力度，使中西餐菜品不断丰富，从花色、营养、口味等方面满足师生需求。他注重人才引进，为有国外工作经验的员工搭建平台，制作出诱人的西餐西点，提高了一多餐厅的服务层次，被师生们誉为“舌尖上的山大”，在网络上广为流传，使山大食堂的知名度得到了很大提升。

九、王洪振荣获 2014 年度山东大学“青年岗位能手”荣誉称号

荣誉证书

王洪振　同志：

在2014年度共青团工作中，成绩突出，被评为山东大学2014年度青年岗位能手。

特发此证，以资鼓励。

共青团山东大学委员会

齐园餐厅一层食堂食品安全管理员王洪振同志荣获 2014 年度山东大学“青年岗位能手”荣誉称号。

自 2000 年参加工作以来，王洪振始终工作在食堂第一线，爱岗敬业，有着良好的职业素养，得到领导和同事的一致好评。他在担任一层食堂厨师长时，把工作重点放在菜品研发上，追求色、香、味、形的完美结合，由他制作的把子肉是山大的特色风味小吃。在担任食堂食品安全管理员后，他严格执行 ISO9000 质量标准，认真履行岗位职责，做好各项工作的日常巡检，保证了生产安全和食品安全。

十、王天天荣获 2015 年度山东大学“青年岗位能手”荣誉称号

荣誉证书

王天天：

在2015年度共青团工作中，成绩突出，被评为山东大学2015年度青年岗位能手。

特发此证，以资鼓励。

共青团山东大学委员会

二〇一六年五月四日

齐园餐厅一层面点技师王天天同志荣获 2015 年度山东大学“青年岗位能手”荣誉称号。

20 岁的她经自己的艰苦努力，用务实的工作态度，通过两年的磨练就已熟练掌握了面食面点的全部制作流程，成为食堂的技术骨干。如今，一层食堂主任将鸡蛋饼制作的任务交给了她。

王天天同志对山大食堂抱有强烈的认同感和归宿感，从此刻起她青春的脚步踏上了这个平凡的工作岗位。路在脚下延伸，虽有风雨，但她坚信始终会有美丽的彩虹相伴……

十一、清真食堂荣获山东省“民族团结进步模范”集体

山东大学高度重视少数民族学生生活问题，始终把尊重少数民族风俗、贯彻落实民族政策作为学校稳定发展的重要内容。六个校区清真食堂均设有独立操作间、独立售饭窗口、独立就餐区，完全由穆斯林厨师提供饮食服务。

2015 年 6 月，山东省统战部部长一行在对我校齐园餐厅清真食堂视察工作时，给予高度评价，并授予清真食堂“全省民族团结进步模范集体”荣誉称号。

附　录

穆斯林的远行

高校餐厅一直是众多学子津津乐道的地方，之前的报道——“舌尖上的山大”和“爱她，就带她去山大食堂”，让山大餐厅备受关注，连毕业校友也感叹“学不逢时”。细心的你是否留意到，在济南的六大校区，在食堂一角，总有那么一个地方：那里有戴着头巾的售饭姐姐，有手抓饭、大盘鸡等清真美食，人们说着不一样的语言，却有着和其他餐厅一样的其乐融融……清真餐厅，就这么真实又特别地存在于山大餐厅之中，成为校园里的一道别样风景。

“全省民族团结进步模范集体”“餐饮服务食品安全等级A级单位”“2013年度省级餐饮安全示范学校食堂”，这些宝贵荣誉的背后，清真餐厅所呈现的，不仅仅是优质的服务、朴素的坚守、无私的关怀，更是一场关于穆斯林的远行。

远行，始于求学

2003年，山东大学第一次招收新疆维吾尔族同学。就这样，一批穆斯林学子怀着求学之心，离开家乡，开始了在山大的校园生活。

不曾想，求学的第一道难题竟是吃饭问题。在饮食上，穆斯林坚持严格意义上的清真饮食，禁食大肉、动物血液、自死物、烟酒、未诵真主之名而宰的动物，而最初的校园餐厅却远远达不到穆斯林学子的要求。

当时的山大餐厅正处于过渡期，中心校区方面，学生只能在临时餐厅就餐。一些维吾尔族学生的家长向学校反映就餐问题，引起了校领导的重视，单独批了三间临时房作为清真就餐区，解决了穆斯林学子的吃饭问题。

2004年，中心校区现在的餐厅——齐园餐厅建成，学校专门设置清真操作间、清真就餐区，实行专人负责、专用穆斯林厨工、专用灶具、专用餐具的“四专”生产服务方式。自此，济南六大校区实施清真专间制作、专间销售。

日前，山大校园里每天来往着500余名穆斯林学子。而在之前的十几年里，清真餐厅服务的一届届学子更是不计其数。民以食为天，只有解决了吃饭问题，穆斯林学子才能安心学习、生活。不少穆斯林学子在毕业后，也时常想起山大的清真餐厅，想起那里独特的校园生活。

安合塔母就是其中一位。他是2002级管理学院的学生，后又在山大读研，2010年硕士毕业，如今在新疆师范大学做老师。“二楼楼梯右边、总是很整洁”的那处清真餐厅，让安合塔母至今记忆犹新。安合塔母本人曾去过很多所高校，他坦言，穆斯林学子在山大的待遇在全国都数得上。明年，是安合塔母本科毕业十周年的日子，他计划着回母校看看，再尝尝记忆中的清真餐。

远行，伴随着服务

穆斯林学子的远行，是出于对知识的渴求。与此同时，有另外一群人，他们的远行，是出于对学子的服务，也是对心中信仰的追求。

清真餐厅现有43名厨工，清一色全是穆斯林。学校之所以全员聘用穆斯林厨工，就是为了让餐厅做出真正意义上的清真餐。这些厨工，大都来自甘肃兰州，也有少部分是山东本地人。

2003年，山大餐厅第一次招募穆斯林厨工，家在兰州的马红红来到了山大。那时候的她又瘦又高，是同事眼中的大美女，一转眼已经在山大工作十多年了。马红红的工作主要是统筹清真餐厅的餐品供应，因为每天在售饭窗口忙活，她和来买饭的同学很熟络。现在的马红红已经开始担心六月份毕业季的到来。“每年那个时候，都有一批学生和我们打招呼离开，我每次都很难受，就是舍不得。”

日积月累的接触，让马红红与同学们建立了特殊的感情。她为大家烹炒煎炸着各种美食，也品尝着自己工作中的酸甜苦辣，品味着在山大的这场远行。

而说到穆斯林员工们的这场远行，就不得不提一个人——清真餐厅主管毛伟。毛伟，2003年经伊斯兰教协会推荐来到山大，主要工作就是解决山东大学穆斯林同学的就餐问题。

“没有清真餐厅，穆斯林走到哪里都很难生活。”毛伟深知清真餐厅对穆斯林的重要性，一直从他民族、信仰的角度，用心做着餐饮工作。在他看来，自己一辈子的价值，就是给这些学生做饭，为他们服好务。“我们要把餐厅做成学生的家。”清真餐厅，以学校的发展要求、同学们的需求为自己的追求，同时也是让远行的穆斯林学生吃到家的味道，感受到家的温暖。

远行，背后是尊重

在山大，穆斯林同学可以放心享受每一顿纯正的清真餐，而这背后，其实是学校在为他们的一场场远行保驾护航。

山大清真餐厅占地总面积达2243平方米；济南六个校区均配备独立初加工间、独立烹调间、独立备餐间、独立洗消间、独立就餐区；从厨师到售饭人员，全部厨工均为穆斯林；清真餐厅建设、改造、设备设施、餐具购置等费用全部由学校承担，每年还拨款3万余元用于设备维护和更新；清真餐厅水、电、蒸汽费用的70%由学校承担，每年补贴此类费用10余万元；每年古尔邦节，学校补贴近万元购买牛羊肉等食材，让穆斯林学生共度节日；学校学工部成立了清真餐厅学生工作咨询委员会，力求与学生在交流中交心……

一项项顶层设计，一件件得力举措，一次次人性化的政策倾斜，或许学子们不曾了解过、聆听过、正视过这些“理所当然”的付出，更多人，其实是在迈出校门后才察觉到它的可贵与难得。

周长征，学校饮食管理服务中心分管清真餐厅工作的副主任，在山大食堂工作近30年，算得上一位“老山大人”。他说：“学校对清真餐厅的重视，其实是对穆斯林学生的尊重。”

这种尊重，首先是一种细节：每一位穆斯林家里，都挂着一条手织的毯子，毯子上画着全世界穆斯林朝觐的地方——麦加。每年大约有四百万穆斯林前往麦加朝觐，四百万人在同一时间做同一动作，虔诚而壮观。而在清真餐厅里，最显眼的地方，也挂着一条这样的毯子。

这种尊重，也是一种态度：每到就餐时间，中心校区二楼的清真餐厅总是热闹非凡，新疆大盘鸡、手抓饭、油拌面、清真牛肉面的窗口前人来人往。文学院2011级的维吾尔族姑娘局斯古丽曾经给餐厅提建议，希望热菜能多一些，之后不久就发现菜品悄悄发生了变化，“现在热菜多了很多，感觉特别好”，她说。

这是尊重，更是一种呵护。

开斋节是穆斯林三大宗教节日之一，相当于汉族的过年。在山大清真餐厅，开斋节前的斋月期间，无论汉族、藏族、回族、维吾尔族，只要信仰伊斯兰教，都可以按斋月习俗免费进餐；斋月结束后的开斋节，穆斯林还会聚在这里一起吃饭，一起做手抓羊肉。

点点滴滴、方方面面的尊重，托举起了一场场穆斯林的远行。清真餐厅里日复一日上演的，是一个餐厅跨越空间变身家园的远行，是不分民族、宗教，只为学子更好的远行，更是一场关乎尊重、裹挟着爱与寄托的远行。

（作者：黄丹妮　肖莹　吕倩）

高校食堂的优秀管家

——记山东大学2007年度爱岗奉献模范人物周长征

高校食堂无小事，伙食质量和饭菜价格不仅直接关系到广大师生的身体健康，关系到他们能否坚持正常的学习和生活，更是关乎维护学校稳定、构建和谐校园的大事情。山东大学饮食管理服务中心餐饮一部主任周长征，以高度的责任心和强烈的使命感，立足本职，兢兢业业，无私奉献，认真为师生服务，得到了师生的称赞。国务委员陈至立、教育部部长周济、省委书记李建国等领导来山东大学视察工作时，都视察了餐饮一部负责的齐园餐厅学生食堂，对齐园餐厅的卫生安全、服务质量和管理模式等给予了充分肯定。

坚持争先创优

按照“公益性非营利、统一管理、全成本核算、经济效益和社会效益双目标考核”的四项原则，秉承“以人为本、科学办伙、依法办伙、民主办伙”的发展理念，周长征带领餐饮一部的全体干部职工，以“学校发展的要求和师生员工的需求就是餐饮一部的追求”为工作目标，坚持科学化管理、标准化生产、规范化服务，深入贯彻实施ISO9000质量管理体系，餐饮工作更加严谨、细致，采购、加工、销售三个环节更加严格，实现了工作有程序、操作有标准、控制有规程、作业有记录、过程有监测，生产服务过程得到有效控制。结合校区师生生活和服务的实际情况，周长征与全体干部职工一起严格执行《食品卫生法》，根据食品卫生监督量化分级管理A级标准、《餐饮业和集体供餐单位食品卫生规范》的要求，努力创新，积极探索，实践了中心制定的、全国独有的高校伙食“四个统一”新型管理模式，即伙食物资集中存储统一管理、主副食集中加工统一配送、餐具集中清洗消毒统一配用、专业化维修保全统一服务，实现了专业化加工、集约化生产的管理体系，形成了集普通快餐、营养套餐、工作套餐、自选自助、宴会接待、师生休闲等多种形式于一体的多元化供餐结构，基本满足了师生员工的多层次、个性化的餐饮需求，餐饮服务质量和管理水平得到逐步提升，确保了食品的卫生安全，保证了食品质量，稳定了饭菜价格，取得了较好的成绩。

餐饮一部2007年6月顺利完成ISO9000质量管理体系贯标认证工作，所有食堂被省卫生厅评为“省级量化分级A级餐饮卫生管理单位”，连年被省卫生厅评为“食品卫生工作先进单位”，被中国高校伙食专业委员会评为中国高等学校餐饮服务行业“百佳食堂”。2004～2007年，周长征连续被省卫生厅评为“食品卫生优秀管理员”。2007年，餐饮一部4种主食产品、2种副食产品荣获饮食管理服务中心“十大名优产品”称号，安全责任事故为零，师生就餐满意和较满意率达到92％以上。

坚持科学管理

细节造就完美，凡事因认真而完美。每个人都应有追求完美的心态，并将其作为生活习惯，餐饮工作虽然经常面对琐碎简单的事情，却最容易忽略。餐饮一部在工作中虽然制定了任务目标，确定了岗位责任制，但如果在每一个环节连接上、每一个细节处理上、每一次规章检查上不能到位，都会导致错误出现。因此，周长征对每一项工作，每一个细微之处，都认真对待，遵循有计划、有实施、有检查、有结果的工作方法，力争“大处着眼，小处着手”，每件事都从细节抓起，提高管理水平。特别是通过ISO9000质量体系运行，按程序文件要求，餐饮一部在食品质量控制、服务质量控制、卫生安全控制、设备设施控制、内部沟通等方面，对物资原料的验收、员工上岗前的检查、原料领取、粗加工、切配、成品加工、售饭前各项准备工作、食品品尝和留样等工作进行规范化操作，实施专人检查制度，发现不合格及时处理，并进行表格记录。经过不断的持续改进，原先岗位不清、分工不明确、生产无标准可依的状况已经完全改观，保证了食品的卫生和安全。现在，通过“人、机、料、法、环”的控制，实现了科学化管理、规范化服务。质量管理体系的运行，为餐饮一部餐饮工作带来了新面貌、新气象。

坚持以人为本

以人为本，具体到学校就是以师生为本。为满足广大师生的饮食需求，周长征与餐饮一部的同事一起在齐园餐厅提供了形式多变的供餐方式：二号食堂为全日制餐厅，提供特色快餐和风味小吃；八号食堂为学生基本大伙餐厅，提供炖菜、炒菜、酱炸和大众主食；四号食堂设有自选餐厅、营养套餐餐厅和清真餐厅，并设有穆斯林学生专用就餐区；六号食堂设有教工餐厅、多功能餐厅和宴会餐厅；一多餐厅提供西餐和中式套餐。食堂共有113个窗口，提供丰富多样的花色品种，有主食花样40种，副食60种。综合楼的硬件服务设施齐全，各餐厅内入口和通道均悬挂就餐指示牌；楼内设有三块大型电子屏幕，为师生提供各层食堂服务信息，公开伙食物资价格和饭菜价格，介绍特色菜品，推出创新品种，发布失物招领等。优雅、明亮的就餐环境，为广大师生提供更快捷、更方便、更周到的服务。采取食堂值班主任接待、伙食咨询会、3·15“面对面”交流活动、LED显示屏、发放就餐满意率调查表的方式，加强与广大师生的沟通和交流，解决餐饮服务过程中发生的问题；通过查看校长信箱，对师生所提问题及时反馈。

坚持安全第一

饮食管理服务中心实行中心主任、餐饮部主任、食堂管理员至食堂各岗位的食品卫生安全责任制，逐年逐级签订安全责任书，完善了职能部门监控员、巡视员、市场调研员、验收员以及食堂管理员、安检员、质检员、品尝员、值班主任等岗位安全职责和任职要求，健全了中心、餐饮部、食堂三级安全领导组织机构，构建了食品卫生安全网络，完善了伙食安全保障工作治理结构。按这些要求，餐饮一部餐所有食堂统一容器分类；成品通过烹调间与备餐间的窗口直接进入备餐间，避免了运输过程中的污染；售饭人员在备餐间预进间进行二次更衣洗手后才能进入备餐间；洗消间利用先进的自动化设备，通过十五道工序对餐具进行清洗消毒；备餐间内均设有紫外线消毒灯；凉菜间做到了“五专”，即专人、专室、专用工具、专用消毒设备、专用冷藏设备，以保证食品安全。员工通过消防知识培训和现场消防演练，增强了消防意识，提高了消防技能，同时各食堂都成立了安全小组，每天对水、电、气以及设备的正常使用进行检查，消除了安全隐患，食品安全和生产安全事故均为零。

坚持真诚待人

餐饮一部下设五个食堂和辅助保障部，食堂建筑面积为2.8万平方米，共有餐位4600余个，现有员工330余人，承担着中心校区15000余名师生员工餐饮服务和洪家楼校区、软件园校区学生食堂的馒头、米饭加工配送任务。任务重，压力大，员工每天工作11个小时(早班14个小时)。周长征深知员工的辛苦，作为餐饮部主任，周长征时刻牢记“学校发展的要求和师生员工的需求就是餐饮一部的追求”这一服务理念，带领全体员工从点滴做起，努力做到关心员工，团结同志，注重团队建设。周长征与所有管理人员积极配合，组织员工加强政治理论学习，开办员工天地，开展积极向上的娱乐活动，教育员工要有整体观念，树立团队合作精神，以高昂的斗志、愉快的心情投入到饮食服务工作中去。

为消除员工对餐厅制定的一系列管理办法与规章制度的抵触情绪，努力营造和谐的工作氛围，周长征以真诚与理智去教育、引导、感动员工，努力使自己与员工之间架起一座以沟通为纽带的“连心桥”，营造一种让员工互相信任、互相理解、无话不谈的工作环境，激励员工不断增强主人翁意识、责任意识和服务意识。为了帮助新员工提高操作技术水平，增强食品卫生安全意识，在各班组开展“传帮带”活动，要求组长和有技术特长的员工利用工前、工后或上班时间帮助他们提高操作技术，促使帮带对象自觉养成严格要求自己上进的良好习惯，从而增进餐厅和谐，提高饭菜质量和服务水平。餐饮一部不仅有一支团结向上的管理队伍，而且有一支人员稳定、技术过硬的员工队伍。所选派员工在全国伙食专业委员会成立二十周年之际举办的由全国近二百所大学派选手参加的大众面点比赛中，获大众面点二等奖和个人银奖的好成绩。

没有最好，只有更好。周长征表示，成绩是餐饮一部全体管理人员共同努力的结果，是全体员工辛勤付出的硕果，在今后的工作中将继续本着以人为本，创新发展，提高管理素质，增强凝聚力，创和谐工作氛围的管理理念，稳定员工队伍，集思广益，群策群力，全面提高本部门的饮食管理服务水平，在完成创新管理模式的基础上，进一步细化，使齐园餐厅成为名副其实的全国高校“百佳食堂”。

周长征，经济师，现任山东大学饮食管理服务中心餐饮一部主任，兼任八号学生食堂、四号学生食堂、一多餐厅和辅助保障部管理员，主要负责中心校区学生伙食服务保障任务。

（作者：白向忠　山东大学宣传部新闻中心）

我的一天

嘀嘀嘀……嘀嘀嘀……清脆的闹铃声把我从梦中惊醒，凌晨 2:50 是我起床的时间，这意味着我一天的工作就要开始了。

简单地洗漱后，我开始进行日常的餐厅巡检。餐厅里冷冷清清，空无一人，透过玻璃窗向外看去，夜色漆黑，四周寂静无声。巡视一圈，没有任何问题，我走进操作间，将泡好的黄豆倒入豆浆机中，接通电源开始了豆浆的制作（一小时一锅，每天早晨需制作 6 锅才能满足供应）。3:10，开始和面，准备早餐油条、包子、饼等所需面团的饧发工作。4:30，早班的员工上岗，供应近万人的早餐制作工作开始了。员工们热情高涨，油条、麻花、麻团、包子、饼等主食品种的生产制作工作紧张有序，表针指向 5 点，我打开电饼铛，开始生产制作鸡蛋饼。鸡蛋饼是我们在 1997 年研制的早餐食品，进入 21 世纪仍长盛不衰，得到一届又一届同学的认可和赞誉。鸡蛋饼每天大约需要 2800 个，我们制作鸡蛋饼的工作量大，时间紧，忙得我连喝口水的时间都没有。

6:00，全体员工到餐厅吃早餐，6:20 开始晨检，我对昨天工作进行总结和点评，又布置今天的工作任务。晨检是我们一直坚持的工作惯例。6:30 食堂开门开始供应早餐，看到一个个急急匆匆的学子选餐、就餐和满意离去的身影，我非常高兴，我们的劳动得到了认可。8:30，早餐供应结束，我对供餐工作的各个环节进行检查后，又进入了中餐的准备工作。

我加入到小笼包的制作生产过程当中，这是齐园餐厅2013年暑假新研制的，是深受师生喜爱的食品。直至10:45，60个副食菜品、40个主食花样整洁地摆在了售饭台上，午餐供应开始了，在整个售饭过程中，我要对东、西、南三个售饭区域进行巡视，不断补充新的花样品种，适时调配各售饭处饭菜的数量，以保证午餐准时、保质、保量的供应给广大师生。13:00中午供餐工作结束了，员工下班了，我责成食品安全员对各灶间进行卫生、安全情况的检查，确认无事后，才于13:15回到值班室休息，这是一件多么幸福的事情。

下午14:30，我又开始和面，准备晚餐使用的面团。整个下午，我和食品安全员一起对各灶间的生产过程进行检查监督，以保证师生吃到安全、味美的饭菜。16:30，晚餐开始后，我与厨师长进行沟通，检查原材料的使用及剩余情况，制定第二天的菜单，并申购明天所需要的原材料。18:30晚餐供应完毕，员工吃饭离岗后，我督促各相关责任人对各个灶间的水、电、气进行逐项检查，填写一天的工作记录。

20:30，我已进入了甜蜜的梦乡……

这就是我，一个在山大饮食服务工作干了26个春秋的炊事员。自上个世纪的1987年3月来到山大，我从一个普通员工逐渐成为一名管理者——食堂管理员。我经历了山大的发展，看到了山大的高楼林立、绿树成荫，看到了一届届天真烂漫的学子走进校门，目送了一个个成为国家栋梁的帅哥靓妹离开了校园，我为之骄傲。有人问我：你为什么这样辛勤地工作？我的回答是：我喜欢饮食工作，山大饮食是我的最爱！我愿为广大师生的就餐需求做出自己应有的贡献！

（作者：赵甲林　山东大学饮食管理服务中心）

感恩从这里开始

每当听到一个个同学叫我老师的时候，心里总是有种说不出来的喜悦和感恩，因为在这个校园里，还有我的发小在攻读博士学位，我却已被同学们喊了三年老师了。2013年9月我又被任命为一多餐厅的管理员，年轻的我感到无比的自豪。而如何为师生营造出“下午茶”开业的气氛，是我作为高校食堂管理员的第一个课题。

这天一大早出门我就不断在想怎样才能把昨天的策划落实到位。7:30晨检时，我对昨天的工作作了一一点评，并对主食、副食、糕点和服务四个班组今天的工作作了详细部署。工作开始后，按照分工，员工们个个争先，精心制作自己的分工食品。巡检时，我看到了员工的积极努力，看到了洁净的操作环境，看到了整齐划一的半成品，看到了一盘盘热气腾腾的菜品、一筐筐诱人的西式糕点摆上了售饭台，看到了热情洋溢的售饭人员在等待师生的光临；10:30师生们陆续走进餐厅，走近餐台选择自己喜欢的食品，我又看到了师生们吃着自己亲自挑选的饭菜的高兴神态，看到了服务人员发放优惠券的热闹场面，更看到了他们离开餐厅的满意笑容。

12:30,我看到了餐台上的食品被师生们选择一空,员工忙碌收餐的的身影。13:00吃完中餐,没有休息的我们又开始了“下午茶”的准备工作。“下午茶”是本学期新推出的服务项目,它是现代人休闲的一种习惯:在高楼之上或是隔着玻璃幕墙,一边吃着西式糕点、喝着浓香茶,一边看着午后街头的匆匆脚步,或是悄然独坐,或是一二好友交流,或三五成群闲谈,如梦浮生中不免增添些许温暖。14:30,三三两两的同学来到一多,点上一份精美的甜点,再点上一杯浓茶或果汁,或窃窃私语,或倾心交流,或热烈讨论。我看到了他们无不流露出的幸福笑容。

16:30,晚餐开始了,虽然没有想象中那样师生排长队的热闹场面,但是我们的员工仍然积极热情。

18:30,供餐结束了,我来不及吃饭就和我的同学也是我的助理剑来同志一起急急忙忙直奔济南饮食金街——芙蓉街。芙蓉街一直是济南小吃市场的风向标,也是吃货们最向往的美食胜地,那里有很多值得学习借鉴的地方。19:00我们到达芙蓉街,一边看一边学习,仔细观察每一个风味小吃,选择了一款适合食堂生产的“菠萝饭”购买品尝。

这一天,我很忙碌,也很欣慰。我在想:对于餐厅的发展来说,首先感谢的是每一名员工,是他们的努力付出,才制作出了让师生满意的饭菜。其次更应该感谢的是给予一多餐厅肯定的师生,是他们的认可,才使我们的工作变得有意义。

感恩从这里开始……

(作者:任文宁　山东大学饮食服务管理中心)

第二餐饮管理部

第二餐饮管理部位于山东大学洪家楼校区，紧邻著名的济南洪家楼天主教堂。设有三个学生食堂和一个教职工就餐区域，实行餐饮部—食堂—班组三级管理，独立核算，共有员工 110 余名，为山大 4 个院所和山大一附中的 4000 余名师生职工提供餐饮服务。食堂改变传统单一的供餐模式，合理调整供餐结构，丰富产品花样，突出菜品特色，极大地丰富了师生们的餐饮生活，满足了大学生和中学生不同层次的餐饮需求。特色产品有：黄焖鸡米饭、凉面、剁椒鱼头、回锅肉、香辣鸡肚、香干炒肉等。校区两个食堂均为济南市食品卫生量化 A 级单位和食品安全示范单位。

第三餐饮管理部

第三餐饮管理部位于山东大学趵突泉校区，毗邻天下第一泉——趵突泉，设有两个学生食堂、一个教职工餐厅和一个辅助保障部，实行餐饮部—食堂—班组三级管理，独立核算，共有员工110余名，为山大5个院所的5000余名师生职工提供餐饮服务。食堂因地制宜，注重营养搭配，研发出适合医科类师生的食品花样，餐品富于创新变化，丰富了师生们的饮食口味，深受师生欢迎和好评。特色产品有花生油大油条、糁汤、五香鲅鱼、营养蒸碗系列、低脂低盐菜、老北京八珍卤子面。先后被评为济南市食品卫生量化A级单位和食品安全示范单位，2015年，被授予省级“清洁厨房”称号。

第四餐饮管理部

第四餐饮管理部位于山东大学千佛山校区内，坐落在济南市著名风景区千佛山脚下，设有两个学生食堂和一个教职工餐厅，实行餐饮部—食堂—班组三级管理，独立核算，共有员工 130 余名，为山大工科类的 7 个院所和山大二附中 4500 余名师生职工提供餐饮服务。食堂将传统的鲁菜文化加以传承、创新、发展，很好地运用到基本大伙、风味餐厅和宴会产品中，受到校内外消费者的好评。特色产品有西饼鸭松、酥皮养生凤鹅、花生猪手煲、酸菜鱼、水煮肉片、手抓饼、爆炒腰花、葱花油饼、油酥饼等。校区的三个食堂均为济南市食品卫生量化 A 级单位，并被山东省授予“食品安全诚信承诺单位”。

第五餐饮管理部

第五餐饮管理部位于山东大学兴隆山校区内，设有两个学生食堂和一个教职工餐厅，实行餐饮部—食堂—班组三级管理，独立核算，共有员工120余名，为山大6个院所的9000余名师生职工提供餐饮服务。校区食堂群策群力，不拘于传统的供餐模式，契合师生日益提高的就餐需求，不断调整供餐结构，努力探寻更加符合高校师生的餐饮改革之路，满足了来自全国各地的师生职工就餐需求。特色产品有胶东大包、熏鲅鱼、红烧排骨、蒜泥排骨、羊汤、豆腐脑、香炖猪蹄等。校区三个食堂均为济南市食品卫生量化A级单位和食品安全示范单位。

第六餐饮管理部

第六餐饮管理部位于山东大学软件园校区内(高新技术开发区软件园),设有两个学生食堂和一个教职工就餐区域,实行餐饮部—食堂—班组三级管理,独立核算,共有员工70余名,为山大3个院所的3500余名师生职工提供餐饮服务。校区食堂以"师生满意就是我们的追求"为宗旨,稳中求进,为师生创造实惠、丰富的各色饮食。特色产品有盖浇饭系列、番茄脆皮鸡饭、奥尔良烤鸡腿、焗饭、比萨、瓦罐煨汤、香酥带鱼、蛋挞等。三个食堂均为济南市食品卫生量化A级单位和食品安全示范单位。

清真食堂

清真食堂分设在第一到第六餐饮管理部，实行专人管理，独立核算，专业队伍制作，40余名员工，为穆斯林学生提供餐饮服务。所有清真餐厅统一管理、统一核算、统一标准、统一价格、统一服务。管理上实行“四专”，即专人负责、专门厨师（清真食堂和清真灶均聘请了清真厨师）、专用清真灶具和炊具、专用餐具洗消。穆斯林学生就餐满意和较满意率始终保持在85%以上。清真食堂是济南市食品卫生量化A级单位和食品安全示范单位；2015年被山东省人民政府授予“全省民族团结进步模范集体”。

校外餐饮管理部

校外餐饮管理部下有三个联合办伙食堂，分别是济南市历城一中食堂、济南市历城二中初中部食堂、历城二中万象新天分校食堂，实行餐饮部—食堂—班组三级管理，独立核算。校外食堂以先进的理念、良好的运行机制，将山大饮食管理规范、技术精湛、服务优良的餐饮文化加以推广，带领190余名员工，为历城一中、历城二中和万象新天中学的10000余名师生职工提供餐饮服务。特色产品有把子肉、四喜丸子、豆腐片、虎皮鸡蛋、香酥鸡翅、红烧鸡腿、叉烧肉、牛肉烧饼、土家饼、豆沙卷、小蒸包、梅花饼、香菇鸡面、榨菜肉丝面、炸酱面等。三个学校食堂均为济南市食品卫生量化A级单位和食品安全示范单位。

青岛校区餐饮管理部

青岛校区食堂位于即墨鳌山湾畔，建筑面积 18769m²，共三层，可满足 10000 名学生的就餐需求。设有学生基本大伙、少数民族餐厅、风味餐厅、教职工餐厅、西餐厅和宴会接待餐厅。红色的外墙面砖，深黄色的底部饰面石材，灰色的屋面瓦，体现了山大沉稳大气、厚重朴实的文化传统。2016 年 9 月即将启用的青岛校区食堂实行延伸管理，饮食中心全体管理人员郑重承诺：我们将紧紧围绕学校建设世界一流大学的奋斗目标，秉承“以人为本，依法办伙，科学办伙，民主办伙”的发展理念，以不断满足师生生活需求为目标，坚持服务创新、发展创新，努力创建与青岛校区建设发展和师生生活需求相适应的、独具特色的学生伙食工作保障机制，确保学校伙食工作安全稳定，持续增进师生满意。现在，我们已经置身于这依山傍海、鸟语花香的美丽校园之中，作为站在学校发展新的历史起点的山大饮食人，我们深感骄傲和自豪，我们将继续传承山东大学伙食工作的光荣传统，将“舌尖上的山大”在青岛校区发扬光大，以优质的服务、安全的保障，让学校放心，让师生满意！

主要参考文献

邓峻枫主编:《现代饭店管理》,广东旅游出版社 1992 年版。

尹顺章主编:《宾馆餐饮工作手册》,中国轻工业出版社 1993 年版。

鞠洪恩编著:《现代饭店经营管理手册》,甘肃科学技术出版社 1994 年版。

屈启晓主编:《饭店适度管理》,中国旅游出版社 1999 年版。

蒋丁新主编:《酒店管理概论》,东北财经大学出版社 2000 年版。

赵景华主编:《人力资源管理》,山东人民出版社 2002 年版。

徐庆文、裴春霞主编:《培训与开发》,山东人民出版社 2004 年版。

陈劲、陈钰芬主编:《赢在服务创新》,机械工业出版社 2004 年版。

徐红军主编:《餐饮管理学》,经济科学出版社 2005 年版。

宋振春、聂晓红主编:《旅游饭店餐饮管理》,山东大学出版社 2005 年版。

王庆云等主编:《餐饮业食品卫生监督量化分级管理培训指南》,济南出版社 2005 年版。

袁娅、贺化帛主编:《烹饪营养与食疗》,中国商业出版社 2007 年版。

中国营养学会编著:《中国居民膳食指南 2016》,人民卫生出版社 2016 年版。

陈作宾:《人力资源的培训开发与企业的可持续发展》,《云南师范大学学报》2001 年第 5 期。

潘正平:《对人力资源培训开发问题的思考》,《西部论丛》2002 年第 9 期。

曾翔云、卢永良:《高校餐饮的改革与发展》,《扬州大学烹饪学报》2003 年第 3 期。

王兴伯:《高校后勤伙食社会化改革进程中的问题与对策》,《商业研究》2004 年第 10 期。

惠志祥:《对高校食堂经营管理模式的探讨》,《中国食品卫生杂志》2005 年第 1 期。

韩效敬:《关于高校食堂改革的思考》,《晋中学院学报》2008 年第 6 期。

后 记

2014 年 12 月 22 日，我送来齐园吃工作餐的季缃绮副省长一行离开餐厅，在电梯里，校办主任把我介绍给季缃绮副省长。副省长对我说："今天中午用餐时你们张校长用一半的时间来表扬食堂，工作能做得如此之好，我们大家都给食堂点赞。"我听后十分感动，校长对我们的饮食工作竟然如此认可。

俗话说："民以食为天。"饮食是天大的事，它直接关乎师生的健康和学校的稳定，历任校长和后勤领导都对食堂工作给予大力的支持。我作为一名在食堂工作三十多年的服务人员，经历了许多的艰辛与困苦，同时也见证了食堂的发展。2004 年 10 月，中心校区由四个分散的平房食堂变为由五个层面组成的综合服务楼——齐园餐厅。由单一食品供应发展到食品丰富多彩，全面开花；由吃饱、吃好再到满足需求，发生了巨大变化；由人工生产操作发展到机械化、电子化控制，稳定了食品质量和食品安全；由封闭发展到广为流传，甚至通过网络流传到每个山大学子所在之处。

记得 2014 年冬，陈炎副校长对我这样说："众口难调，食堂是一个经常被人指责的地方，今天大家能如此赞扬，实在难得。"的确难得，自 2012 年起，广大师生把山大美食传到了同学群、朋友圈，山大食堂逐渐有了名气。2014 年 5 月 1 日，山大学子、《齐鲁晚报》记者宋磊同志用一篇《爱她，就带她去吃山大食堂》的精彩报道赞美了它；2015 年 9 月 14 日，另一篇《哇噻，你确定这是山大食堂吗?》的报道使山大食堂影响力更大，2015 年 10 月，85 岁的山大书法家唐曾宏教授为食堂题词："小笼蒸包天津味，荷叶仔饭济南香。""五味烹调香满校，三餐饭菜美师生。"

2015 年春，校宣传部李平生部长给我提了个要求："长征，你要写一写山大饮食文化，要把你们所做的进行宣传。"如何写？我不知从何下笔。经再三思考后，通过搜集、汇总、整理近十年的工作笔记、管理心得，发动全体管理人员编写了此书，集中介绍了山东大学饮食管理服务中心的管理经验，与大家共享。

本书共分为四篇：第一，管理篇主要论述了创新管理、制度与岗位责任管理、员工培训、质量管理和文化建设；第二，特色与风味篇主要讲述了山大学子赞誉的食品和山大风味食品的来历、制作、特点和营养分析；第三，"生活课堂"篇是山大饮食人的创新，编写了主食、副食、西餐西点教材及经典食谱，目的是教学生一门生活技能；第四，荣誉篇是齐园餐厅近几年的荣誉汇编。

本书以点带面地用图文并茂的形式展示了山大饮食管理服务中心在学校食品安全工作中出台的措施和所做的努力，展现了山大饮食管理服务中心全体员工用智慧和汗水，为师生的身体健康和校园的和谐稳定所做的奉献。

本书的编著者都是长期工作在饮食一线的干部职工，他们在干中学、学中干，既是操作员，又是撰写人。饮食中心主任徐健在本书的编写过程中多次组织有关人员召开研讨会。周长征编写了管理篇和特色与风味篇以及荣誉篇的汇编整理；生活课堂篇的主食、副食、西餐西点教材由周长征、周剑来、杨晓宁、王长军、王洪振、赵甲林、周万众、任文宁、陈希伟编写，耿庆浩担任主食讲师，赵甲林、王金玲担任技术导师；王长军担任副食讲师，王卓、隋赵君担任副食技术导师；济南技师学院的营养师张琪教授编写了营养分析。此书稿成功地编写，有技师学院老师的付出，更有山大饮食人不断学习、交流与总结的努力。

本书编写得到了山东大学校党委书记李守信和宣传部部长李平生以及刘培平教授的鼓励，得到了后勤保障部党委书记刘学祥、部长殷禄民、副部长罗司军、医管中心主任赵登科、饮食管理服务中心总支书记沈红的指导，得到了饮食管理服务中心全体同仁的支持，得到了山东大学出版社王桂琴编审、刘森文编辑的帮助，在此谨致以诚挚的感谢！

由于编著者水平有限，书中不当之处在所难免，恳请高校饮食管理工作者和广大读者批评指正。

周长征

2016 年 8 月

图书在版编目(CIP)数据

舌尖上的山大/周长征,徐健编著. —济南:山东大学出版社,2016.8
ISBN 978-7-5607-5593-9

Ⅰ.①舌… Ⅱ.①周… ②徐… Ⅲ.①高等学校—食堂—学校管理—研究—济南 Ⅳ.①G647.85

中国版本图书馆 CIP 数据核字(2016)第 203163 号

责任编辑:刘森文
封面设计:牛 钧

出版发行:山东大学出版社
社 址 山东省济南市山大南路 20 号
邮 编 250100
电 话 市场部(0531)88364466
经 销:山东省新华书店
印 刷:济南华林彩印有限公司
规 格:787 毫米×1092 毫米 1/16
14 印张 275 千字
版 次:2016 年 8 月第 1 版
印 次:2016 年 8 月第 1 次印刷
定 价:56.00 元
